図説

佐竹一族

茨城県立歴史館 編

佐竹義宣画像（秋田市・天徳寺蔵）

戎光祥出版

序にかえて

本書は、茨城県立歴史館が令和二年（二〇二〇）二月八日から三月二十二日まで開催した特別展『佐竹氏―８００年の歴史と文化―』の展示図録がベースとなっています。今回の改訂版発行にあたっては文章表現をやさしく書き直し、新たに多くの図や表の体裁を整え、また、手に取りやすいサイズにリメイクしたもので、当館の学芸員が学術的な誤りがないかをあらためて確認しております。

当館は、昭和四十九年（一九七四）に開館し、半世紀近い歩みがあります。本県に所在する三昧塚古墳出土の金銅馬形飾付透彫冠や御三卿一橋徳川家に関する重要文化財など、五十六万件余りの資料を収集・保管するとともに、多彩なテーマに基づく展示会を開催し、これまでに三百九十万人を超える方々にご来館いただいております。読者の皆様には、ぜひ当館にも足をお運びくださいますようお願い申し上げます。

結びにあたり、出版にあたって貴重な資料の掲載を御許可くださいました所蔵者の皆様、並びに御協力いただきました関係各位に対しまして厚く御礼を申し上げます。

令和七年一月

茨城県立歴史館

館長　小野寺　俊

【凡例】

・本書は令和二年（二〇二〇）刊行の図録『佐竹氏―８００年の歴史と文化―』（茨城県立歴史館編集・発行）を底本に、新稿や多くの図表・写真を加えて、増補改訂版として再編集したものである。

・人名や歴史用語についてはふりがなを追加した。読み方については、歴史上の用語、とりわけ人名の読み方は定まっていない場合も多く、ふりがなで示した読み方が確定的というわけではない。

【目次】

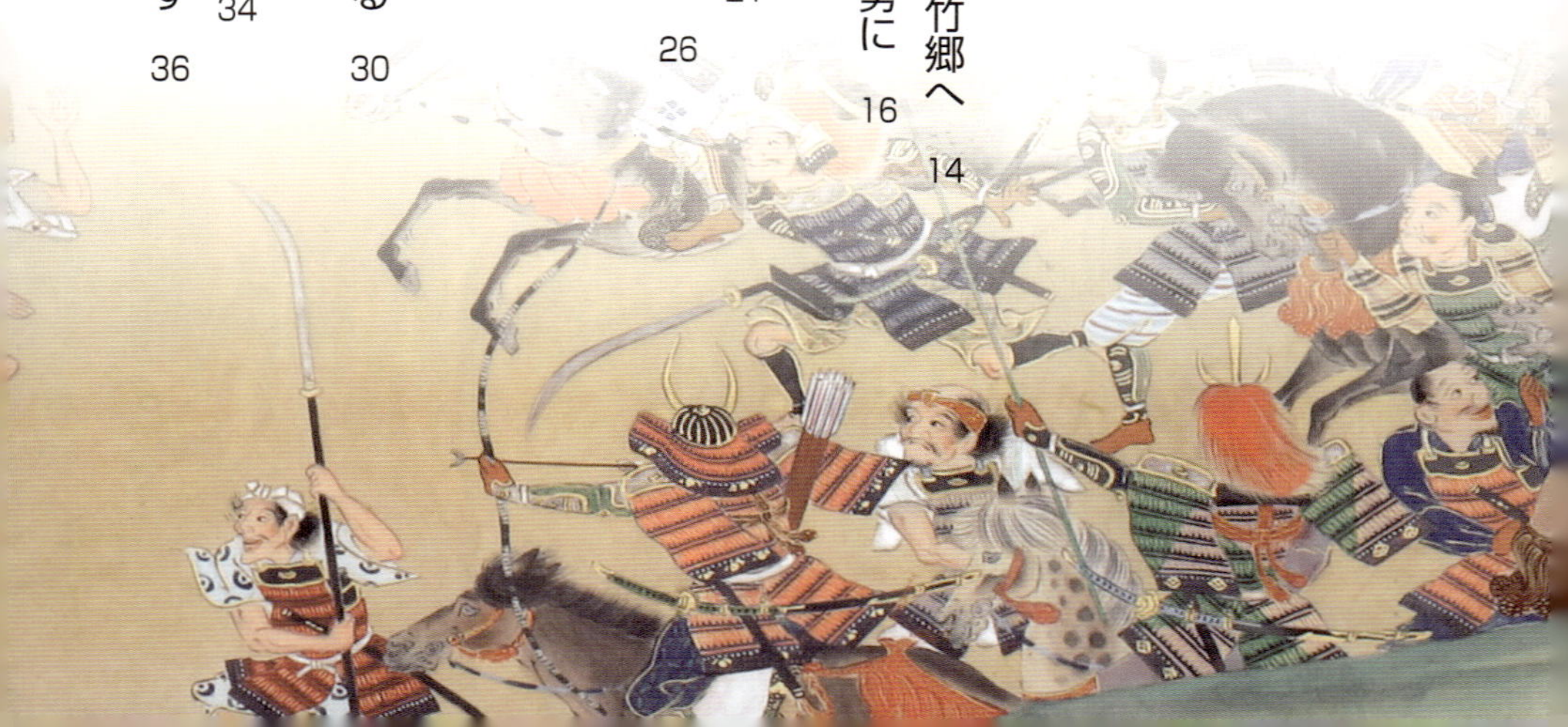

Ⅲ　室町・戦国時代の佐竹氏

義憲（義人）・義俊（義頼）・義治・義舜・義篤・義昭の時代

Ⅳ 佐竹義重と戦国動乱

佐竹義重・義宣の時代

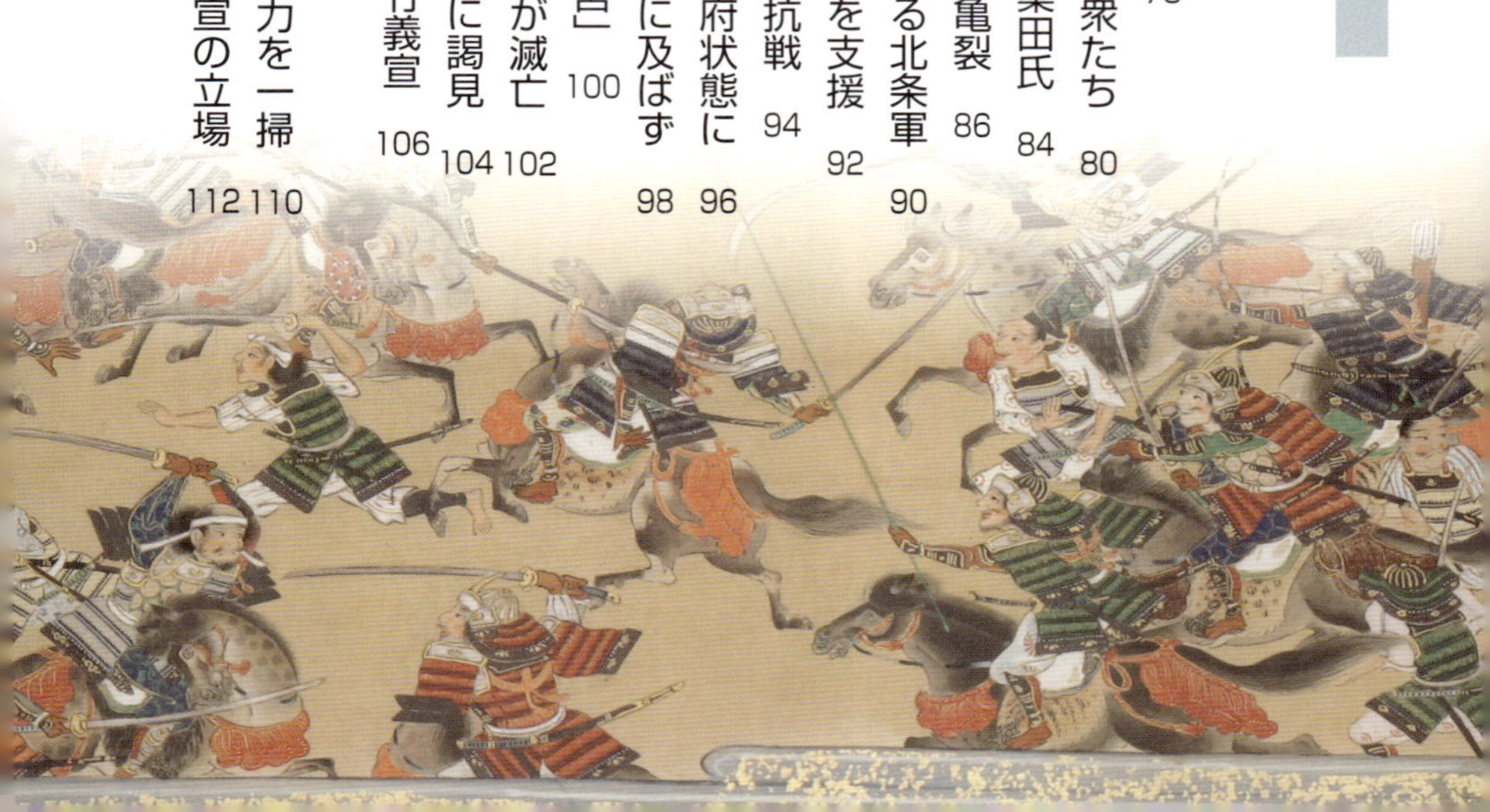

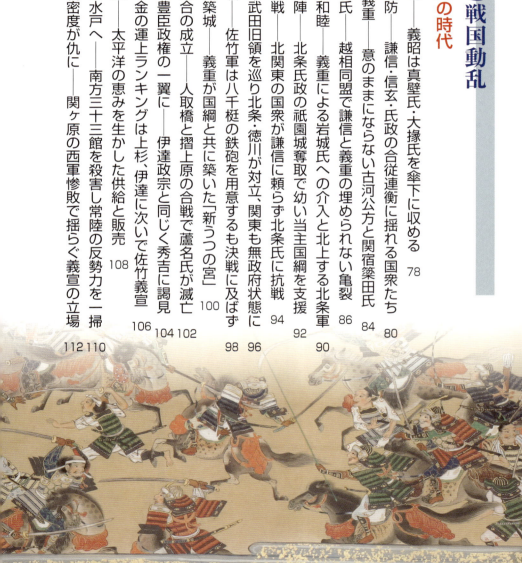

Ⅴ 秋田藩主・佐竹氏の成立

義宣より十二代目の藩主義堯で明治維新を迎える

Ⅵ 日本各地に繁延した一族

京都・美濃・和泉・土佐の佐竹氏

陸奥国
白河小峰
那須
棚倉
岩城
矢祭
花園山
勿来
大田原
御亭山
塩谷
川崎
大子
武生
金砂
高萩
氏家
烏山
山方
山入
神峰山
鬼怒川
部垂
太田
大宮
高鈴山
宇都宮
芳賀
茂木
宇留野
馬坂
額田
瓜連
久慈川
那珂
真岡
笠間
水戸
湊
那珂川
小栗
伊佐
難台山
涸沼
海老ケ島
結城
真壁
常陸国
鬼怒川
柿岡
片野
府中
山王堂
筑波山
志筑
石岡
烟田
多賀谷
玉造
小貝川
藤沢
手賀
石下
小田
行方
土浦
香取海
牛久
神宮寺
鹿島
潮来
鹿島社
阿波崎
守谷
龍ケ崎
佐原
香取社
神崎
吉川
矢作
小見川
印西
下総国
印旛浦
東庄
小金
松渡
椿海
国府台
飯沼
臼井
本佐倉
多古
葛西
市川
船橋
篠塚
馬加
小堤
千葉
利根川
太日川
栗山川
上総国

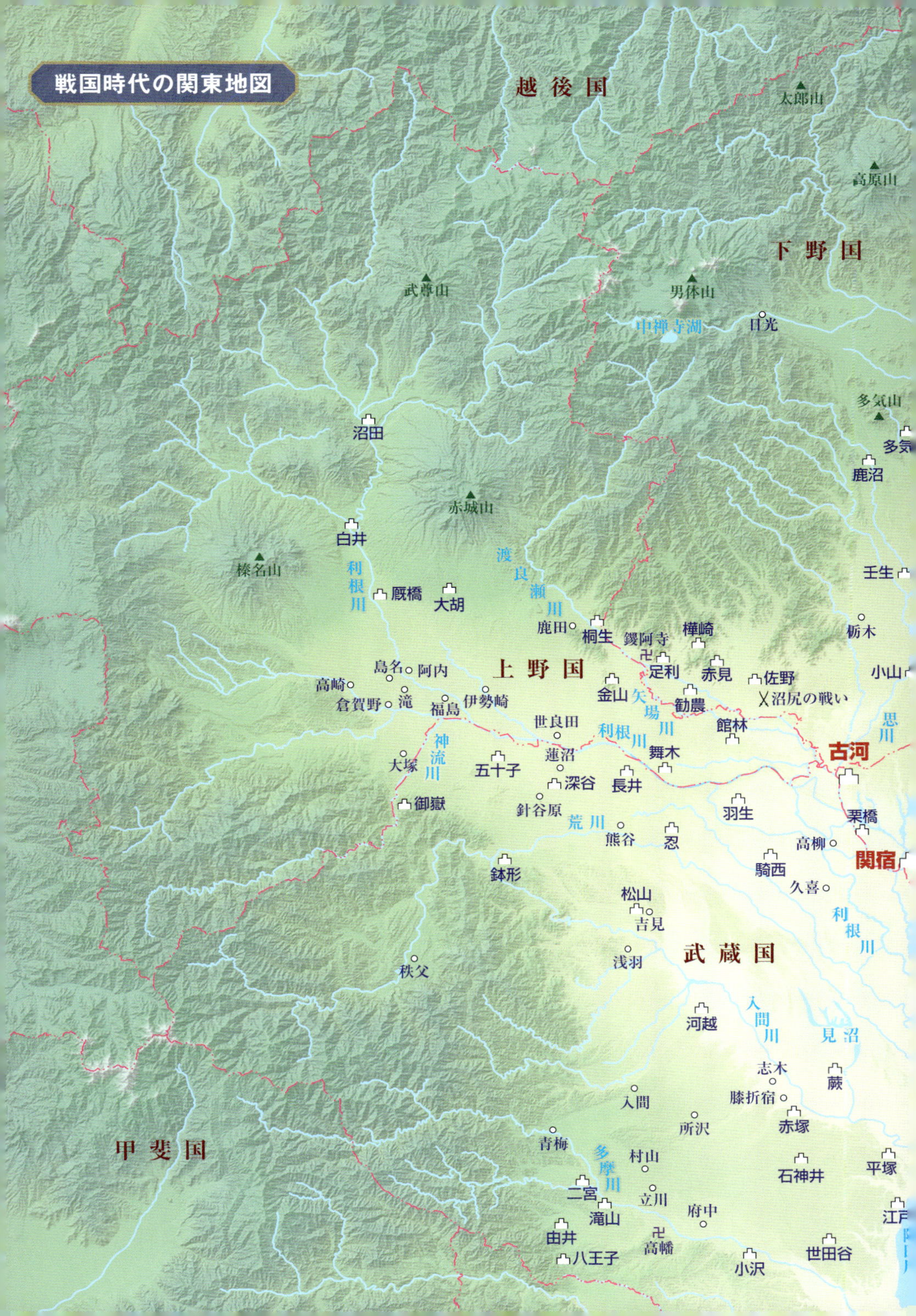
戦国時代の関東地図
越後国
太郎山
高原山
下野国
武尊山
男体山
中禅寺湖
日光
多気山
多気
沼田
鹿沼
赤城山
白井
榛名山
利根川
渡良瀬川
厩橋
大胡
壬生
鹿田
桐生
鑁阿寺
樺崎
栃木
島名
阿内
上野国
足利
赤見
佐野
小山
高崎
滝
伊勢崎
金山
矢場川
勧農
沼尻の戦い
倉賀野
福島
世良田
利根川
館林
思川
神流川
舞木
古河
大塚
五十子
蓮沼
深谷
長井
御嶽
針谷原
荒川
熊谷
羽生
栗橋
忍
高柳
関宿
鉢形
騎西
久喜
松山
吉見
利根川
浅羽
武蔵国
秩父
河越
入間川
見沼
志木
蕨
入間
膝折宿
所沢
赤塚
甲斐国
青梅
多摩川
村山
石神井
平塚
二宮
立川
滝山
府中
江戸
由井
高幡
八王子
小沢
世田谷

I 佐竹氏の誕生

昌義・隆義・秀義・義重・長義・義胤・行義の時代

元祖・新羅三郎義光――常陸平氏と結託し常陸国に拠点を築く

佐竹《さたけ》氏の元祖は、清和源氏《せいわげんじ》源《みなもとの》義光《よしみつ》である。長兄の義家《よしいえ》は、永承《えいしょう》六年（一〇五一）から康平《こうへい》五年（一〇六二）にかけての前九年《ぜんくねん》の役《えき》で父の頼義《よりよし》とともに、さらに永保《えいほう》三年（一〇八三）から寛治《かんじ》元年（一〇八七）の後三年《ごさんねん》の役《えき》では自身が指揮官として奥州の戦場に赴いた。その年、義家は敵将である清原家衡《きよはらのいえひら》・武衡《たけひら》の抵抗に遭って苦戦を強いられたが、その状況を知った義光は京都での官職を辞し（実際は解任）、兄を支援するために自身も奥州に駆けつけたという。

激戦のすえ義家は清原氏を滅ぼし、清原氏に紛れていた清衡《きよひら》を藤原《ふじわら》姓に復させた（奥州藤原氏初代）。これによって義家は清和源氏のなかでも、ひときわ河内《かわち》源氏の名声を高めることに成功している。そして、義光との兄弟愛は後世に美談として語り継がれた。しかし、義光が奥州に向かったのは寛治元年八月中頃とみられ（『為房卿記（大記《だいき》）』寛治元年八月二十九日条）、後三年の役の最終段階となる金沢《かねざわ》の柵《さく》（秋田県横手市）の包囲戦がはじまり、清原家衡・武衡の敗北が濃厚となってきた頃のことであった。

そもそも、清和源氏は清和天皇の皇孫である経基王《つねもとおう》（源経基）からはじまり、その子の満仲《みつなか》は摂津国《せっつのくに》多田荘《ただのしょう》（兵庫県川西市）を拠点とした。そして満仲の三人の男子、つまり頼光《よりみつ》・頼親《よりちか》・頼信《よりのぶ》がそれぞれ摂津（多田）源氏（満仲の後継）・大和《やまと》源氏・河内源氏と称され、一般

後三年合戦絵巻◆佐竹氏の祖・源義光が画中に登場する場面。本陣で義家の前に座し、大盛りの飯を食みながら参着の口上を述べている　茨城県立歴史館蔵

に清和源氏といえばこの三流の系譜を指すことになる。義光にとって頼信は祖父、頼義は父であり、長兄義家の後裔が鎌倉幕府《かまくらばくふ》を開く源頼朝《よりとも》である。前九年の役、後三年の役での戦功に代表されるように河内源氏の主流と目されるが、義家流と言っても過言ではない。

しかし、後三年の役をピークに、河内源氏の栄光に陰りが見え始める。後三年の役以前から、義家は弟の義綱《よしつな》（義光の次兄）との深刻な対立を続けていた。そして時の白河院政《しらかわいんせい》は、なによりも後三年の役を義家の私闘とみなし、出兵を許可する官符《かんぷ》を下さなかったうえ、寛治二年には陸奥守《むつのかみ》職を更迭している。これは、合戦にかこつけて奥州産の砂金やその他の納税を怠ったためという。さらに、義家の後継者とみなされた義親《よしちか》が隠岐《おき》・出雲《いずも》（島根県）で反乱を起こし、天仁《てんにん》元年（一一〇八）正月六日に平正盛《たいらのまさもり》に討伐される事態も起きている。

いっぽう、弟の義光の場合はどうか。刑部卿《ぎょうぶきょう》を務めるも、諸国の国司《こくし》になった形跡は明らかでは

右：源義家像◆前九年の役では父の頼義、後三年の役では義光とともに奥州に赴いた。奥州出陣の経緯をふまえれば、兄弟双幅のかたちで弟義光の後裔、佐竹氏菩提寺である天徳寺に相伝してきたのは必然であったろう　秋田市・天徳寺

左：源義光像◆双幅のうちの一幅で兄の義家像と対座する。義光は佐竹氏直系の先祖であるという経緯から佐竹氏菩提寺の天徳寺に相伝したとみられる　秋田市・天徳寺

新羅善神堂◆源義光はこの社の神前で元服をした　大津市

源義光の墓◆大津市

ない。「常陸介《ひたちのすけ》」との記載があるのは後世の系図のみである。常陸国にやってきたのは、祖父頼信が常陸介を務めた過去の縁を拠り所にしたと思われる。

十二世紀の初頭、常陸国内では義光と常陸平氏平重幹《しげもと》（吉田繁幹《よしだしげもと》）が手を組み、嘉承《かしょう》元年（一一〇六）には、兄義家の四男義国《よしくに》との間で支配権をめぐると思われる争いが起きた（常陸合戦）。義光と関係を深めた重幹は、平将門《まさかど》を討った平貞盛《さだもり》の弟繁盛《しげもり》から始まる常陸平氏の系譜にあり、那珂川《なかがわ》下流域の吉田郡（茨城県東海村から茨城町にかけての地域）に勢力を扶植した吉田氏の祖とされる。義光は既存の在地勢力の常陸平氏（吉田氏）と婚姻関係を結ぶことで、自身の志向する土着化を図ったわけである。

常陸合戦は朝廷の勘気《かんき》に触れる事件であり、同元年六月十日には両者とも、京都に召還される事態となった。結果として義国は常陸国から撤退し、義光の権限は保持されたようである。源義国の系統は、下野国《しもつけ》（栃木県）、上野国《こうずけ》（群馬県）に扶植されていった。のちの南北朝動乱期に歴史の表舞台に躍り出た、足利尊氏《あしかがたかうじ》・新田義貞《にったよしさだ》はいずれもこの義国の後裔である。

いずれにせよ、十二世紀初頭の清和源氏の一流である河内源氏は、北関東に拠点を築きつつあったが、これは京都における河内源氏の凋落とも深く関係する。京都での栄達の道が狭められるなか、義光はそれを補うべく、常陸国での勢力扶植を目指していくことになった。

義光の後継者は義業《よしなり》（義成）である。生母は平清幹《きよもと》（平重幹の継嗣）の娘であったから、まさに河内源氏義光流と常陸平氏の絆であった。義業の生国は常陸国だが、活動はもっぱら京都であった。彼は永久《えいきゅう》三年（一一一五）三月一日に文章生《もんじょうしょう》という式部省《しきぶしょう》の官吏《かんり》となり、大治《だいじ》三年（一一二八）中には検非違使《けびいし》に任官されたようである。ただし、位階までは確認できず、その意味では河内源氏の悲哀を味わっていた可能性もある。

また、義業は藤原清衡の後家《ごけ》を娶っている。その背景には清衡（大治三年七月没）の後家

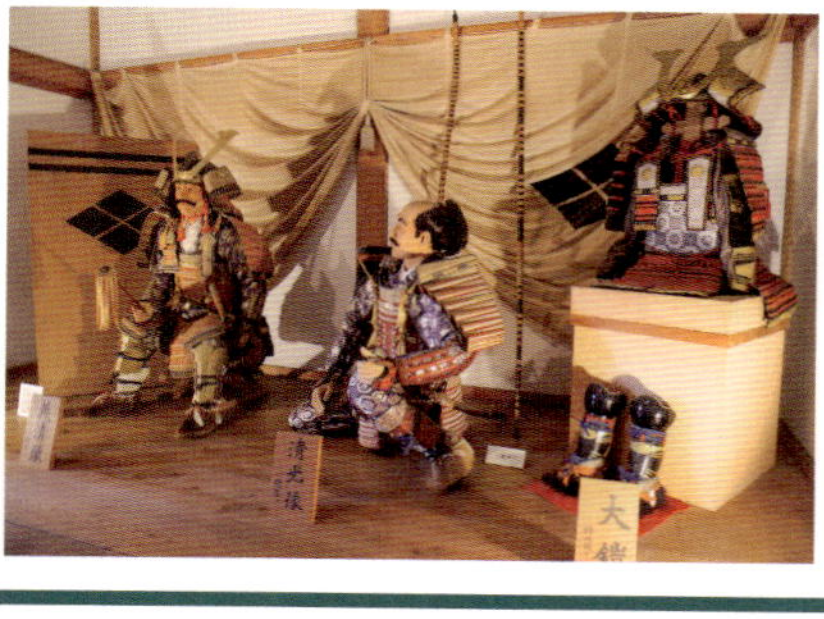

武田氏館◆武田信玄で知られる甲斐武田氏の発祥の地に再現されている。主殿造りの内部に源義清・清光親子の武者人形などがある　茨城県ひたちなか市

の実子惟常《これつね》と、継子基衡《もとひら》（奥州藤原氏二代当主）との抗争がある。惟常は敗れて斬首、清衡の後家は奥州を離れ、京都に出て義業と再婚したとされる（『長秋記《ちょうしゅうき》』大治五年六月八日条）。京都では悲哀を味わう河内源氏だったが、それでも義光流は北関東、そして奥州へ影響力を及ぼしていたのである。

ちなみに、義業の弟（義光の三男）義清《よしきよ》は義光と吉田（平）清幹の娘の間に生まれた。常陸平氏吉田氏が拠点とする吉田郡の武田《たけだ》郷（茨城県ひたちなか市武田）を割り与えられ「武田冠者《かじゃ》」と呼ばれた。しかし、義清は何かと連携を図ってきた吉田氏と対立し、ついに義清は「濫行《らんぎょう》」の罪により甲斐《かい》国市河《いちかわ》荘（山梨県市川三郷町など）へ配流《はいる》された（『長秋記』大治五年十二月三十日条）。ここに甲斐源氏武田氏が成立し、戦国時代には武田晴信《はるのぶ》（信玄《しんげん》）が登場する。

甲斐源氏旧蹟之碑◆武田冠者義清がこの地へ配流され甲斐国守護武田氏の繁栄の基を築いた。八ヶ岳の山麓に位置し、名馬の産地としても知られる。義清は久安5年（1149）に死去した。後裔は、武田氏をはじめとして南部氏・小笠原氏などが分出している　山梨県市川三郷町

甲斐源氏の故郷・山梨県市川三郷町

源昌義が佐竹を称する——奥州藤原氏と婚姻関係を結び久慈東郡佐竹郷へ

源義業と奥州藤原清衡の後家との間に子がいたかどうかは不明だが、義業の子である昌義《まさよし》（生母は吉田清幹の娘）は、清衡の娘を娶って隆義《たかよし》をもうけている。義業・昌義父子はともに清衡ゆかりの女性と婚姻関係を結んだことになる。後三年の役を通じて奥州藤原氏を引き立てた主体は義家であったが、意外にも婚姻関係まで結んだのは、その弟である義光の系統だったのである。

奥州藤原氏と結ぶことは、義業の孫の隆義、隆義の子である秀義《ひでよし》の段階に大きな意味をもつこととなる。のちの治承《じしょう》四年（一一八〇）に、義家の後裔である源頼朝が平氏政権打倒のために挙兵するが、隆義・秀義父子は親平氏の立場とともに奥州藤原氏との関係もあって、頼朝の挙兵に即座には応じなかった。その結果、佐竹氏が頼朝に討伐される金砂《かなさ》合戦につながり、一時とはいえ平氏政権に次ぐ、頼朝第二の敵となったのである。

昌義は、常陸平氏吉田氏の勢力圏から離れ、常陸国久慈東《くじとう》郡佐竹郷に進出する。理由は詳らかではないが、弟の義清は義業段階まで懇意なはずの吉田氏と対立している。そのため、河内源氏義光流は新たな支配拠点を見出す必要に迫られ、吉田氏の勢力圏外の久慈東郡を目指したとも考えられる。佐竹氏を称するのは、昌義の代からである。

久慈東郡佐竹郷は現在の常陸太田市の最南部、山田川《やまだがわ》、浅川《あさかわ》が久慈川に合流する地域である。台地には三つの河川の浸食で入り組んだ細かな谷津《やつ》がつくられている。佐竹という地名は、谷津となった狭い（サ）崖（タケ・タキ）が語源だろう。昌義が拠点を置いたのが、三つの河川の合流部を臨む馬坂《まざか》城（常陸太田市天神林町）であった。

この周辺の開発は、遅くても古墳時代にまで遡り、百メートルを超す前方後円墳である梵《ぼん》

佐竹一族の故郷・佐竹郷を望む

天山《てんやま》古墳（常陸太田市島町）、星神社《ほしじんじゃ》古墳（同小島町）があるほか、沖積地の水田には条里制《じょうりせい》のあとも見られる。佐竹郷の西部に位置した久米《くめ》郷には郡寺《ぐんじ》が置かれたようで、旧久米郷に所在する長者屋敷《ちょうじゃやしき》遺跡（同大里町）からは七〜八世紀ころの寺院瓦や「久寺」と墨書された土師器坏《はじきつき》などが出土している。古代の久慈郡衙《ぐんが》も現状では未確認であるが、近隣に位置していたはずである。

すなわち、佐竹郷周辺が古代久慈郡（東西に分離する前）の政治・宗教の中心地であり、また、久慈川水運を活かした経済の拠点でもあった。そして古代律令制《りつりょうせい》の衰退にともない、郡衙・郡寺の機能も低下していった。昌義は、古代郡司層が担った権限を継承することで久慈郡一帯の支配を正当化していった。

こうして日本列島の東へと移ってきた河内源氏だが、そのなかで義光系統のひとつが常陸に根を下ろしていったのである。

馬坂城跡◆源昌義が佐竹郷に入って始めて拠点を築いた佐竹氏揺籃の地である。現在は城跡公園として整備され、広大な敷地に各曲輪や深さのある堀跡などを見学できる　茨城県常陸太田市

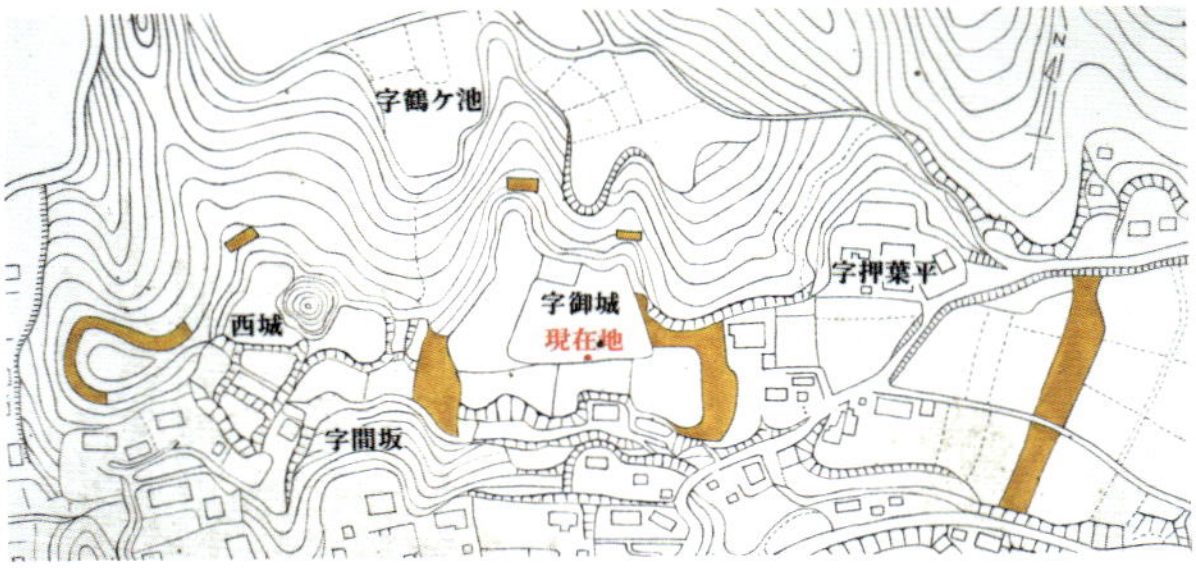

馬坂城実測図◆常陸太田市

右：馬坂城の内堀◆常陸太田市
左：馬坂城本丸遠望◆常陸太田市

源頼朝の佐竹氏討伐――上総広常が義政を騙し討ち、一族は臨戦態勢に

佐竹昌義の継嗣・隆義は、藤原清衡の娘を生母にもち、『吾妻鏡《あづまかがみ》』に「四郎隆義、当時平家に従い京に在り」（治承四年〔一一八〇〕十月二十日条）とあるように、源頼朝の伊豆《いず》挙兵時（同年八月十七日）には平氏政権のもとで在京していた。

佐竹氏は頼朝と同じ河内源氏でありながら、その行動は奇異と思われがちである。しかし、過去の常陸合戦（嘉承元年〔一一〇六〕）の事例が示すように、河内源氏でも義家流と義光流は、少なくとも関東ではライバル関係にあった。しかも伊豆挙兵時、義朝《よしとも》・頼朝ラインを河内源氏の嫡流とする社会認識は希薄であり、そうなると佐竹氏が積極的に頼朝支援にまわる必要はなかった。一方、久安《きゅうあん》三年（一一四七）以来、平頼盛《よりもり》はじめ平清盛《きよもり》の弟たちが常陸介を務めており、佐竹氏は実利の面で平氏政権に与《くみ》することとなった。頼朝にとって、平家一門のいる京都に匹敵するほど、常陸は敵地だったのである。

治承四年八月十七日、源頼朝は平氏政権打倒のため伊豆で挙兵した。同月二十三日の石橋山《いしばしやま》の戦い（神奈川県小田原市）でいったんは挫折するものの、立ち直りは早く、すぐさま真鶴《まなづる》（同真鶴町）から渡海、対岸の安房《あわ》国に入り、江戸湾《えどわん》を一周するかたちで、同年十月七日は源頼義以来、河内源

源頼朝木像◆甲府市・甲斐善光寺蔵

源頼朝が房総へ渡海した真鶴の岩海岸

氏ゆかりの地となった鎌倉《かまくら》（同鎌倉市）に入ったのである。平氏政権はただちに対応し、平清盛《きよもり》は孫である維盛《これもり》を大将とする頼朝追討軍を東に差し向けた。しかし、同年十月二十日の駿河《するが》・富士川《ふじがわ》の戦い（静岡県富士市）で、頼朝軍に敗れ去った。

翌日、頼朝はその勢いのまま維盛を追撃する思いでいたが、南関東の諸士である千葉《ちば》常《つね》胤《たね》・三浦義澄《みうらよしずみ》・上総広常《かずさひろつね》などは、佐竹氏討伐を進言した。頼朝もそれを聞き入れ、軍勢を東に反転して常陸に向かうこととした。頼朝は鎌倉帰還後、間髪を入れず同月二十七日には佐竹秀義を追討するため、常陸に向けて鎌倉を発したのである。

十一月四日、頼朝の軍勢は常陸国府《こくふ》（茨城県石岡市）に到着した。「権威は境外《けいがい》に及び、郎《ろう》従《じゅう》は国中《くにじゅう》に満」（『吾妻鏡』）ちている佐竹氏ではあったが、さすがに国府では直接的な影響力はなかったようである。ただし、国府およびその周辺には、頼朝にあからさまな敵対行為はしないが非協力的な常陸平氏が勢力をもっていた。頼朝による常陸国府駐屯は、常陸平氏たちへの威嚇《いかく》でもあった。

頼朝は早速に佐竹氏討伐の評定《ひょうじょう》をはじめた結果、上総広常が佐竹氏との縁者であることを口実に、隆義の男子二人（義政《よしまさ》・秀義兄弟）との接触を図った。はたして、義政は縁者である広常の招きということで国府まで赴いてきた。そして、国府の北の入口でもある大矢橋《おおやばし》（園部川《そのべがわ》に架かる）に着いたとき、事件は起きた。迎える役であるはずの広常が襲撃者に豹変し、たちどころに義政を暗殺してしまったのである。一方の秀義は、最初から胡散臭いとして広常の招きに応ぜず、義政暗殺の報を聞くと、すぐに太田《おおた》から北の金砂山に移り籠城態勢をとった。頼朝は秀義討伐に取りかかり、下河辺行平《しもこうべゆきひら》・政義《まさよし》兄弟、土肥実平《どひさねひら》・和田義盛《わだよしもり》・熊《くま》谷《がい》直実《なおざね》・平山季重《ひらやますえしげ》などの軍勢を金砂山城攻めに向かわせた。これが金砂合戦である。

右：常陸国府跡◆茨城県石岡市
左：大矢橋と佐竹義昌の首塚◆茨城県石岡市

金砂合戦――秀義は叔父の裏切りで頼朝に敗れ、奥州へ逃避

金砂山城は、天然の要塞にも似た城郭であった。麓の頼朝軍は丸見えの状態で、秀義方の矢は的確に敵を射貫いた。他方の頼朝軍は放った矢が届かず、山頂への進路も塞がれていた。攻めあぐねた頼朝軍であったが、再び上総広常は策をめぐらし、今度は佐竹秀義の叔父・佐竹義季《よしすえ》を調略する案を出した。頼朝に帰順すれば恩賞は思うがまま、という内容であった。

この案は採用され、なんとか広常が金砂山城に潜入すると義季との接触に成功、とうとうと頼朝に背くことの不合理を説いた。それにほだされた義季は広常に従うこととした。そして城内で蜂起、慌てた秀義を城外へ追い落とし、同年十一月六日、金砂山城を占拠したのである。金砂合戦は、頼朝方の勝利で終わった。『吾妻鑑』治承五年十一月八日条で頼朝は「秀義の領所の常陸国奥七郡、ならびに太田（常陸太田市）、糟田《ぬかだ》（額田。茨城県那珂市）、酒出《さかいで》（同市）などを没収し、佐竹討伐の戦功者に与えた」とある。佐竹支配の事実上の壊滅であった。

逃亡した秀義は阿武隈《あぶくま》山系の山を越えて「奥州（奥郡）花園《はなぞの》」に向かい、しばらくは潜伏することとなる。その間、秀義の家臣たちも続々と投降した。頼朝は彼らを捕らえるものの、処置は比較的寛大であった。

たとえば、秀義の家臣に岩瀬与一太郎《いわせよいちたろう》という武将がいた。岩瀬は頼朝の御前に引き出された。そして、怖じ気づくどころか、岩瀬は頼朝に向かって「討つべき平家を討たず、あろうことか同族の佐竹を討つとは何事ぞ」と、厳しく批判したのであった。頼朝は罰するどころか、岩瀬を御家人《ごけにん》の列に加えたと『吾妻鏡』には記されている。また、皮肉にも金砂山城攻略の「功労者」となった佐竹義季も御家人となっている。

考えてみれば、頼朝の挙兵や佐竹氏討伐は平氏政権下で起きた、現政権に対するあきらか

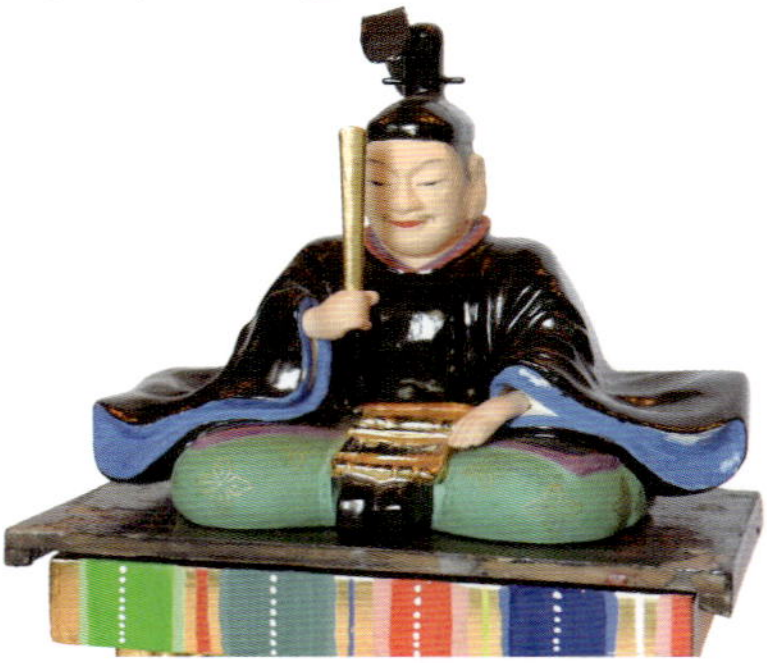
上総広常木像◆個人蔵　画像提供：いすみ市郷土資料館

Ⓐ金砂山城の部分拡大

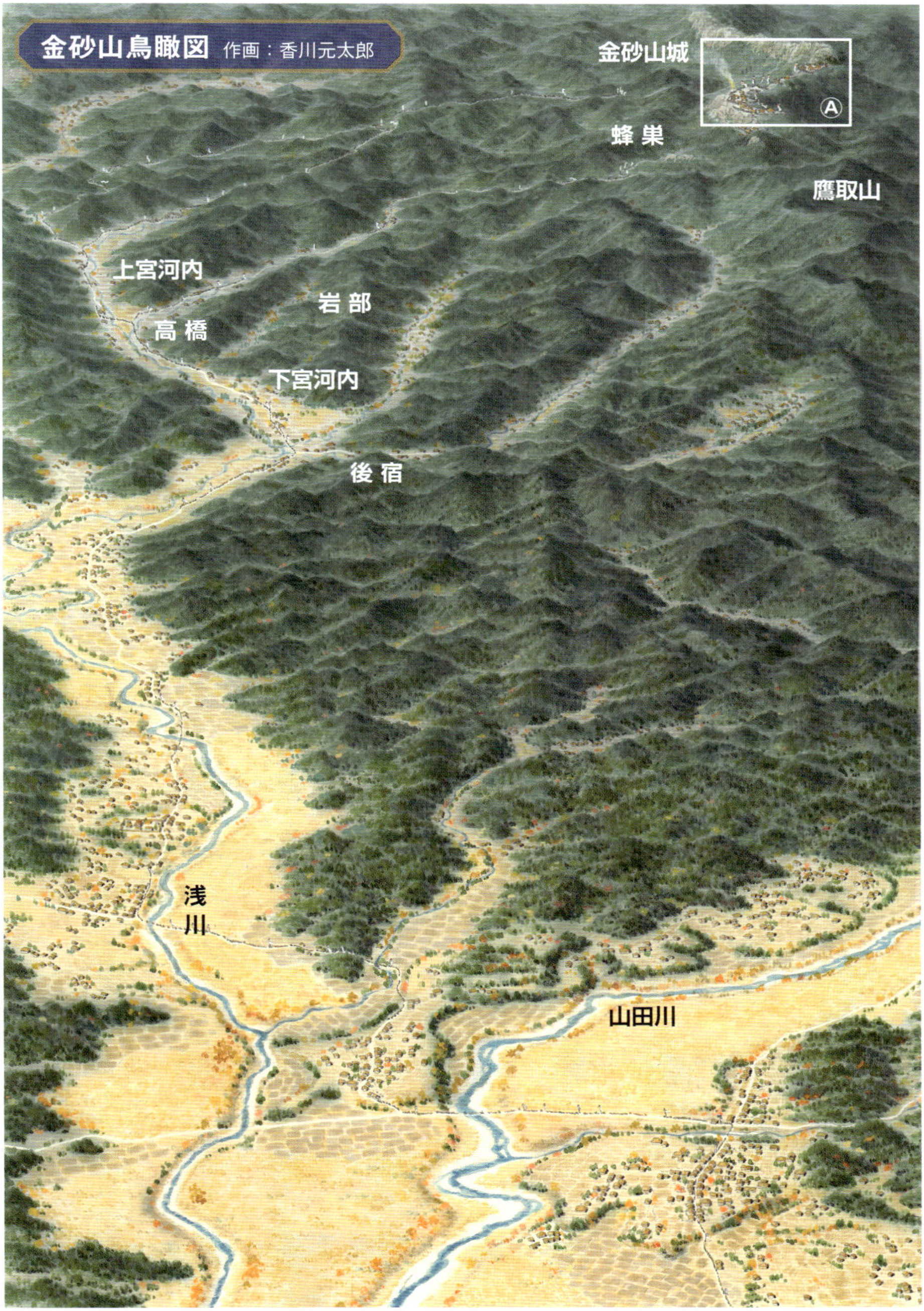
金砂山鳥瞰図　作画：香川元太郎
金砂山城
Ⓐ
蜂巣
鷹取山
上宮河内
岩部
高橋
下宮河内
後宿
浅川
山田川

な反乱事件であった。そして、千葉・上総・三浦の諸氏のように佐竹氏討伐を支持する武将もいれば、岩瀬のように批判する武将もいたのである。頼朝にすれば、挙兵した以上、後戻りはできない。いつまでも「反乱者」ではいられない。自身に対する関東武士の意思を統一したうえで、従わせなければならない。そのためにも平氏政権を打倒することが、佐竹氏討伐以後の最大目標となったのは言うまでもない。

ただ、なぜ佐竹氏討伐が必要であったのか。もちろん、頼朝が広常たちの要望を鵜呑みにした結果だけではない。佐竹氏の背後にいる奥州藤原氏の存在を意識したためである。

前述のとおり、佐竹隆義は生母が藤原清衡の娘であり、子の秀義が戦った金砂合戦には在京のため不参加であった。それでも隆義は常陸介に任ぜられると、治承五年（一一八一）には常陸に戻り、頼朝と戦った。結果は敗北であったが、再起を掛けて奥州の藤原秀衡《ひでひら》のもとに走ったとみられる。奥州には先の大矢橋事件で父の義政を討たれた遺児たちも、秀衡方として潜在していたのである。

さらに、『玉葉《ぎょくよう》』寿永《じゅえい》二年（一一八三）十月九日条には、「頼朝には、木曾《きそ》義仲《よしなか》の乱暴に悩む後白河法皇《ごしらかわほうおう》から討伐軍の上洛要請があった。しかし、頼朝は受けられないと答えた。その大きな理由のひとつが、私（頼朝）が上洛すれば、藤原秀衡と佐竹隆義が留守の鎌倉に侵攻してしまうからだ」とある（ただし、隆義はこの年五月二十日に没している）。

結局、義仲追討、そして平氏政権の主体である平家一門の討伐は、範頼《のりより》・義経《よしつね》といった頼朝の弟たちが担い、西へと軍勢を進めていった。兄の頼朝は鎌倉を動かなかった、否、動けなかったのである。弟たちによる平家一門の討伐を「西部戦線」にたとえるならば、奥州・常陸はまさしく「東部戦線」であり、頼朝は西を気遣いながらも東方から目を逸らすことはできなかったのである。

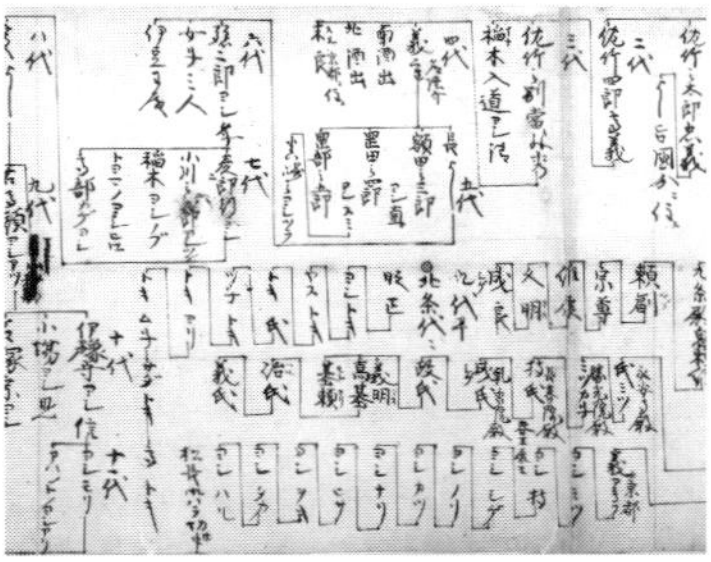

「源氏系図」一巻◆清和天皇を起点とする源氏系譜の中で佐竹氏を位置づけた系図で、最後は義重の子「御曹司・徳寿丸」である。徳寿丸は佐竹宗家の嫡男の幼名で、義宣という諱が記されていないため成立は義宣元服前の天正期の初年か。他に源氏嫡流、足利氏・武田氏など清和源氏を幅広く収載し、漢字に仮名ルビ、仮名表記のみの箇所もある。さらに執権北条氏・後北条氏・江戸氏・越後長尾氏までも記され、佐竹一族でも小場氏・大山氏は特記される。本系図は佐竹義重が武家の血統を明らかにする以上に、徳寿丸の教育目的で作成されたのだろう　茨城県常陸大宮市・甲神社蔵

御家人・佐竹秀義——頼朝に抗した代償を背負い奥州合戦で奮戦

寿永四年（一一八五）三月二十四日、西に軍勢を進めていた源義経は壇ノ浦《だんのうら》（山口県下関市）で、ついに平家一門を滅ぼした。ここに「西部戦線」は終焉したことになる。

翌文治《ぶんじ》二年（一一八六）になると、頼朝は奥州藤原氏への圧迫を開始する。それが決定的になるのが、翌年の『吾妻鑑』同三年九月四日条にある「藤原秀衡が謀反人の義経を匿っている」との後白河院への頼朝の訴えであった。義経は頼朝を無視して後白河院と接近したのが災いした。少年期を過ごした奥州平泉《ひらいずみ》（岩手県平泉町）に逃れ、藤原秀衡を頼ったのである。

以後の、たび重なる頼朝からの「弟の義経を差し出せ」との圧迫を秀衡はしのいだが、文治三年十月に秀衡が亡くなり子の泰衡《やすひら》が継ぐと、これに抗しきれなくなった。同五年閏四月三十日、泰衡は頼朝への忖度のつもりで義経を自害に追い込んだ。ところが、これが完全に裏目となり、頼朝は「家臣を殺された」と解釈するなど、泰衡は藤原氏討伐の口実を与えてしまった。冷たかった「東部戦線」は、にわか

源平内乱期における常陸国の郡・荘・御厨◆高橋修編著『常陸平氏』（戎光祥出版）掲載図を修正　原図作成：清水亮氏

に沸騰したのである。

文治五年七月十九日、頼朝は軍勢を率いて鎌倉を発ち、同年七月二十六日には宇都宮《うつのみや》（宇都宮市）を通過しようとした。ここに、佐竹秀義が駆けつけた。『吾妻鑑』文治五年七月二十六日条には、「頼朝が宇都宮を出発しようとしたところ、佐竹秀義が常陸よりはせ参じた。その旗印は無紋の白旗であった。不快に思った頼朝は「無紋の白旗は源氏の棟梁《とうりょう》のみ」として、秀義に月丸印の付いた扇を与え「これを旗印の上のほうに入れよ、と命じた」とある。佐竹氏の旗印、家紋の由来を説明した一節である。ともかく、金砂山城落城から花園への逃亡以来の秀義の登場となり、併せて秀義が御家人の列に入ることが許された一幕でもある。

奥州合戦は頼朝の八月二十二日の平泉侵攻、九月三日の泰衡殺害をもって、とりあえずは終了した。秀義はここで正式に御家人に列せられることを許された。また、奥州での戦功もあったとみられ、その恩賞として太田・額田・酒出など根本の地は返還されたとみられる。ただし奥七郡、すなわち源義光以来、常陸北部で勢力を拡大するなかで獲得してきた多珂《たか》・久慈東・久慈西・佐都《さと》東・佐都西・那珂東・那珂西の各郡における大部分の権限は、宇佐美《うさみ》氏・二階堂《にかいどう》氏・伊賀《いが》氏など他の御家人たち、あるいは鹿島神宮《かしまじんぐう》に与えられ、佐竹氏には戻らなかった。

そのなかにあって佐竹氏は、久慈東郡の一部である高倉郷《たかくら》、多珂荘内の一部の郷、多賀郡の花園山周辺地域、陸奥国好島《よしま》荘西方、同荘絹屋《きぬや》村・同荘豊間《とよま》村、岩崎《いわさき》郡小河村、菊田《きくた》（菊多）郡泉田《いずみだ》郷岡部《おかべ》村など、わずかな地域にかろうじ

「阿津賀志山の戦い」のジオラマ◆源頼朝軍と奥州藤原氏が陸奥国の阿津賀志山（厚樫山とも。福島県国見町）で行った合戦。この敗戦により、奥州藤原氏は滅亡への道を歩むこととなる　福島県立博物館蔵

奥州合戦の関係地図◆葛飾区郷土と天文の博物館『源頼朝と葛西氏』展図録の掲載図を参考に作成

て権益を保つことができた。頼朝に抗した事実がいかに重かったかがわかる。まさに鎌倉時代の佐竹氏は冬の時代にあったのである。

なお、奥七郡のほとんどは、鎌倉時代後期から末期（十三世紀後半～十四世紀初期）にかけて宇佐美氏などの御家人に替わり、執権北条氏の一族の勢力が伸びてくる。それが佐竹氏の在り方にも変化をもたらしていくことになる。

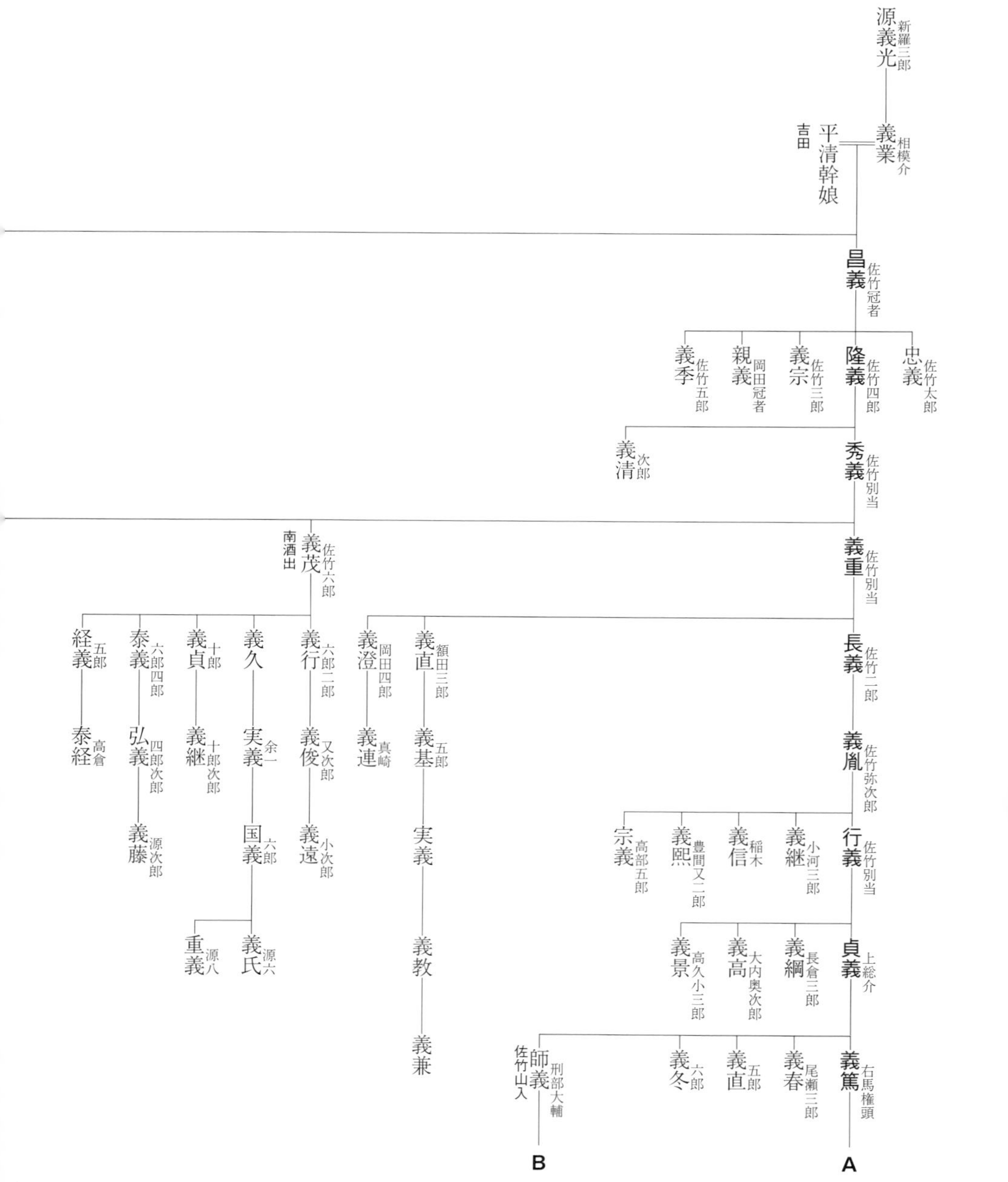
源義光 新羅三郎
義業 相模介
平清幹娘 吉田
昌義 佐竹冠者
忠義 佐竹太郎
隆義 佐竹四郎
義宗 佐竹三郎
親義 岡田冠者
義季 佐竹五郎
秀義 佐竹別当
義清 次郎
義重 佐竹別当
義茂 佐竹六郎
南酒出
長義 佐竹二郎
義直 額田三郎
義澄 岡田四郎
義行 六郎二郎
義久
義貞 十郎
泰義 六郎四郎
経義 五郎
義胤 佐竹弥次郎
義基 五郎
義連 真崎
義俊 又次郎
実義 余一
義継 十郎次郎
弘義 四郎次郎
泰経 高倉
行義 佐竹別当
義継 小河三郎
義信 稲木
義熈 豊間又二郎
宗義 高部五郎
実義
義遠 小次郎
国義 六郎
義藤 源次郎
貞義 上総介
義綱 長倉三郎
義高 大内奥次郎
義景 高久小三郎
義氏 源六
重義 源八
義教
義篤 右馬権頭
義春 尾瀬三郎
義直 五郎
義冬 六郎
師義 刑部大輔
佐竹山入
義兼
A
B

佐竹氏系図1

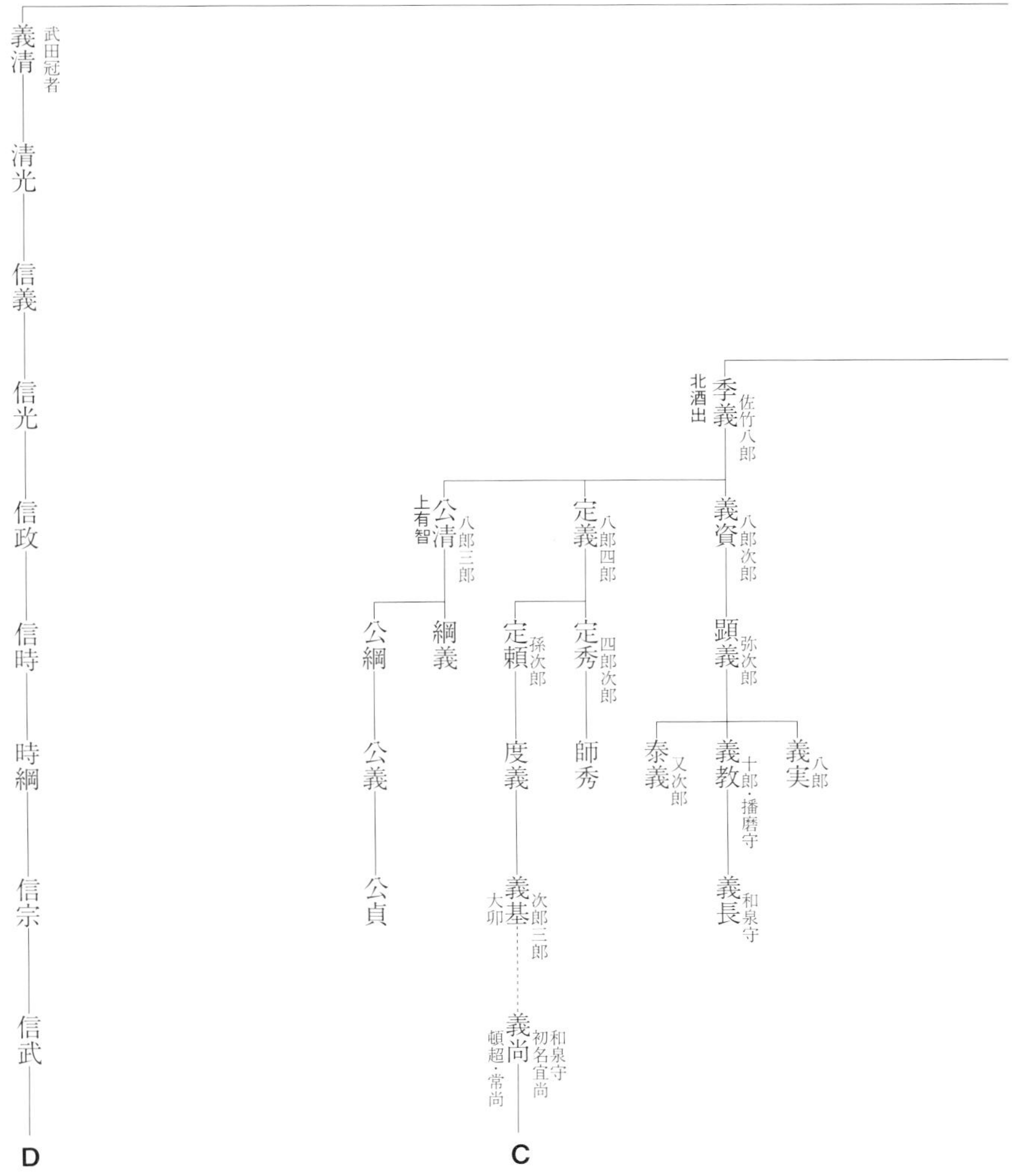

義清 武田冠者
清光
信義
信光
信政
信時
時綱
信宗
信武
D
季義 佐竹八郎 北酒出
義資 八郎次郎
顕義 弥次郎
義実 八郎
義教 十郎・播磨守
義長 和泉守
泰義 又次郎
定義 八郎四郎
定秀 四郎次郎
師秀
定頼 孫次郎
度義
義基 次郎三郎 大卯
義尚 和泉守 初名宜尚 頓超・常尚
C
公清 八郎三郎 上有智
綱義
公綱
公義
公貞

勢力の維持・発展に奔走――南奥への進出と美濃佐竹氏・佐竹小河氏

それでも佐竹氏は、地道ながら勢力回復に努めていったことも、また事実である。承久《じょうきゅう》三年（一二二一）五月十五日、後鳥羽上皇《ごとばじょうこう》の院宣《いんぜん》を受けた大内惟信《おおうちこれのぶ》などの軍勢は、旧佐竹領を支配していた伊賀光季《みつすえ》の京屋敷を襲撃し、これが倒幕ののろしとなった。承久の乱の勃発である。

しかし、有名な北条政子《ほうじょうまさこ》の檄《げき》もあってか鎌倉幕府の対応は早く、御家人の結束も固かった。そして、北条時房《ときふさ》・泰時《やすとき》が率いる鎌倉幕府軍が上洛した。とりわけ、最大の山場となる同年六月十四日の宇治橋《うじばし》合戦（京都府宇治市）は京都への突破口を開いた戦いであり、ここで戦功をあげた御家人のなかに、「佐竹六郎（義茂）」「佐竹別当《べっとう》（義重《よししげ》。戦国時代の義重とは別人）がいた（『吾妻鏡』承久三年六月十八日条）。そしてこの戦功が評価され、美濃《みの》国（岐阜県）内に弾正《だんじょう》荘・山口《やまぐち》郷・上有智《こうずち》荘などで地頭職を与えられる。のちに、西国に佐竹氏が進出するきっかけとなった美濃佐竹氏の成立につながる。

また佐竹一族のなかには、太平洋岸（浜通り）の陸奥国最南部に位置する好島荘、岩城《いわき》郡・岩崎郡方面への進出を果たしていた者もいた。理由ははっきりしないが、遠祖の源義光が隣接する菊多郡を治めていたころの、権益的残滓《ざんさい》があったためとも思われる。

そのなかでも動向がある程度、把握できるのが佐竹小河（小川）氏だ。初代小河氏が義綱、その父は佐竹義胤《よしたね》、母は岩崎氏の女子である。十三世紀末期、鎌倉時代後期のことで、拠点となる岩城郡小河郷は、阿武隈山系の夏井川《なついがわ》流域に展開する。浜通りから中通り方面に至る途中でもある。母方である岩崎氏の権限を割譲して拠点としたのであろう。小河義綱は元亨《げんこう》二年（一三二二）、この地に真言律宗《しんごんりっしゅう》寺院の長福寺《ちょうふくじ》を建立している。真言律宗は大和・西《さい》

国魂神社◆佐竹一族の崇敬を集めた　福島県いわき市

長福寺◆福島県いわき市

大寺《だいじ》系の僧忍性《にんしょう》が建長《けんちょう》四年（一二五二）に常陸に入り、小田《おだ》氏の外護《げご》を受けたことで弘まる契機となった。さらに弘長《こうちょう》二年（一二六二）には師の叡尊《えいそん》の関東下向を実現させ、布教活動に鎌倉幕府の公認を得るに至った。当時としては、鎌倉発の最新の教えだったわけである。

佐竹氏は「冬の時代」にあっても、宗家ばかりでなく一族も含め、地道ながらも代を重ねるなかで勢力の維持・発展に努めていた。そうした活動が、やがて結実する時代をつくるのである。

地蔵菩薩座像◆岩城郡への進出を果たした佐竹小河氏の初代義綱が元亨２年（1322）に開山した寺院が長福寺。本像はその本尊で、元亨４年（1324）作。像内からは 140 通余りの文書が検出された。これらの文書は経典を書く料紙として裏側が再利用されたが、本来の文書のほとんどは「ゑかい」と称する女性が発送したものだった。鎌倉在住の尼僧で、岩城地方に進出した佐竹小河氏ゆかりの女性とみられる。詳細は把握できないが、基本的に鎌倉と岩城の間でやりとりされた文書群である　国指定重要文化財　福島県いわき市・長福寺蔵

中柴外城遠望◆佐竹小河氏の居城で、現在も土塁・曲輪・空堀などが遺る　福島県いわき市

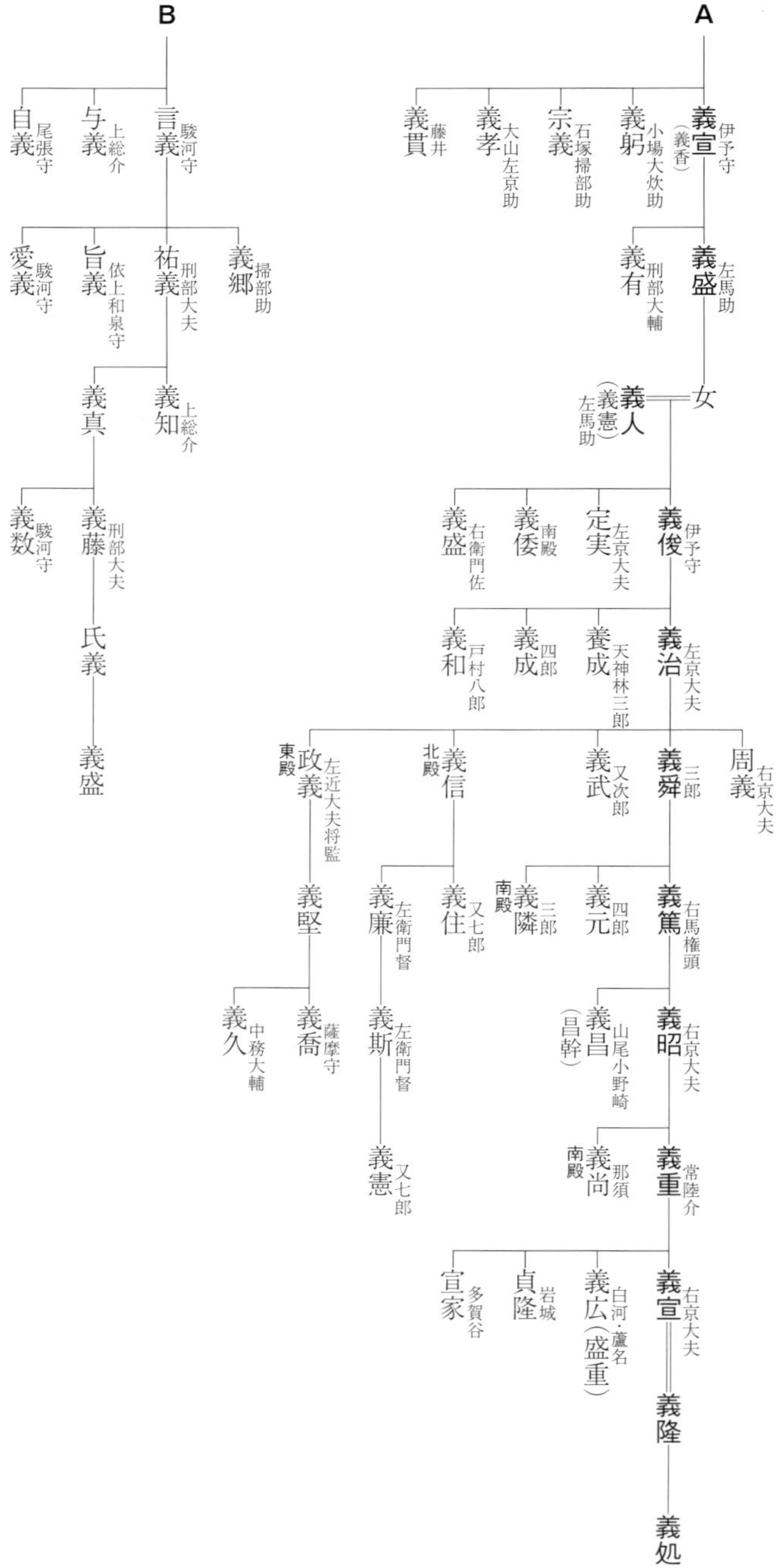
A
義宣 伊予守 (義香)
義躬 小場大炊助
宗義 石塚掃部助
義孝 大山左京助
義貫 藤井
義盛 左馬助
義有 刑部大輔
女
義人 (義憲) 左馬助
義俊 伊予守
定実 左京大夫
義倭 南殿
義盛 右衛門佐
義治 左京大夫
養成 天神林三郎
義成 四郎
義和 戸村八郎
周義 右京大夫
義舜 三郎
義武 又次郎
北殿 義信
東殿 政義 左近大夫将監
義篤 右馬権頭
義元 四郎
南殿 義隣 三郎
義住 又七郎
義廉 左衛門督
義堅
義昭 右京大夫
義昌 (昌幹) 山尾小野崎
義斯 左衛門督
義喬 薩摩守
義久 中務大輔
義重 常陸介
南殿 義尚 那須
義憲 又七郎
義宣 右京大夫
義広 (盛重) 白河・蘆名
貞隆 岩城
宣家 多賀谷
義隆
義処
B
言義 駿河守
与義 上総介
自義 尾張守
義郷 掃部助
祐義 刑部大夫
旨義 依上和泉守
愛義 駿河守
義知 上総介
義真
義藤 刑部大夫
義数 駿河守
氏義
義盛

佐竹氏系図２

C

- 基尚（彦三郎 和泉守 明海・源輝）
  - 基永（孫三郎 和泉守 弓翁・英興）
    - 光家（彦三郎 常陸守 改義方 更改瞬方 宗三・則一）
      - 澄常（七郎 弾正小弼 信甫・宗忠）
      - 基親（彦三郎・新介 初名常秋 改篤親 称馬場氏 宗誉）
        - 政直（彦三郎 和泉守 相模守 眼阿 慶長七年誅）
          - 重親（彦三郎 新介 慶長七年誅）
          - 政忠（初名政親 善五郎 金大夫・相模 称大山氏）
            - 寛政（孫三郎 称酒出氏 南義章子）
              - 季親（小伝次 金大夫 茂木治貞子）
                - 季章（新介 向広政子）
                - 季賢（第蔵・一学 茂木知経子）
          - 憲直（改忠政 八郎 孫左衛門）
            - 忠次（伝四郎 孫左衛門）
              - 忠寛（源十郎 孫左衛門 小田野宣行子）
                - 忠房（伝四郎）

D

- 信成
  - 信春
    - 信満
      - 信重
        - 信守
          - 信昌
            - 信縄
              - 信虎
                - 晴信（信玄）

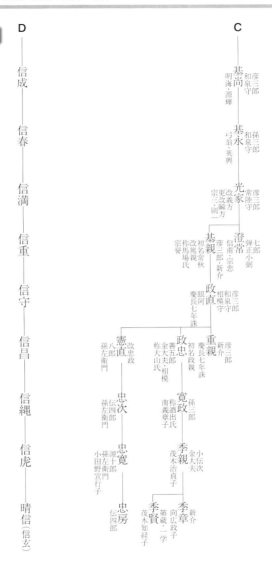

Ⅱ 南北朝内乱と佐竹氏

貞義・義篤・義宣（義香）・義盛の時代

逆境を超える秘策――佐竹貞義が足利尊氏・夢窓疎石への接近を図る

元弘《げんこう》三年（正慶《しょうけい》二年、一三三三）五月七日、足利尊氏（この時点では高氏）は京都・六波《ろくは》羅探題《らたんだい》を攻略、同月二十二日には新田義貞が鎌倉に攻め込み、得宗《とくそう》北条高時《たかとき》・執権《しっけん》北条（赤《あか》橋《はし》）守時《もりとき》を頂点とする鎌倉幕府を滅ぼした（元弘の変）。同年六月、隠岐《おき》を脱出した後醍醐《ごだいご》天皇は入京、建武政権《けんむせいけん》を成立させ、ここに建武の新政《しんせい》が始まった。

このころより、佐竹氏は足利尊氏・直義《ただよし》の兄弟に接近するようになる。佐竹氏根幹の支配領域は奥七郡であったが、ここは大半が鎌倉開幕以来、二階堂・宇佐美・伊賀など他の御家人の所領となり、さらに鎌倉時代後期には北条氏がそれに替わる事態となっていた。そして幕府滅亡直後は足利氏、あるいは臨川寺《りんせんじ》領などになり、この時点で建武政権から佐竹氏に返還されることはなかった。本来なら佐竹氏は建武政権、とりわけ足利氏に不満を抱くはずであった。しかし、佐竹貞義《さだよし》は違った。この不条理を逆手にとったのである。

京都の臨川寺（京都市右京区）は、建武二年（一三三五）に後醍醐天皇が亡き皇子である世良《よよし》親王の菩提を弔うため、禅僧夢窓疎石《むそうそせき》を開山《かいさん》として建立された。そして暦応《りゃくおう》二年（一三三九）に足利尊氏が天龍寺《てんりゅうじ》（同右京区）を創建すると（落慶《らっけい》は康永《こうえい》四年（一三四五））、やはり夢窓疎石を開山とした。そこで、貞義は尊氏が帰依する夢窓疎石に自身の庶長子である月山周枢《がっさんしゅうすう》を弟子入りさせたのである。

右：正宗寺　左：佐竹氏墓所◆ともに茨城県常陸太田市

月山は、天龍寺の夢窓疎石のもとで修行したのち太田に戻り、勝楽寺《しょうらくじ》・正法院《しょうほういん》を臨済禅《りんざいぜん》の寺院に改めた。そして夢窓疎石を開山（招聘開山）とし、月山自身は両寺院の二世となり、さらに寺域に正宗庵《しょうじゅうあん》を設けたのであった。貞義・月山父子の行動は、臨済禅の常陸への本格導入だけではなかった。夢窓疎石を介して、足利尊氏との良好な関係の構築を目指すことであった。旧領に足利氏領・臨川寺領が設置されたことは、結果として佐竹氏飛躍の一大好機となったのである。

月山和尚像◆絹本著色。応永 12 年（1405）。画面上部に「天龍頭角、正覚正宗（天龍寺で頭角を現し、正宗寺で悟りを開いた）」で始まる建長寺塔頭・金剛院の僧・東暉僧海の賛が記されている。この賛の末尾に「応永乙酉季」、すなわち応永 12 年とあるから、この年を制作年代と見なせる。ちょうど月山の七回忌にあたる。月山周枢は佐竹貞義の子で、俗名は義継。義篤の兄だが庶子のため当主にはなれなかった。しかし、足利尊氏の信頼厚い夢窓疎石の弟子となることで、足利氏と佐竹氏を強い絆で結びつけ、さらに臨済禅を常陸国で弘めるなど、宗教の立場から佐竹氏の発展に大いに寄与している　常陸太田市・正宗寺蔵

夢窓疎石像◆絹本著色。16 世紀（戦国時代）。足利尊氏と佐竹氏を結びつけた臨済宗の僧である夢窓疎石像。細身の温和な表現は他の夢窓疎石像にも共通する。上部に天龍寺塔頭妙智院の住持にして中国・明への留学経験もある策彦周良の賛がある。嘉元三年（1305）には、禅僧の夢窓疎石が多賀郡臼庭村（北茨城市磯原町）・静思庵に滞在し、ここで悟りを開いたとされ（「夢窓国師年譜」）、常陸ともゆかりがある　常陸太田市・正宗寺蔵

正法院勅額◆十四世紀半ば、佐竹貞義の庶長子・月山周枢は師の夢窓疎石を正法院の中興開山（招聘開山）とし自身は二世となった。さらに月山は正法院塔頭として正宗庵を創建。そして異母弟の佐竹義篤の助力で寺格が与えられ正宗寺となった。宗家の支援で寺勢を保ち佐竹氏の菩提寺へと発展。この扁額は伏見天皇（後伏見天皇か）宸筆とされ密教法具の装飾が入る。正安二年（一三〇〇）に佐竹行義が掲げたというが、額部などは近世の改替であろう　常陸太田市・正宗寺蔵

南北朝分裂と佐竹一族——足利方への身を切る忠節と犠牲

もちろん、貞義自身もすべてを夢窓疎石頼みにはしなかった。身を切る犠牲も払ったのである。建武二年（一三三五）七月、元弘の変で討たれた北条高時の遺児・時行《ときゆき》が信濃で挙兵、同月二十五日には鎌倉を陥れた。ここにいた足利直義はたまらず撤退した。中先代《なかせんだい》の乱《らん》と呼ばれる北条氏残党の反撃であるが、前日二十四日、貞義は武蔵《むさし》国鶴見《つるみ》（横浜市鶴見区）にて時行軍と合戦に及んだ。勢いに乗る時行軍は強力であり、貞義は子の義直《よしなお》、一族の稲木義武《いなぎよしたけ》などを失っている。直義は三河まで後退した。

京都にいた足利尊氏は、直義の救援を名目に勅許《ちょっきょ》なしで関東に向かった。さすがの時行軍も新手の尊氏軍に撃破されていった。直義とともに貞義も追撃するかたちで時行軍とさらに戦い、八月十二日の小夜中山《さよなかやま》合戦（静岡県掛川市）では、時行軍の大将である備前新式部大夫入道《びぜんしんしきぶたいふにゅうどう》を討ち取っている。同月十九日、尊氏は鎌倉を奪回したが、以後、足利兄弟は後醍醐天皇の勅命を無視して鎌倉に留まり続け、足利方諸将の論功行賞《ろんこうこうしょう》をはじめている。佐竹貞義の常陸守護《しゅご》就任日ははっきりしないが、このときの建武二年八月下旬と推定されよう。

後醍醐天皇の目には、尊氏謀反と映った。そこで同年十二月、新田義貞《にったよしさだ》を総大将とする尊氏追討軍を関東に向けたのであった。それを迎え撃つため足利軍は鎌倉から西上したが、ここには佐竹貞義の子たち、すなわち義篤《よしあつ》・小瀬義春《おぜよしはる》・山入師義《やまいりもろよし》などが加わっていた。同年十二月十二日の箱根《はこね》・竹ノ下《たけのした》合戦（静岡県小山町）で足利軍は義貞軍を撃破し、さらに西上を続けた。建武三年正月早々、尊氏は入京を果たした。しかし同月三十日、足利軍を追撃するかたちで陸奥・多賀《たが》城（宮城県多賀城市）から入京した鎮守府将軍《ちんじゅふしょうぐん》の北畠顕家《きたばたけあきいえ》軍に敗れ、尊氏一同は九州へと落ちていったのである。

竹之下古戦場の有闘坂◆両軍の戦闘が行われた坂道　静岡県小山町

九州においても、足利方と後醍醐天皇方の合戦は続いた。同年三月二日の筑前多々良浜《たたらはま》（福岡市東区）における菊池武敏《きくちたけとし》との戦いでは、すでに帰国した父や兄たち（義篤・義春）に替わって山入師義が佐竹一族を代表するかたちで足利軍に与し、九州の後醍醐天皇方と戦っている。多々良浜の合戦は尊氏軍の勢いを立て直す戦いであった。尊氏は勢いそのままに京都を目指し、同年五月二十五日、湊川《みなとがわ》（神戸市中央区・兵庫区）の戦いで後醍醐天皇方の楠木《くすのき》正成《まさしげ》などを破り、同年六月十四日には入京を果たした。

尊氏は同年十一月七日に建武式目《けんむしきもく》を定め、ここに室町幕府《むろまちばくふ》が開かれた。同年十二月二十一日には後醍醐天皇の吉野《よしの》への脱出があり、ここに朝廷は南朝《なんちょう》（後醍醐天皇）と足利政権が擁立する北朝《ほくちょう》（光明《こうみょう》天皇）とに分裂したのである。

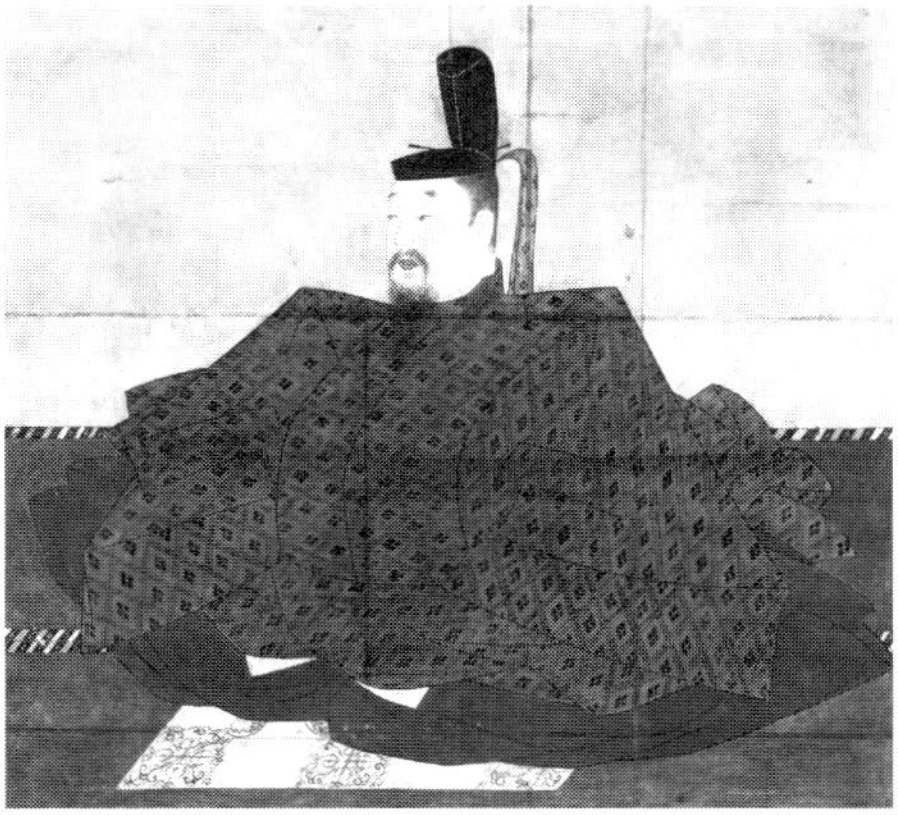

後醍醐天皇像◆東京大学史料編纂所所蔵模写

多々良浜古戦場の碑◆福岡市東区

右：竹之下古戦場の千束橋◆官軍が退く際に橋を落としたため、尊氏軍は薪を千束投げ入れた。それを橋代わりにして渡ったという伝説を伝える　静岡県小山町

左：楠木正成銅像◆神戸市中央区・湊川神社

瓜連城・小田城攻防戦――義篤軍が南朝方の楠木氏・小田氏を攻略

朝廷の南北分裂の影響は、常陸にも及んだ。南朝方が楠木正成の一族である正家《まさいえ》を常陸に遣わし、北関東における南朝方の勢力拡大を企図した。そして瓜連城《うりづら》（茨城県那珂市）に入ったのである。鎌倉時代末期の久慈西郡瓜連は、鎌倉幕府滅亡まで北条氏一族の桜田《さくらだ》北条貞《さだ》国《くに》が治め、以後は数少ない北関東の南朝方の拠点となった。しかも地理的には「常陸最北の都市」であり、陸奥への通路であった。南朝方がここを押さえれば、北畠顕家の拠る陸奥・多賀城との円滑な連携が期待できたのである。

当然、佐竹氏にとって瓜連は本拠地・太田から至近距離だけに、瓜連城に拠る楠木正家の存在は目の上の瘤《たんこぶ》そのものであった。建武三年（一三三六）二月六日から佐竹軍の攻撃がはじまった。佐竹幸乙丸《こうおつまる》のように、佐竹宗家《そうけ》の貞義から離反して正家に与する佐竹一族もいた。緒戦は貞義の子である義冬《よしふゆ》が討ち死にするなど大敗を喫した。そのため一時ではあるが撤退したのである。しかし、京都では後醍醐天皇の吉野への脱出など情勢は南朝に不利となり、その余波は関東にも及んだ。

同年七月、佐竹義篤は陸奥好島荘（福島県いわき市）の伊賀盛光《もりみつ》らを武生城《たきゆう》（茨城県常陸太田市）に招集、八月二十二日、佐竹軍は再度の瓜連城攻略をはじめた。佐竹軍に従った盛光は花房山《はなぶさやま》、大方河原《おおかたがわら》（いずれも常陸太田市）で正家方と戦い、十二月二日に義篤軍は小田治《はる》久《ひさ》・広橋経泰《ひろはしつねやす》など正家方の軍勢と岩出河原《いわでがわら》（常陸太田市）に戦ってこれを破り、同月十一日になって瓜連城を落としたのであった。義篤は以後も南に軍を進め、翌四年二月下旬には小田治久の拠る小田城（茨城県つくば市）の攻略を行っている（落城には至っていない）。

このように足利方への忠節に励む貞義に尊氏は応え、建武四年三月二十六日には陸奥国雅《う》

瓜連城の土塁・空堀◆A地点　茨城県那珂市

瓜連城の高土塁・空堀◆B地点　茨城県那珂市

楽《た》荘（宇多庄。福島県相馬市）の地頭職を与えている。貞義にとってわずかな権利であったが、奥七郡以外に勢力を加増できたのである。

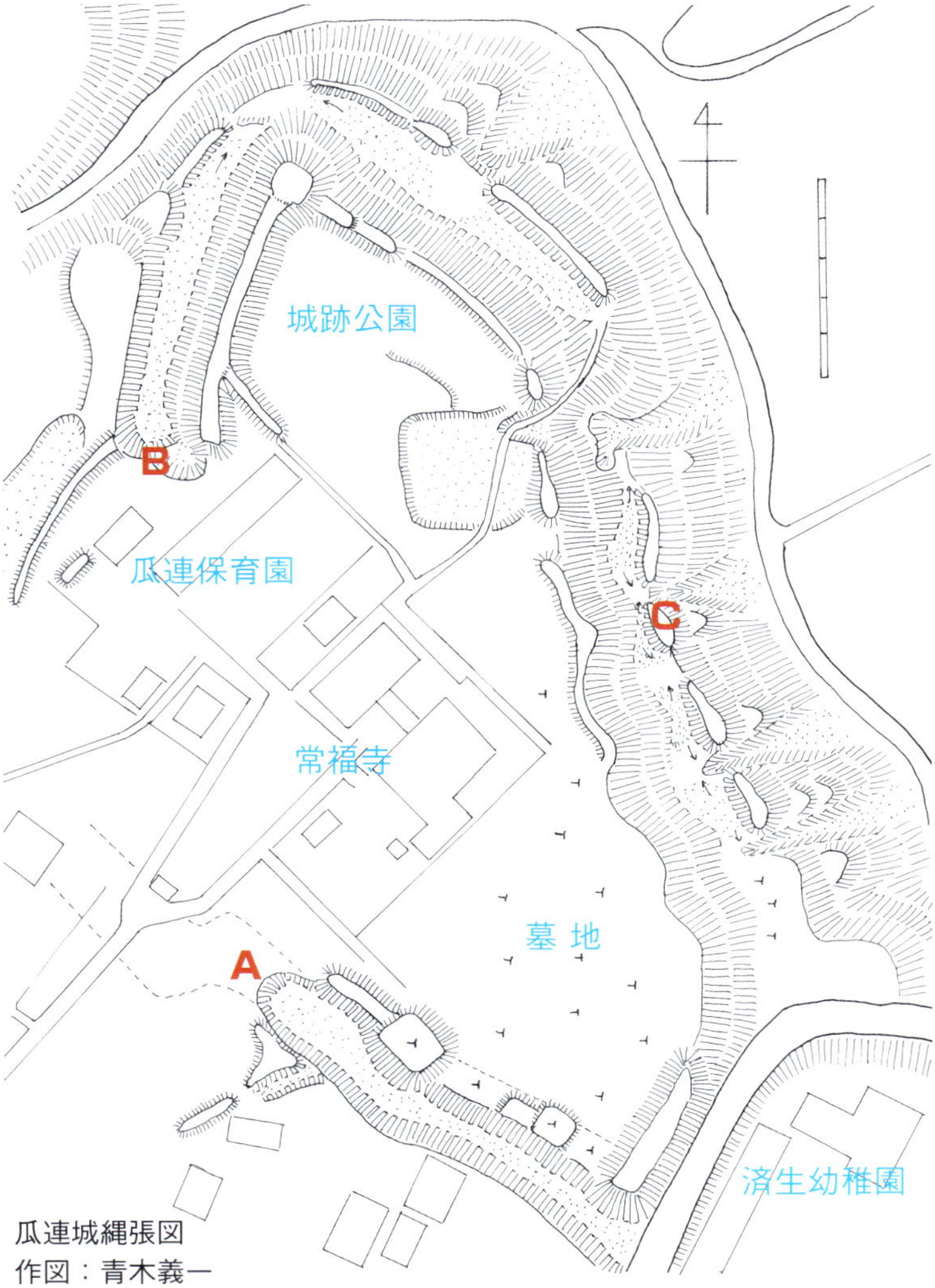

瓜連城縄張図
作図：青木義一

瓜連城の切岸◆C地点　茨城県那珂市

常福寺の境内が瓜連城の本丸跡と考えられている◆茨城県那珂市

北畠親房が常陸で奮戦――義篤は南朝・結城氏の動向が不明で動けず

同時期、陸奥では鎮守府将軍の北畠顕家が南朝方の京都奪還を目指し、出兵することとなった。延元二年（建武四年、一三三七）八月十一日、多賀城を発って南下をはじめていた。これに合わせ、常陸には南朝方の春日顕国《かすがあきくに》（顕時《あきとき》）が来国、小田治久・大掾高幹《だいじょうたかもと》とともに、常陸国府を目指してきた小瀬義春と南郡小河郷大塚《おおつか》（茨城県小美玉市）で合戦に及んでいる。この合戦には義春方として鹿島《かしま》郡烟田《かまた》村（同鉾田市）の烟田時幹《ときもと》も従軍している。

さて、京都奪還に向かった顕家は、延元三年（暦応元年）五月二十二日、摂津国石津《いしづ》（堺市堺区）の戦いで討ち死にした。この顕家の遺志を継いだのが、ほかならぬ父の親房《ちかふさ》であった。陸奥に赴き、亡き顕家と同じく大軍をもって劣勢を挽回しようとしたのである。

延元三年（暦応元年）九月、北畠親房は伊勢《いせ》国大湊《おおみなと》（三重県伊勢市）を出帆した。途中で嵐に遭うも常陸の内海（霞ケ浦《かすみがうら》）に入って東条《とうじょう》氏に迎えられ、神宮寺《じんぐうじ》城（茨城県稲敷市）に入った。親房来国の報は、瞬く間に佐竹氏のもとに届いた。同年十月五日、小瀬義春は鹿島寛幹《ひろもと》・宮崎幹顕《みやがさきもとあき》・烟田時幹など鹿島一族を動員し、神宮寺城を攻めた。親房は阿波崎《あばさき》城（稲敷市）に移るも佐竹方に攻略されたため、霞ケ浦を渡って小田治久の本拠・小田城に移ったのである。

親房の小田入城を知った京都の足利尊氏は、親房を攻撃するため暦応二年（延元四年）四月、執事高師直《こうのもろなお》の従兄弟である師冬《もろふゆ》を遣わすこととした。師冬軍は鎌倉で軍勢を整え、同年十月には駒《こま》城（茨城県下妻市）の攻撃を開始し、翌年の暦応三年八月にこれを落とした。その後、師冬は下野方面を転戦、再度常陸に入ると、まず瓜連城に入り態勢を整えた。そして暦応四年（興国《こうこく》二年）五月九日に小田城攻略に向かったのである。

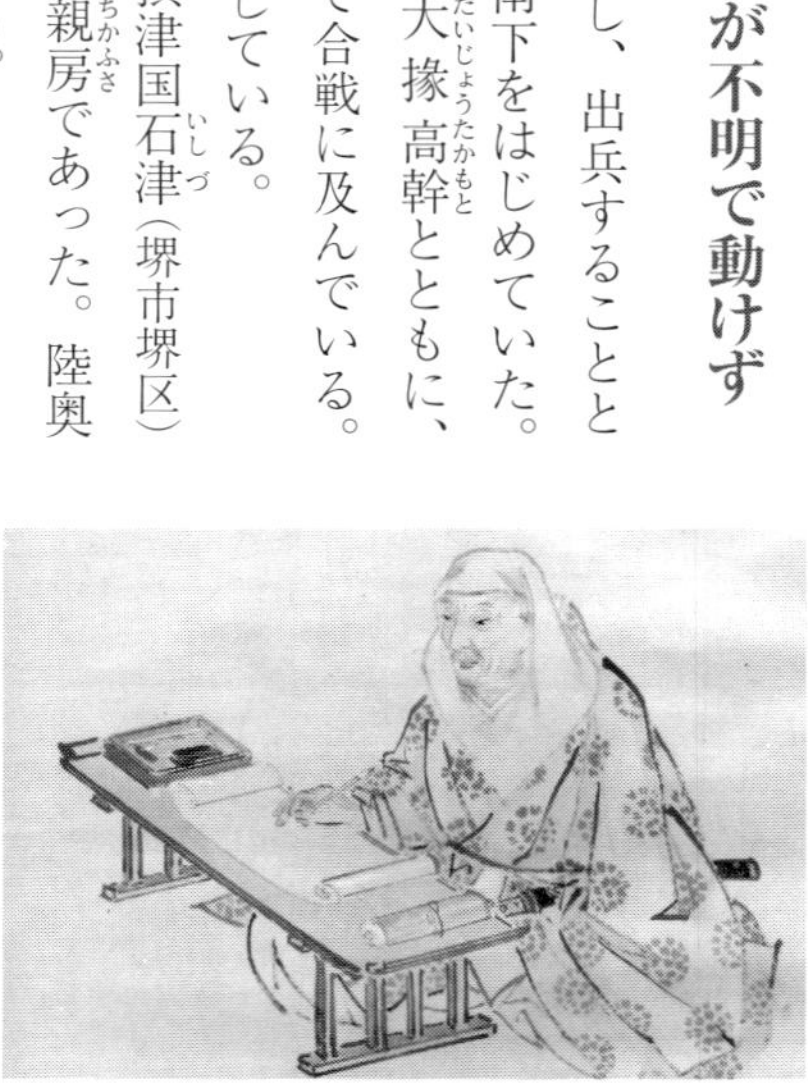
北畠親房像◆茨城県立歴史館蔵

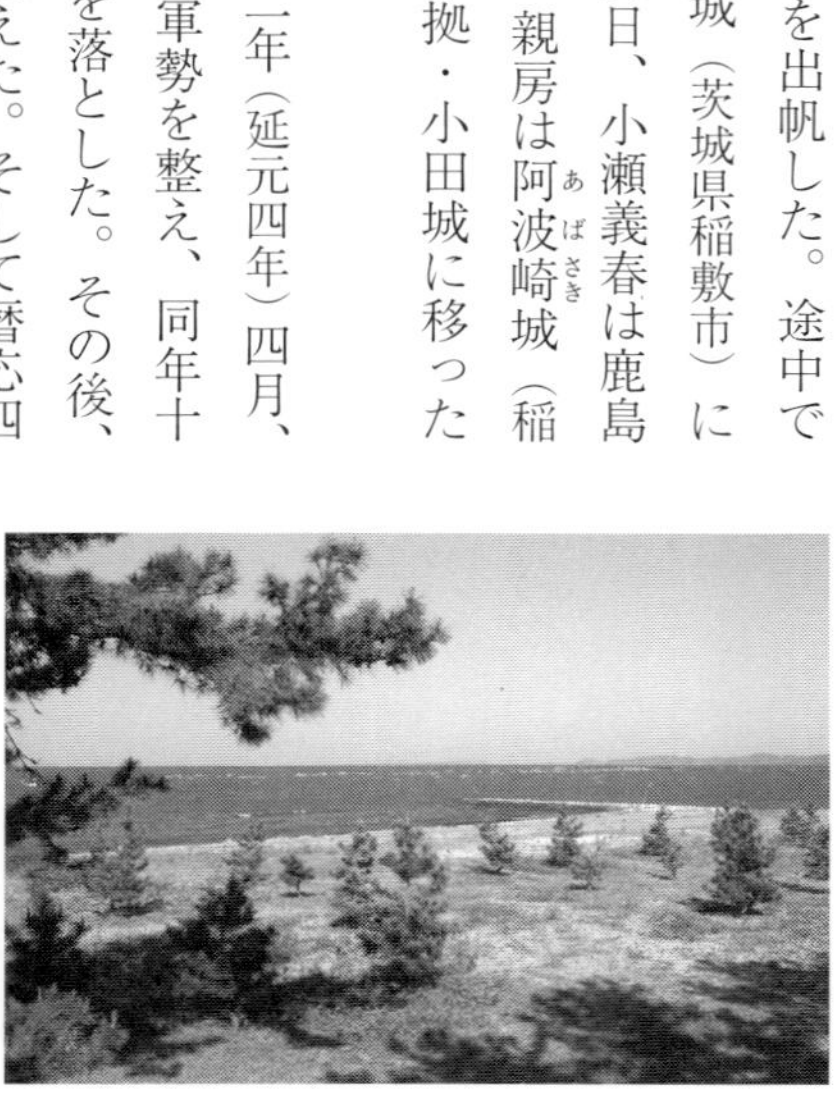
伊勢大湊◆北畠親房一向が東北へ向けて出帆した港　三重県伊勢市

師冬軍の瓜連駐屯に対して佐竹氏の支援があったことは確実だが、佐竹義篤などが師冬に従って、以後の小田城攻略などに参加したとするのは近世の所伝のみである。一見すると佐竹氏は師冬の行動に非協力的で、清和源氏の名門意識から尊氏の執事一族の命令など聞けない、と思っているかのようである。しかし、瓜連の北の陸奥国依上保《よりかみのほ》（茨城県大子町）、さらにその先の白河《しらかわ》（福島県白河市）は親房に呼応している結城親朝《ゆうきちかとも》の勢力圏であった。もし、親朝が南朝方として依上道を南進するとなれば、瓜連までは一本道である。瞬く間に瓜連・太田を陥れるのは避けられない。佐竹氏は動きたくても動けなかったのが実情であろう。

暦応四年十一月十日、師冬に通じた小田治久は小田城を開城するに及び、親房は小田城を脱出して関《せき》城（茨城県筑西市）に移り、大宝《だいほう》城（下妻市）に入った春日顕国と呼応しながら、師冬軍との交戦を続けた。

親房は小田城入城以来、南朝の正統性を説くため『神皇正統《じんのうしょうとう》記《き》』を著すなど精神面でも南朝を鼓舞してきたが、懇望していた結城親朝の援軍はついになく（北朝方となる）、興国四年（康永《こうえい》二年）十一月十一～十二日に両城は落ち、親房は関城を脱出して吉野へ帰還したのであった。

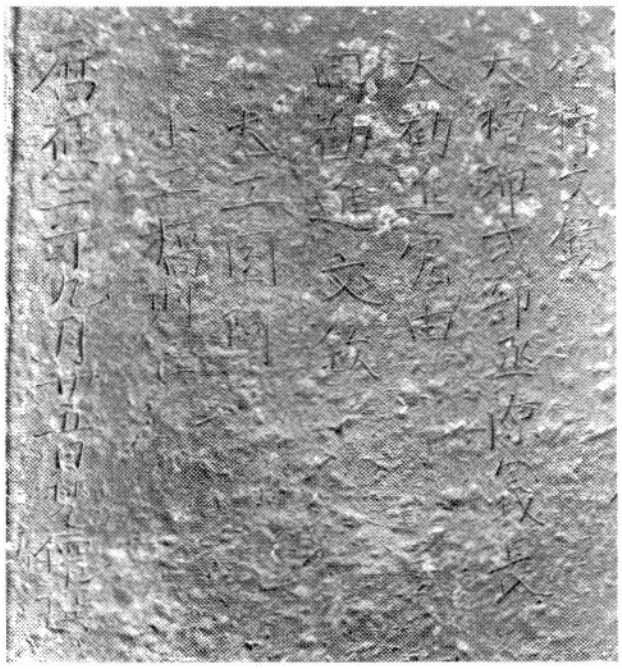
梵鐘◆南北朝時代の暦応２年（1339）に製作された。銘文に佐竹一族の中賀野義長が大工圓阿に製作させたと記されている　茨城県ひたちなか市・華蔵院蔵

阿波崎城跡◆茨城県稲敷市

大宝城の高土塁◆春日顕国が籠もった平城で、現在も高土塁が良好に遺る　茨城県下妻市

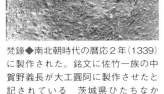

佐竹貞義と観応の擾乱――尊氏派・直義派に分裂して争う一族

親房対師冬の常陸合戦が展開中のころ、足利政権の内部で尊氏・高師直と直義の対立が起きていた。初期の足利政権、すなわち創成期の室町幕府は尊氏が軍事、直義が行政・司法を分担する兄弟による二頭政治体制をとった。仲の良い兄弟であったが、政治世界では別である。分担は派閥となり、それぞれに武士が与するという事態となった。

貞和《じょうわ》五年（正平《しょうへい》四年、一三四九）閏六月、京都で両者の抗争が表面化した。直義は師直を自邸に招いて暗殺しようとしたが寸前で露見し、師直は逃れた。同年八月十二日、今度は師直とそれに与する武士たちが直義討伐のため蜂起した。直義は尊氏邸に逃げ込んだものの、師直軍はこれを包囲する。その包囲軍のなかに在京していた山入師義、美濃佐竹氏の佐竹義長《よしなが》の姿があった。尊氏は直義を政務から外すこと、さらに出家させること、などでこの事態を収めようとした。

しかし翌年、観応《かんのう》元年（正平五年、一三五〇）十月、尊氏が足利直冬《ただふゆ》（尊氏庶子で直義養子）討伐に出兵すると、間隙をぬって直義は南朝と結ぶという奇策をもって挙兵した。その年末には佐竹一族の義盛《よしもり》（小瀬義春の子）が一族の方針を離れ、直義方に与する事態となった。さらに同二年にもこの事態は続き、二月五日の合戦（播磨《はりま》光明寺《こうみょうじ》合戦とみられる）では、佐竹義香（のちの義宣《よしのぶ》、義篤嫡子）がわずか六歳ながら直義軍に従っており、直義より忠節を賞されている。幼年の義香のこの行動から、父の義篤は直

足利尊氏邸跡◆京都市中京区

伝足利尊氏肖像◆東京大学史料編纂所所蔵模写

釈迦如来及および両脇侍像◆木造。中尊・釈迦如来坐像と普賢・文殊の両菩薩坐像からなり、いずれも宝冠を頂く。三軀とも平坦ながら独特な面相で、それぞれに銘文がある。院吉とその同門の院広・院遵の共作。この時期の院派は足利尊氏との関係を深め、院吉などは尊氏が開いた京都の等持院・天龍寺の造仏事業に取り組んだ。さらに、とりわけ尊氏の覇権に協力した武士が治める地域の造仏事業も担っている。この三軀は観応３年（1352）、佐竹氏菩提寺の清音寺（茨城県城里町）に安置され、大檀那は佐竹義篤である。同年９月10日に父の貞義が没しており、義篤が院吉などに依頼したのだろう。元禄年間に水戸藩主徳川光圀が修復しており、明治時代になって方広寺に移された　国指定重要文化財　浜松市北区・方広寺蔵

【観応の擾乱対立構図】

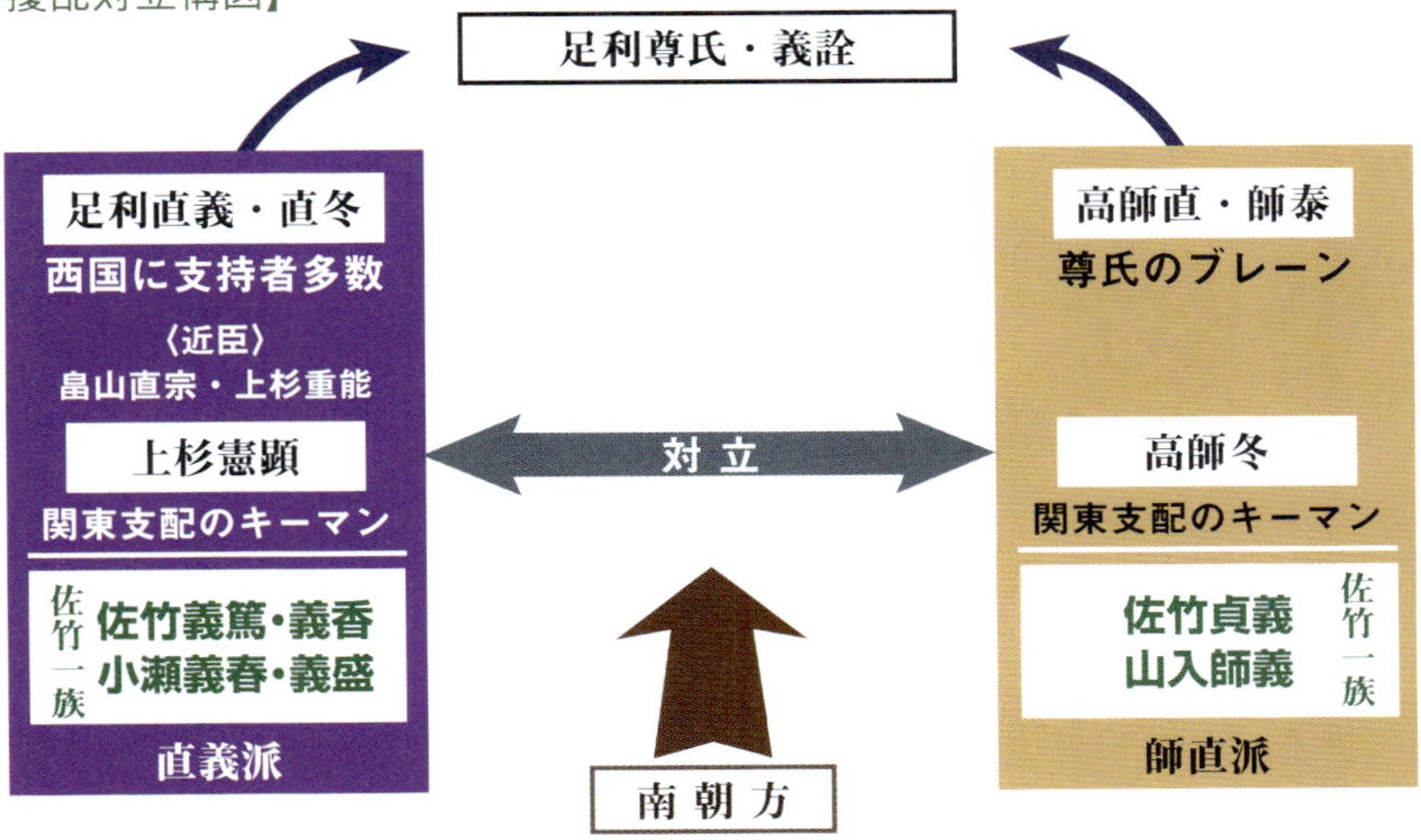

※『図説 室町幕府 増補改訂版』（戎光祥出版）掲載図を改変

義方であったことがわかる。

同年二月十七日、直義は摂津国打出浜《うちではま》（兵庫県芦屋市）の戦いで尊氏に勝利した（同月二十六日、捕らえられた師直は謀殺される）。この摂津一帯での合戦で山入師義は引き続き尊氏・師直方として奮戦し、ついに松岡城《まつおか》（神戸市須磨区）の攻防で討ち死にした。こうした死をもっての山入氏の尊氏への忠節は、皮肉にも後年、佐竹一族間に火種を持ち込むこととなる。いずれにせよ、打出浜の合戦を機に尊氏と直義は、少なくとも表面的には兄弟間で和睦したのである。しかし、地方は別であった。直義は同年三月十八日には義篤に、五月十四日には義春にも関東における忠節を賞して感状《かんじょう》を出している。つまり、いったんできた兄弟間の溝は内実では埋まっておらず、両派に分かれた諸勢力は各地で対立するなど、観応の擾乱《じょうらん》は収束していなかったのである。当然、兄弟間の和睦も無効になった。

同年八月一日に直義は京都を脱出し、北陸・東海方面を転戦しながら関東に進んだ。この転戦の途中、十一月十一日、直義は義篤に常陸への帰参、小瀬義春には自軍への参陣を命じ、そして十一月十五日に鎌倉に入った。ここで進撃してくる尊氏軍を迎え撃つ準備を進めたのである。十二月六日、直義は「佐竹和泉前司《いずみぜんじ》」、すなわち佐竹義長に対して円覚寺《えんがくじ》領相模《さがみ》国秋庭《あきば》郷信濃《しなの》村（横浜市戸塚区）で相論にともなう武力抗争がないよう警固を命じている。尊氏との決戦が迫るなかでの安全保障の一環でもある。

同月十三日、駿河・薩埵峠《さったとうげ》（静岡市清水区）の戦いで足利兄弟は激突した。ここで佐竹貞義は尊氏方として直義軍と戦っているが、結果は直義軍の大敗であった。同月二十五日、直義は尊氏の鎌倉侵入を阻止するため、小瀬義盛に対して相模足柄《あしがら》への出陣を命じている。このように、観応二年の年末時点で貞義は尊氏方にあり、義篤・義香・義春・義長などは直義方に与するなど、佐竹一族は分裂状態にあった。

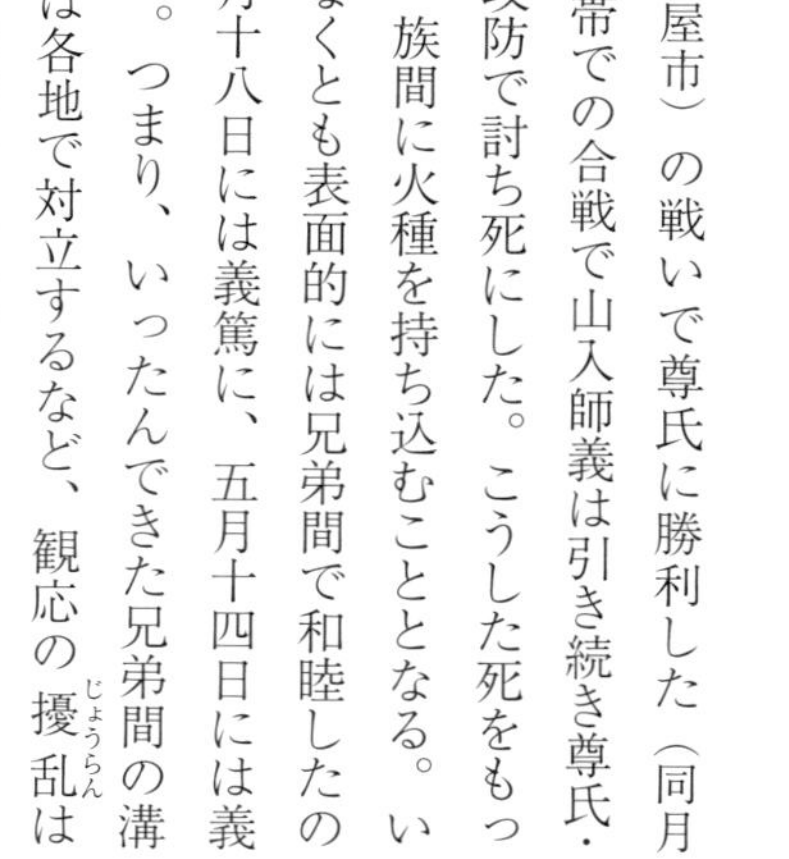

足利直義御判御教書◆観応二年（正平六年・一三五一）　正続院（円覚寺塔頭）への年貢が、その領地・秋庭郷内信濃村（横浜市戸塚区）の在地武士の妨害で納められない。そのため、足利直義が佐竹和泉前司に妨害を止めさせるよう命じたもの。相模国に何らかの権限をもっていた佐竹和泉前司とは佐竹義長だろう。佐竹秀義の子、季義の系統で室町幕府に仕え、美濃国・和泉国など関西方面を拠点としている。この文書の発給は観応の擾乱の最中で、直義は鎌倉目指して侵攻する兄尊氏への警戒が必至だったことからも、相模における治安の安定は不可欠であった　茨城県常陸太田市・正宗寺蔵

佐竹宗家が常陸守護となる――義篤の死去と山入氏の台頭

観応三年（正平七年、一三五二）正月五日、直義は尊氏によって鎌倉まで追い詰められ、ついに降伏した。そして、二月二十六日に急死している（尊氏による毒殺説もある）。義篤を含む多くの佐竹氏一族の反尊氏行動は、宗家の貞義にとって尊氏に顔向けできない恥ずべき背任行為であり、一族もろとも厳しい処罰は覚悟しなければならなかった。

ところが、状況は違っていた。直義が亡くなった直後の観応三年閏二月十五日、新田義貞の遺子、義興《よしおき》・義宗《よしむね》兄弟が南朝方として上野で挙兵し、翌十六日には武蔵に侵攻した。同時期には信濃で宗良《むねよし》親王、陸奥では北畠顕信《あきのぶ》が挙兵するなど、南朝方の蜂起が相次いだ。同月二十八日の武蔵野《むさしの》合戦で尊氏は新田兄弟に追い詰められ、武蔵国石浜《いしはま》（東京都台東区）で切腹する覚悟でいた。しかし、尊氏を支援する武士たちが参集し、挽回を誓うことができた。その参集した武士たちのなかに義篤の姿があったのである。観応の擾乱で佐竹氏一族が起こした反尊氏行動は、新田兄弟の蜂起という非常事態が起きたこと、その際に義篤が尊氏を支援したことで不問にされたとみられる。

以後も、義篤は尊氏から常陸における軍事行動で命を受けており、信頼関係を取り戻していった。文和《ぶんな》三年（正平九年、一三五四）正月には、室町幕府 侍 所頭人《さむらいどころとうにん》を命ぜられている（任期は延文《えんぶん》二年（正平十二年、一三五七）五月二十一日まで）。侍所は京都の治安維持を担当する幕府の機関である。頭人とはそのトップであり、京都のある山城《やましろ》国の守護も兼ねていた。その関係で文和・延文期に山城国内の東寺《とうじ》領荘園、拝師荘（京都市南区）、植松荘（同下京区・南区）、木幡《こはた》荘（京都府宇治市）などの相論にも対応している。

文和四年（正平十年）正月十六日、足利直冬が南朝と結び、京都に攻めてきた。洛中洛外

石浜城址公園◆東京都台東区

隅田川◆右岸が武蔵野合戦で尊氏が逃れた武蔵石浜　東京都台東区

で合戦は続くが、同年三月十二日には尊氏が直冬の本陣であった東寺に突入し、直冬は退却した。翌十三日には義篤が七条西洞院《しちじょうにしのとういん》に向かい、山名《やまな》勢・石塔《いしどう》勢などの直冬軍と戦っている。

同年二月十一日、在京中ながら義篤は所領の引き継ぎについて嫡子義宣（義香から改名）あてに譲状《ゆずりじょう》を書き、さらに常陸帰国後の康安《こうあん》二年（正平十七年、一三六二）正月七日には庶子・正室・側室、関係寺院あての譲状を書いている。そして、この数日後の正月十五日に亡くなった。一時は直義方に付いた義篤だったが、最後は尊氏・義詮《よしあきら》という二代の室町幕府将軍に仕え、忠節を尽くしていた。

いっぽう、佐竹一族の山入氏の忠節も厚かった。尊氏を開基とする天龍寺は、暦応二年（延元四年、一三三九）十月、この年に崩御した後醍醐天皇の冥福を祈るため、夢窓疎石を開山として創建された。しかし、創業まもない室町幕府に潤沢な造営資金はなく、その不足分を天龍寺船の交易事業で得られる収益で補うこととし、康永四年（興国六年、一三四五）八月にようやく落慶した。貞和元年（興国六年、一三四五）八月十六日、後醍醐天皇七回忌の法要が営まれたが、これには山入師義が「帯剣左」に、「佐竹掃部助《かもんのすけ》師義」と小瀬義長が「随《ずい》兵《ひょう》」として奉仕している。

観応の擾乱の勃発から収束まで、佐竹一族内には直義に与した者が少なくない状況だったが、山入氏にはその気配がなく、しかも師義は尊氏のため討ち死にするなど格別な働きをしていた。忠節の度合いは佐竹宗家以上で、それが以後の山入氏の在り方を規定していくのである。足利氏への忠節が結実して常陸守護となった佐竹氏（佐竹宗家）ではあるが、義篤の譲状に記された所領をみると、那珂川以北の奥七郡の範囲を大きく超えることはなかった。永和《えいわ》三年（天授《てんじゅ》三年、一三七七）十月六日に鎌倉公方《かまくらくぼう》足利氏満《うじみつ》から、府中《ふちゅう》（茨城県石岡市）の大掾高幹に対して常陸国内の吉田《よしだ》・行方《なめかた》・鹿島・真壁《まかべ》・南《みなみ》の五郡と、東条・方穂《かたほ》の二荘、

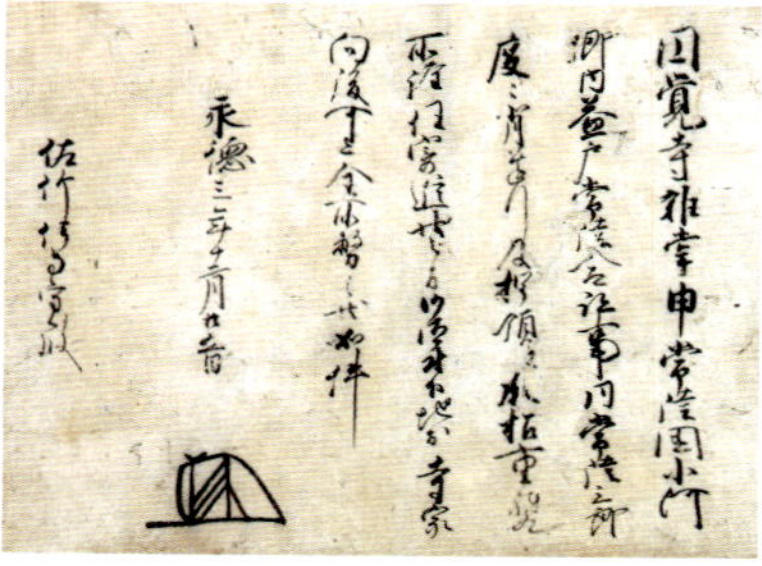

足利氏満御判御教書◆永徳三年（弘和三年・一三八三）　円覚寺領として寄進された常陸国南郡小河郷（小美玉市小川）が、益戸常陸三郎に押領（武力で土地・年貢を奪うこと）された。そのため第二代鎌倉公方・足利氏満は、小河郷を常陸三郎から円覚寺に戻すよう常陸国守護職の「佐竹伊与守」に命じている。「伊与（伊予）守」とは、佐竹義宣（義信）である（初代秋田藩主となる義宣とは同名異人）。常陸国守護職が貞義―義篤―義宣と順調に佐竹宗家に継承されていることもわかる　茨城県常陸太田市・正宗寺蔵

小栗《おぐり》の一保からの棟別銭《むなべつせん》の徴収を命じられている。棟別銭の徴収権は守護にあるはずで、義篤の子の佐竹義宣が担当すべきであった。この状況からすれば、佐竹氏は半国守護とも受け取られかねず、まだまだ佐竹氏の勢力拡大は充分ではなかった。佐竹氏が常陸南部にまで影響力を及ぼすのは、およそ二〇〇年後の義昭《よしあき》の時代を待たねばならなかったのである。

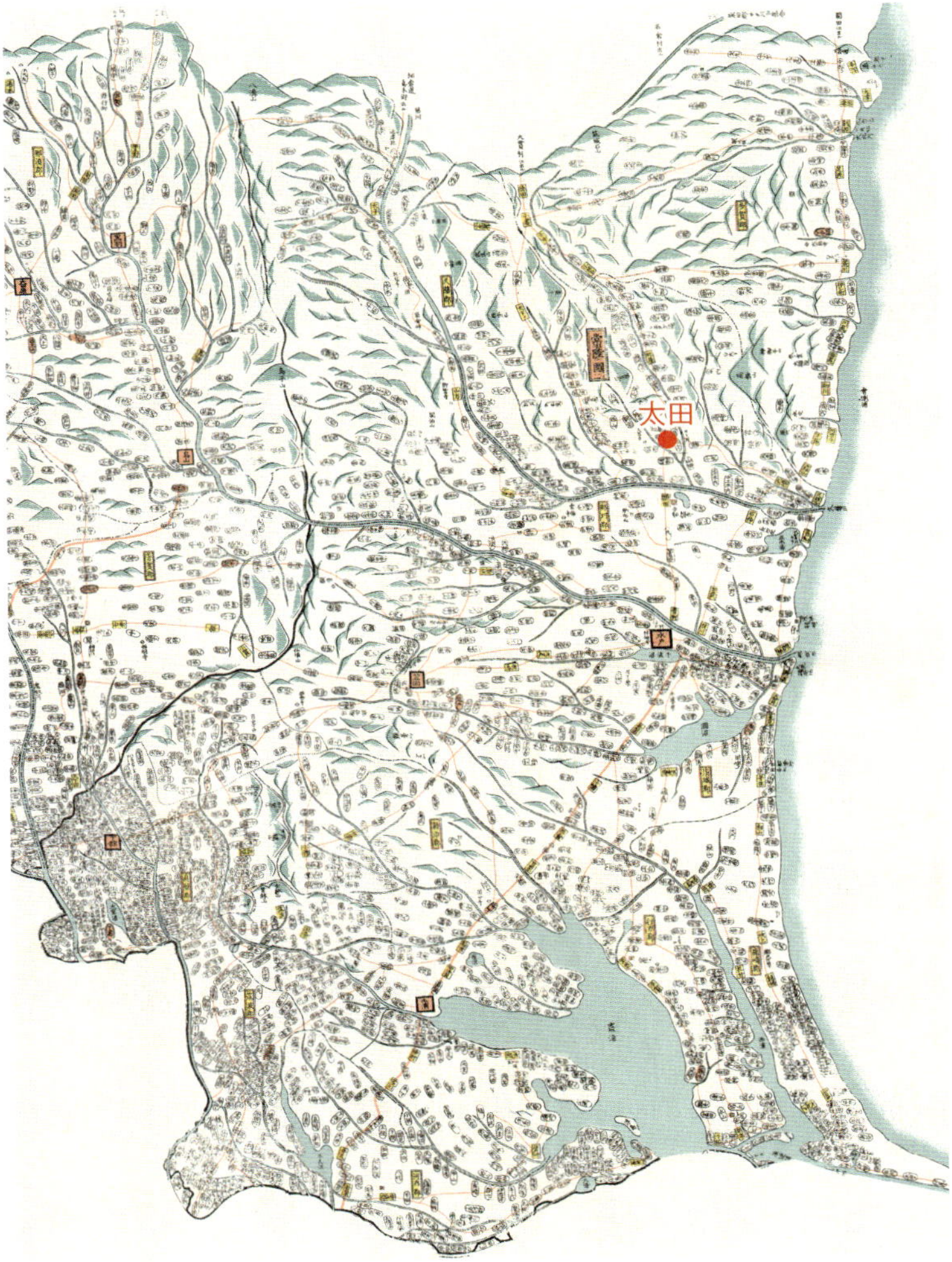

「日本国絵図撰要」の常陸国（部分）◆当社蔵

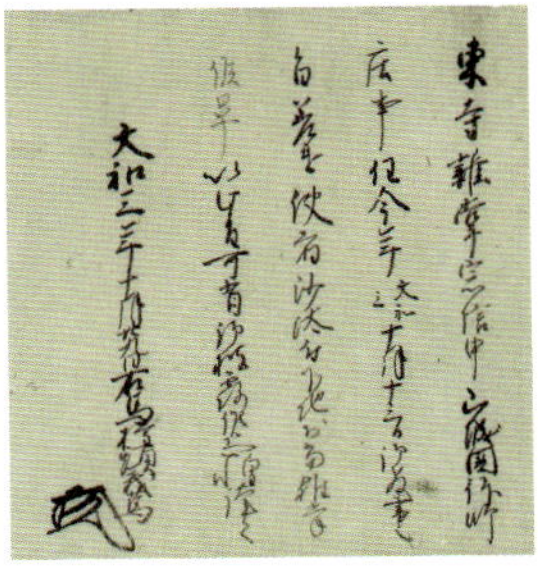

佐竹義篤請文◆　文和三年（一三五四）十月二十九日　文和元年（一三五二）九月十日に佐竹貞義が没し嫡男の義篤が佐竹宗家の当主となった。このころは室町幕府の侍所頭人として在京し、山城国の守護も兼ねていた。武士の統率と京都の行政・治安維持という重責を担ったのである。正和二年（一三一三）十二月七日、後宇多法皇は東寺保護の目的で山城国拝師荘などを寄進した。しかし小俣氏詮の代理人はここを「常新寺田」と称し、また、室田頼直は「日吉田」と称して乱暴狼藉に及んだ。文和三年十月十三日、東寺雑掌の宗信からの訴えを聞いた足利義詮は、それが事実なら乱暴狼藉を止めさせ返還させるよう佐竹義篤に命じた。義篤はその命を実行する旨を記したものである　京都府立京都学・歴彩館蔵

足利氏（古河公方）系図

※丸数字は将軍、太字ゴシック数字は古河公方の代数。

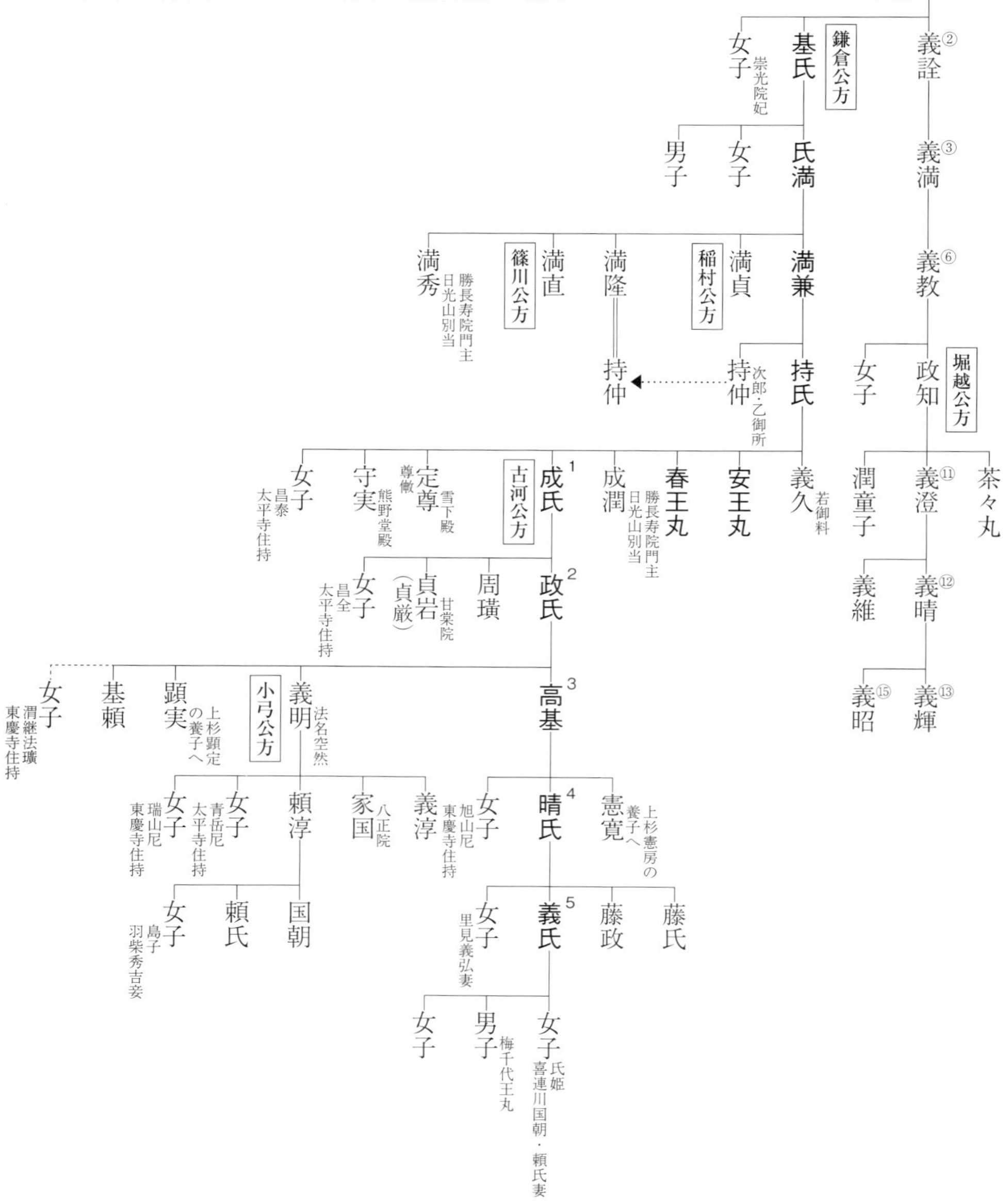

山内・扇谷上杉氏系図

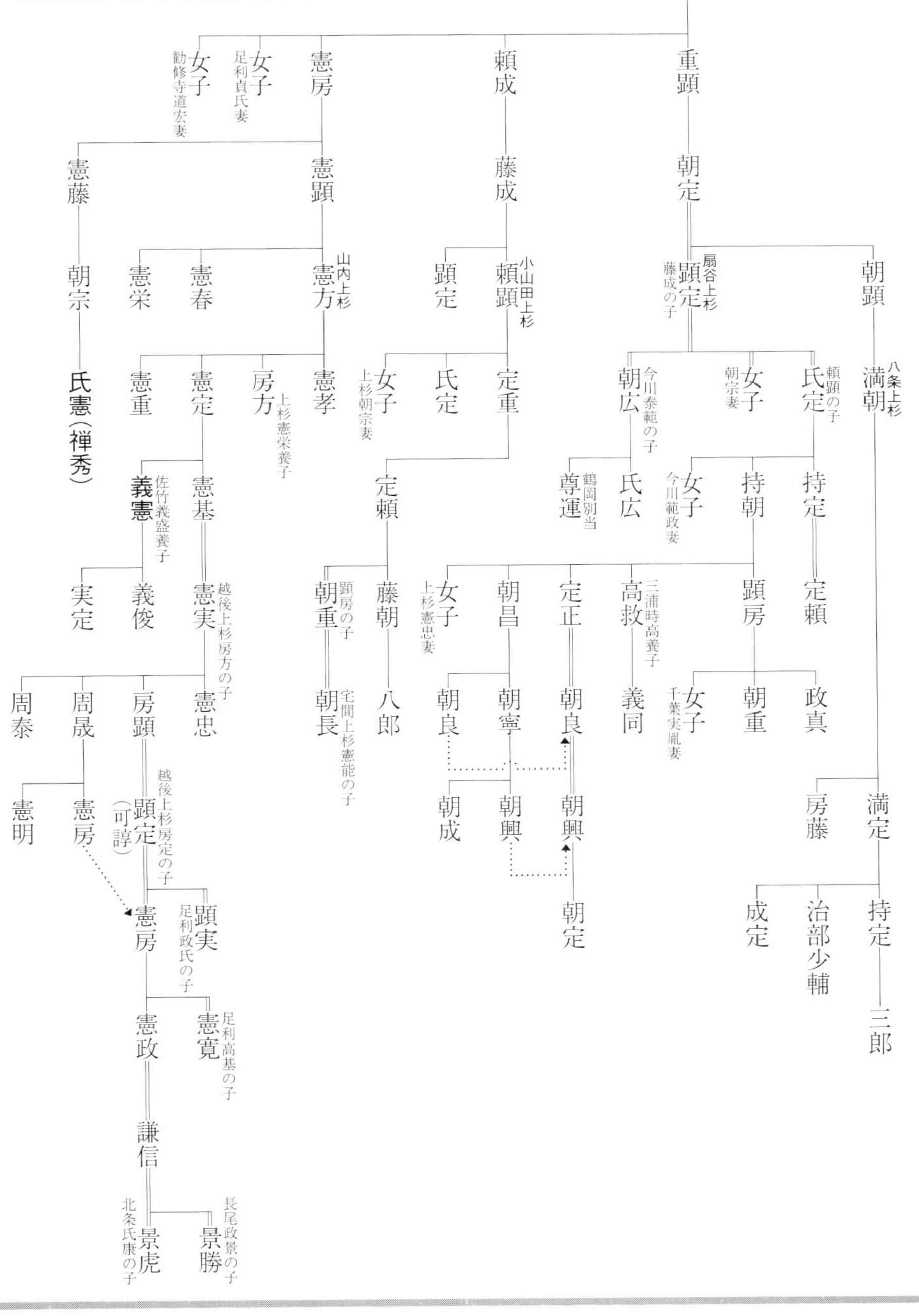
頼重
重顕
頼成
憲房
女子 足利貞氏妻
女子 勧修寺道宏妻
朝定
藤成
憲顕
憲藤
朝顕
扇谷上杉 顕定 藤成の子
小山田上杉 頼顕
顕定
山内上杉 憲方
憲春
憲栄
朝宗
八条上杉 満朝
氏定 頼顕の子
女子 朝宗妻
朝広 今川泰範の子
定重
氏定
女子 上杉朝宗妻
憲孝
房方 上杉憲栄養子
憲定
憲重
氏憲（禅秀）
持定
持朝
女子 今川範政妻
氏広
尊運 鶴岡別当
定頼
憲基
義憲 佐竹義盛養子
定頼
顕房
高救 三浦時高養子
定正
朝昌
女子 上杉憲忠妻
藤朝
朝重 顕房の子
憲実 越後上杉房方の子
義俊
実定
政真
朝重
女子 千葉実胤妻
義同
朝良
朝寧
朝良
八郎
朝長 宅間上杉憲能の子
憲忠
房顕
周晟
周泰
満定
房藤
朝興
朝興
朝成
顕定（可諄） 越後上杉房定の子
憲房
憲明
持定
治部少輔
成定
朝定
顕実 足利政氏の子
憲房
三郎
憲寛 足利高基の子
憲政
謙信
景勝 長尾政景の子
景虎 北条氏康の子

未遂に終わった佐竹義宣の乱――公方が関東八屋形へ嫌疑をかける

室町幕府の関東統治の特徴として、鎌倉府《かまくらふ》の設置がある。鎌倉幕府を先例とし、関東に将軍に匹敵する存在、すなわち鎌倉公方を戴くことで統治の円滑化を図ったのである。建武三年（一三三六）十一月、尊氏は嫡子義詮を、のちの貞和五年（一三四九）九月には替えて二男基氏《もとうじ》を遣わした。この基氏が、一般には初代鎌倉公方と認識される。

しかし、鎌倉府は多分に矛盾をはらむ機関であった。まず、鎌倉時代（あるいはそれ以前）以来の伝統的豪族層、すなわち小田氏・那須《なす》氏・小《お》山《やま》氏・宇都宮氏・長沼《ながぬま》氏・結城氏・千葉氏、そして佐竹氏の存在である。のちの応永《おうえい》六年（一三九九）に「関東八屋形《かんとうはちやかた》」とかたちとしては厚遇されるが、足利氏からみれば一族ではない外様《とざま》であった。また、鎌倉公方を補佐する関東管領《かんとうかんれい》職は尊氏の母方の実家である上杉《うえすぎ》氏が代々務めるが、その任命権は室町幕府にあった。さらに難点は、鎌倉公方が代を重ね、室町幕府将軍との血縁が薄れていくのと反比例して、幕府将軍職への渇望が増していったのである。ちなみに関東管領の上杉氏も数家に分かれ、対立を深めていった。

そうした諸矛盾が絡み合って生じた最初の暴発は、康暦《こうりゃく》二年（天授六年、一三八〇）五月十六日、下野守護の小山義政《よしまさ》が宇都宮基綱《もとつな》を討った茂原《もばら》合戦に端を発する小山義政の乱である。それに続くのが、義政の遺児が至徳《しとく》三年（元中《げんちゅう》三年、一三八六）五月十七日に蜂起した小山若犬丸《わかいぬまる》の乱、そして翌至徳四年（元中四年）六月十三日、若犬丸秘匿の嫌疑をもって上杉朝宗《ともむね》率いる鎌倉府討伐軍を向けられた小田孝朝《たかとも》の乱（小田氏の乱）である。鎌倉府の脅威

足利基氏画像◆足利尊氏の二男にして鎌倉公方初代　個人蔵

鎌倉公方邸跡◆神奈川県鎌倉市

とみなされた外様諸氏の粛正といえる。いずれも表面では、義篤の後継者である佐竹義宣（義香）が積極的に関わっている気配はない。

しかし、義宣の母（義篤の側室）は小田知貞《ともさだ》の娘であった。知貞は孝朝の大叔父である。そして、孝朝に代わって難台山《なんたいさん》（難台山城、茨城県笠間市）に籠城して討伐軍を迎え撃ったのが「小田五郎《ごろう》藤綱《ふじつな》」（実際は岩間《いわま》宍戸《ししど》知連《ともつら》）である。難台山麓に水源をもつ涸沼《ひぬま》川《がわ》、その流域に位置する石崎《いしざき》保（同茨城町）は、義宣の姉（妹）にして小田孝朝の夫人に宛がわれた所領である。難台山は佐竹氏からの支援を得やすい環境にあった。

嘉慶《かけい》二年（元中五年、一三八八）五月十八日の総攻撃で、ついに難台山は落城した。一年近く難台山は持ち堪えたが、そこには佐竹氏の支援があったからだろう。そのため「小田五郎藤綱」にとって頼みの佐竹氏が討伐軍側にまわり、義宣の重臣である小野崎《おのざき》（山尾《やまお》）通郷《みちさと》、江戸《えど》通高《みちたか》が難台山への糧道を断ったことが致命傷となった。

義宣としては、小田氏の次は佐竹氏が鎌倉公方の粛正対象になると推測したとみられる。ただし、公然と鎌倉府に反抗するのはリスクも高い。そのなかで、「藤綱」（知連）が佐竹領（石崎保）近くの難台山にて蜂起、そして籠城してくれたのは好都合であった。間接的ながら支援が可能となったのである。それでも合戦が長期になるほど、義宣の支援が露見する危険が高まるため、結局は籠城軍を見捨てるかたちとなった。義宣自身は参戦せず、小野崎氏・江戸氏という重臣を派遣してそれに替えている。こうして「佐竹義宣の乱」は未遂に終わったのである。

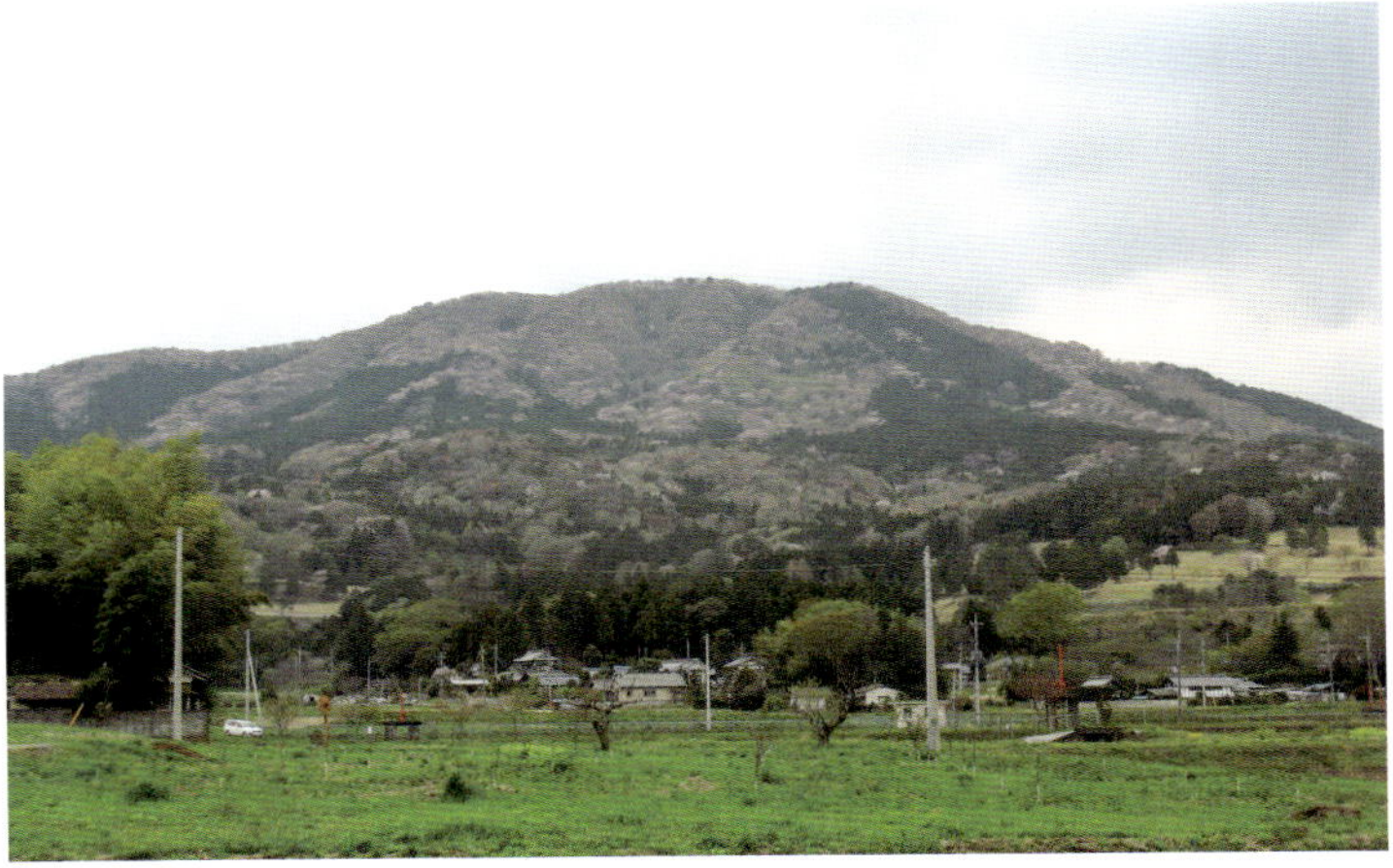

難台山城◆南朝方であった小山若犬丸と「小田藤綱」がこの城に拠って兵を挙げた。佐竹義宣や真壁顕幹から兵糧などの支援を受けて戦うも、最後は俵道を断たれ落城。若犬丸は囲みを破って落ち延びたという　茨城県笠間市

竹に杉は接げない——管領家から養嗣子を迎えた波紋と上杉禅秀の乱

義宣の後継者は義盛であった。娘二人がいたが男子はなく、応永十四年（一四〇七）九月二十一日に没した。遠祖源義光以来、はじめて佐竹宗家に後継男子がいなくなった。そこで、重臣の江戸通景《みちかげ》・小野崎通綱《みちつな》、一族の小田野自義《おだのよりよし》が中心となり、鎌倉公方足利満兼《みつかね》に請うて関東管領の山内《やまのうち》上杉憲定《のりさだ》の子、龍保丸を継嗣として迎えることとした。翌応永十五年六月、九歳の龍保丸は常陸に来た。元服して義憲《よしのり》、さらに義人《よしひと》と改める。

これに対し、山入与義《ともよし》を中心に稲木義信《よしのぶ》・長倉義景《ながくらよしかげ》・額田義亮《よしすけ》などの佐竹一族が反対を表明したため、龍保丸は容易に太田に入れなかった。与義たちの反対理由は、上杉氏が藤原氏出身であり、源氏たる佐竹の宗家には他姓ゆえふさわしくない。たとえるなら、「竹に杉は接げない」との主張である。稲木・長倉・額田の各氏は、佐竹一族でも鎌倉時代には成立していた古参である。山入氏にいたっては初代師義が足利尊氏（足利将軍家）に従い、遠く筑前まで赴き、忠節を尽くしたという誇りがあった。さらに貞義の受領《ずりょう》、上総介はおよそ山入氏に継承されていくのである。こうした実績からも、山入氏こそ新たな佐竹宗家であると自負するのは当然であった。

いっぽうで、龍保丸を迎えることは関東管領、さらには鎌倉府の影響をまともに受けることとなる。佐竹氏の自立性を尊重するならば避けねばならなかった。反対派はただちに長倉城（常陸大宮市）に拠り、反旗を翻した。隣接する那須氏の支援を期待しての籠城とみられるが、このころ、那須氏は上那須家（資之《すけゆき》）と下那須家（資重《すけしげ》、妻が小瀬義盛娘）に分裂する直前の混乱期で、あてにはならなくなっていた。鎌倉府は岩松持国《いわまつもちくに》などを討伐軍として長倉城攻撃に派遣し、反対派はいったんは降伏している。しかし、これが以後一〇〇年にもおよ

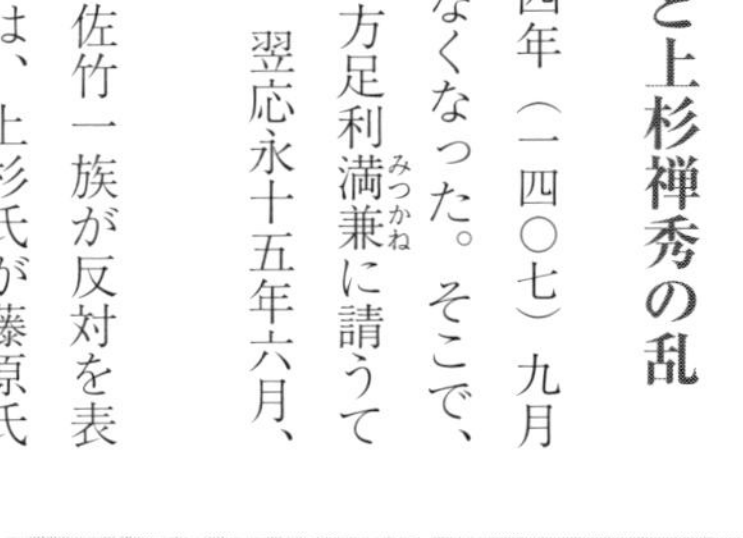

上杉憲定奉書◆応永十五年（一四〇八）　鹿島神宮大宮司中臣則密からの訴えに、鎌倉公方足利満兼の意を奉じて常陸守護佐竹龍保（龍保丸）に宛てた文書である。内容は大宮司分の社領を侵害する惣大行事鹿島憲幹の行為を停止させること、停止の詳細を記した文書（注文）を出すから、関係する大宮司の雑掌からは「請取状」を取ること、これらを速やかに実行することが記されている。憲定は出家しており、差出は「沙弥」のみ。佐竹龍保は後の義人（義憲を経て）である。憲定と龍保は実の親子。前年に山内上杉家から養嗣子に入ったばかりで元服も済んでいなかった。少年義人の最初の業務だろう　鹿嶋市・鹿島神宮蔵

ぶ佐竹の乱のはじまりとなったのである。

龍保丸の常陸守護としての活動は早かった。当主となったばかりの応永十五年十月十七日、鎌倉府より鹿島憲幹《のりもと》が押領《おうりょう》した鹿島社領の返還処理を命じられている。また、翌応永十六年二月三日には、鹿島大禰宜《おおねぎ》（中臣宗親《なかとみのむねちか》）から鹿島社での祈禱実施の報告を受けている。佐竹氏と鹿島社との祈禱を介した関係が明らかになるのは、この龍保丸段階からである。実家が上杉氏という藤原系一族のためと思われる。元服して義憲と名乗るのは、以後数年内であろう。

応永二十三年（一四一六）十月二日、前関東管領の上杉氏憲《うじのり》（禅秀《ぜんしゅう》）は、足利満隆《みつたか》（鎌倉公方持《もち》氏《うじ》の叔父）を奉じて挙兵した。上杉禅秀の乱である。上杉一族内（犬懸《いぬかけ》上杉氏の禅秀と山内上杉氏の憲基《のりもと》）と鎌倉公方家内（満隆と持氏）の対立が戦乱に発展したのである。

この戦乱は関東周辺の諸勢力を巻き込んでいった。佐竹一族でも宗家と山入氏の対立が激化し、宗家の義憲は持氏方に加わった。憲基・義憲は兄弟でもあり当然の帰結である。いっぽうの義憲反対派の山入与義などは、子の祐義《すけよし》とともに氏憲方となった。鎌倉府内の対立が、地方の対立と組み合わされてしまったのである。

大宝寺◆鎌倉における佐竹氏の館跡で、佐竹秀義以後、数代が居住した。応永６年（1399）には佐竹義盛が出家している　神奈川県鎌倉市

鹿島神宮本殿◆茨城県鹿嶋市

鹿島城跡の空堀◆常陸平氏の鹿島政幹が平安末期に築いた城で、鹿島氏の居城　茨城県鹿嶋市

佐竹義憲と山入与義――同族をも巻き込んだ将軍と鎌倉公方の抗争

上杉禅秀の乱の経緯をたどると、氏憲はいったん持氏を鎌倉から追うものの、室町幕府が持氏支援を表明したため形勢は逆転していった。応永二十四年（一四一七）正月十日に氏憲は追い込まれて鎌倉雪《ゆき》の下《した》にて自害、鎌倉での戦乱は終わった。乱を収めた持氏だが、一時とはいえ鎌倉を追われた屈辱は消しがたく、反持氏派の討伐を繰り返した。常陸の小栗満重《みつしげ》への再三にわたる討伐行為はその典型である。矛先は佐竹一族内の反持氏派にも及んだ。しかも、その討伐を宗家である義憲、あるいは義憲が動員すべき武士に命じたのである。

応永二十四年の二月七日と四月二十四日、義憲は稲木義信を稲木城（馬坂城、常陸太田市）に攻め、これを降した。また、持氏に命じられて出兵した陸奥好島荘の飯野光隆《いいのみつたか》は四月十五日に瓜連に入り、すぐさま長倉城を攻めて長倉伊義《これよし》を降している。

応永二十八年（一四二一）になると、佐竹宗家と山入氏との抗争が表面化した。五月、山入与義は山入一族内で龍保丸（義憲）擁立に積極的であった小田野自義を自害に追い込んでいる。併せて、与義に呼応した額田秀直《ひでなお》は額田城（那珂市）に拠り持氏・義憲に反旗を翻した。秀直の守りは堅く、籠城は二年近くに及んだ。そこで鹿島・行方郡の武士（烟田氏・鳥名木《となぎ》氏）まで動員し、応永三十年三月二十一日にようやく陥れた。ここに佐竹氏系額田氏は滅んだが、義憲は重臣小野崎通業《みちなり》の孫通重《みちしげ》を入れて小野崎氏系額田氏として復活させている。

当然、佐竹宗家に反抗する山入与義・祐義父子も討伐の対象となるはずであった。しかし、応永二十五年から室町幕府が山入氏を擁護し、かつ常陸守護職補任まで提案するようになってきた。持氏のあからさまな反対勢力への粛正を警戒したためである。持氏も、応永二十八年六月二十五日には佐竹宗家と山入氏の和睦を促す手立てを講じた（義憲は拒否）、また、義

「上杉朝宗及氏憲邸阯」の史跡碑◆犬懸上杉氏の邸跡に建つ　神奈川県鎌倉市

佐竹やぐら◆この中で佐竹（山入）与義（上総介入道常元）主従十三名が自刃した　神奈川県鎌倉市

憲と同じく鎌倉に屋敷も与えている。しかし、応永二十九年六月、小栗満重が宇都宮氏・桃井《もものい》氏などと共謀して反持氏の挙兵を企てたことで持氏の態度は一変し、同年閏十月十三日、鎌倉比企谷《ひきがやつ》の与義邸を襲撃してこれを滅ぼしたのである。先述した額田城籠城者には与義残党が含まれていた。

山入城跡遠望◆西野温通が延元年間に初めて築き、佐竹貞義の７男である山入師義が修築し居城とした。その後、佐竹本家の養子縁組の件で不和となり佐竹義憲は当城を攻め、応永 25 年（1418）に落城させている　茨城県常陸太田市　写真提供：常陸太田市教育員会

結城・小山氏系図

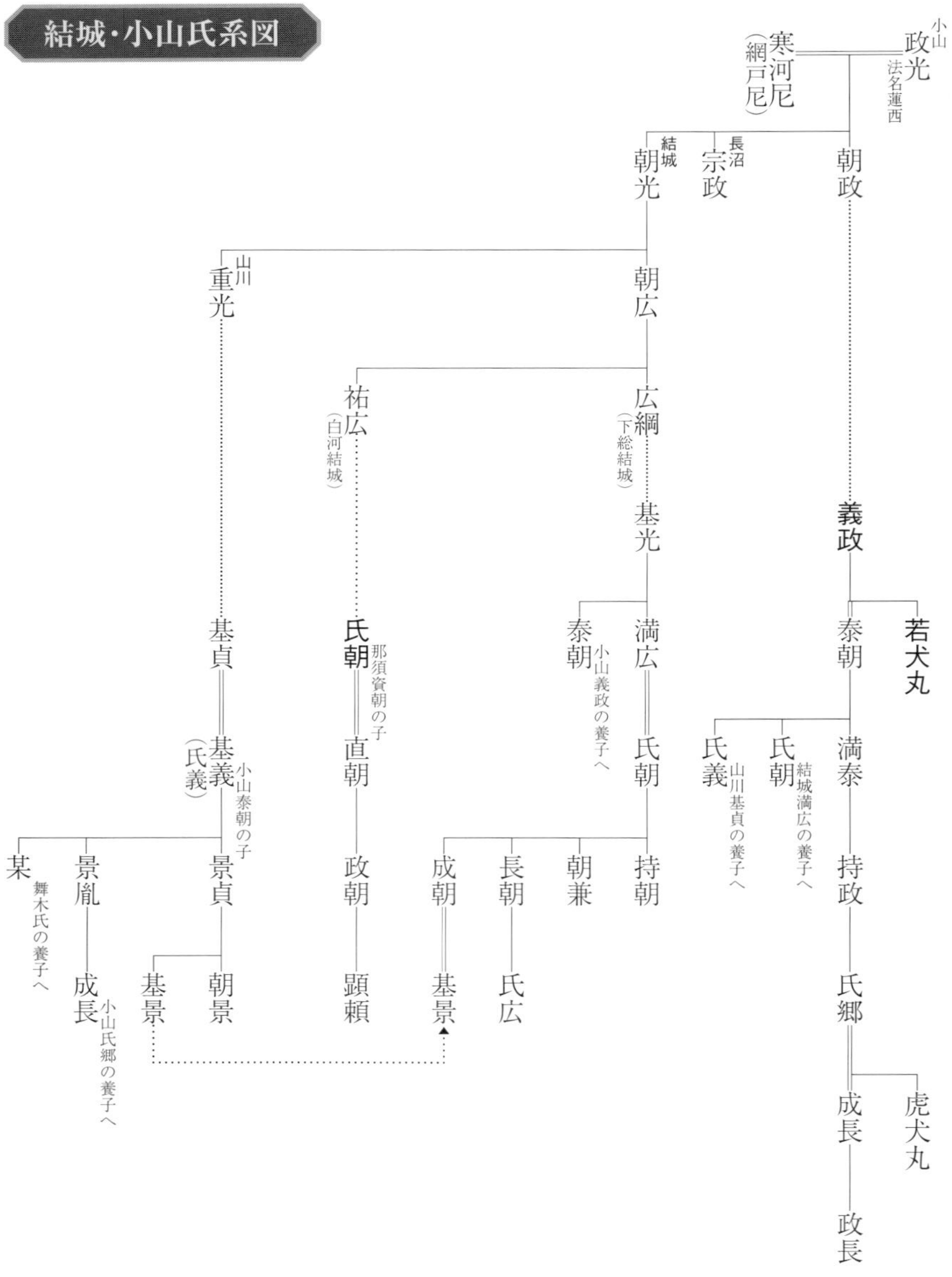

小山 政光 法名蓮西
寒河尼（網戸尼）
朝政
長沼 宗政
結城 朝光
朝広
山川 重光
広綱（下総結城）
祐広（白河結城）
基光
義政
満広
泰朝 小山義政の養子へ
泰朝
若犬丸
氏朝 那須資朝の子
基貞
基義（氏義）小山泰朝の子
直朝
氏朝
満泰
氏朝 結城満広の養子へ
氏義 山川基貞の養子へ
某 舞木氏の養子へ
景胤
景貞
政朝
成朝
長朝
朝兼
持朝
持政
成長 小山氏郷の養子へ
基景
朝景
顕頼
基景
氏広
氏郷
成長
虎犬丸
政長

Ⅲ　室町・戦国時代の佐竹氏

義憲（義人）・義俊（義頼）・義治・義舜・義篤・義昭の時代

永享の乱――義憲は持氏に与し義人と改名、実家上杉氏との決別を宣言

翌応永三十年、持氏は山入氏の所領の没収をはじめた。山入一族である依上宗義《むねよし》からは依上保（大子町）内の所領を取り上げ、同年九月三十日にそれを白河結城氏朝《うじとも》に預け、さらに応永三十一年六月十三日・十九日には「依上三郎」関係の没収地を氏朝に与えている。また、同年四月二十六日には白河結城一族の小峰朝親《こみねともちか》に対して、小田野自義の旧領である小里《おさと》郷、町田《まちだ》郷（いずれも茨城県常陸太田市）を与えている。義憲にとって山入氏との対抗上ではやむをえない事態で、鎌倉公方の命である以上、これを静観したが、白河結城氏の侵攻を容易にしてしまう事態でもあった。後年、北進する佐竹氏にとって課題ができてしまったのである。

さて、改めて山入氏の動向をみていくと、応永三十年（一四二三）六月五日には室町幕府が与義亡き後に、今度は子の祐義を常陸守護とするべく持氏に提案している。当然、持氏は拒否している。それでも、室町幕府は佐竹氏の内紛を憂慮し、応永三十二年七月五日、将軍足利義持《よしもち》は義憲と祐義に対して常陸国「半守護」、つまり、二人で守護の権限を分割して担うよう、さらに和睦をも命じている。こうして、常陸国内の守護問題は解決したかにみえた。しかし、義憲と祐義の和睦は長続きしなかった。その要因は、鎌倉府と幕府との対立であり、この内紛が佐竹宗家と山入氏の問題を再燃させたのである。

応永三十五年正月十七日、室町幕府重臣たちは亡き将軍の足利義持・義量《よしかず》の後継選びのた

足利義教画像◆石清水八幡宮の神前で行われた籤引きで選ばれた将軍として知られる。そのため世に「籤引き将軍」と揶揄された　東京大学史料編纂所蔵

め、石清水八幡宮《いわしみずはちまんぐう》にて籤《くじ》引きを行った。その結果、翌十八日に新将軍は義持の弟・足利義教《よしのり》と決まった。幕府将軍の座を渇望していた持氏は大いに不満であった。これがのちの永享《えいきょう》十年（一四三八）八月十五日に勃発する永享の乱の遠因であり、常陸北部では室町幕府足利義教に付く山入祐義、それに対して鎌倉公方足利持氏に付く佐竹義憲との前哨戦が数年にわたって展開していた。

永享の乱に際しては、当然ながら佐竹義憲は持氏方として参戦する。しかしながら義教方には、持氏から討伐対象となった関東管領上杉憲実《のりざね》がいた。佐竹義憲にとって、憲実は実兄である山内上杉憲基の養嗣子で従兄弟の関係にある。さらに、義憲は二男義実《よしざね》を憲実の養子に出しており、山内上杉氏に入ると実定《さねさだ》と改名した。まさに義憲は、実家・実子を敵に回してしまったのである。義憲が義人と改名する時期ははっきりしないが、永享の乱前後とみられる。それは、幕府将軍の足利義教と読みが重複することもあるが、実家との決別の意志表示でもあった。

永享十一年二月十日、永享の乱は鎌倉・永安寺《ようあんじ》

軍扇 ◆ 15 世紀（室町時代） 若宮八幡宮では軍扇として伝わるが、現代の視点からみれば形状は軍配である。軍配団扇という意味であり、合戦場での大将が軍兵を動かす際に使った。ただし、戦勝は神に祈願するものであり、そのため軍配が神社に奉納される場合もある（鹿島神宮・筑波山神社・常陸国総社宮などの奉納例）。この軍扇（軍配）もそうした信仰に基づいて奉納されたとみられる。佐竹氏の祖・新羅三郎義光の所持で佐竹義憲（義人）が同宮に奉納したという。実際は室町時代ころの作とみられる　茨城県常陸太田市・若宮八幡宮蔵

僧形八幡神像 ◆ 15 世紀（室町時代） 絹本著色。佐竹義憲（義人）が山内上杉氏より佐竹宗家に養子に入る際、鎌倉・鶴岡八幡宮より勧請したと伝える。中世の神仏習合・本地垂迹説などの影響から八幡神が僧侶の姿で現れたことを示す。蓮華座に座し袈裟を着け右手で錫杖を持ち、左手で念珠を繰る姿勢である。頭部には朱色で日輪を描く。下部の花押の主は義憲（義人）ではないが、その関係者のものだろう。上部の色紙型には「得道来不動法性、自八正道垂権迹、皆得解脱苦衆生、故号八幡大菩薩」とある　茨城県常陸太田市・若宮八幡宮蔵

▶▼結城合戦絵詞◆ 結城合戦で敗れた足利安王丸・春王丸らは、幼少のため女性の装束をまとい逃避しようとした。しかし捕縛され、美濃国垂井において処刑された。それを物語る場面で結城氏朝の自害と共に描かれている　国立歴史民俗博物館蔵

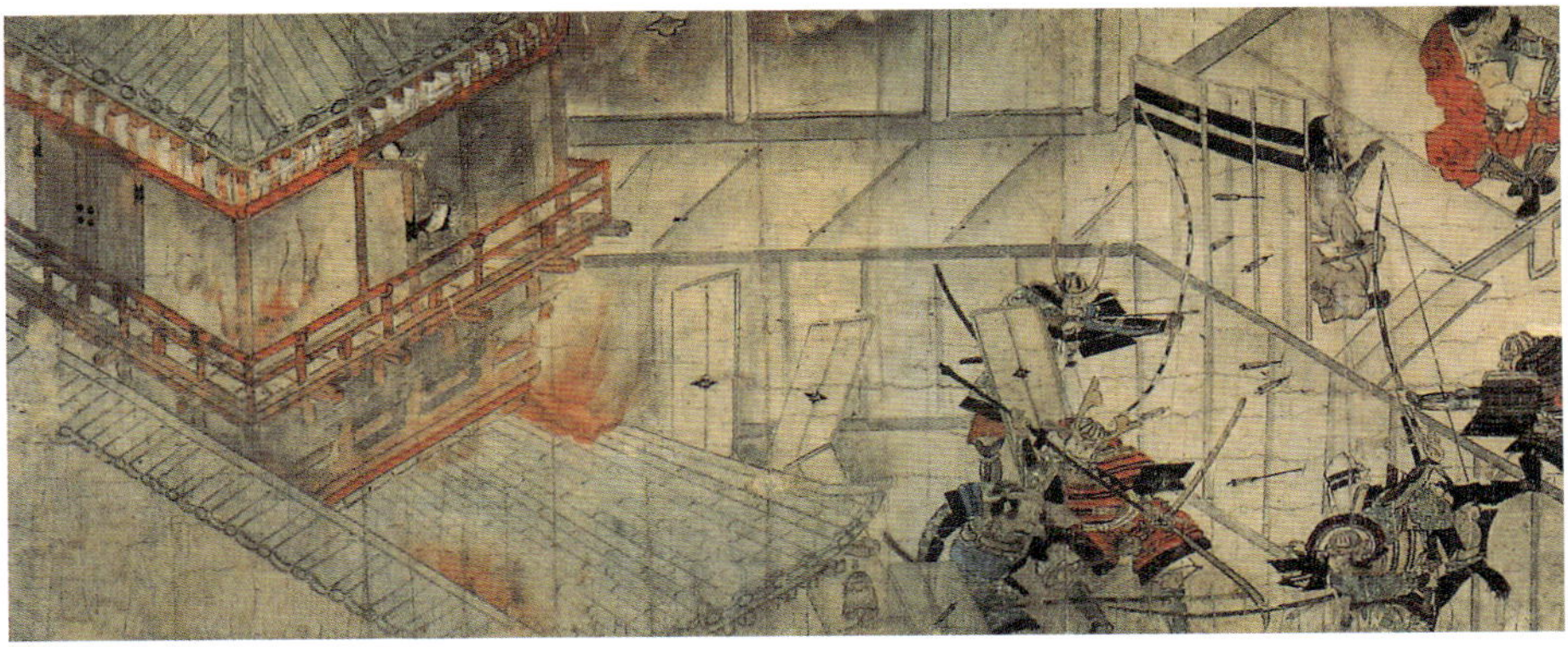

に追い込まれた持氏の自害をもって終わった。翌十二年三月には、持氏の遺児二人（春王《しゅんおう》丸《まる》・安王丸《やすおうまる》）を奉じた結城氏朝《うじとも》が結城城（茨城県結城市）で蜂起した。しかし、嘉吉《かきつ》元年（一四四一）四月十六日、幕府軍が突入して結城城は落ち、氏朝らは討ち死にした。遺児二人は捕らえられ、京都護送の途次、五月十六日に美濃《みの》国垂井《たるい》（岐阜県垂井町）で斬首されている。

あわせて、幕府は持氏に与した佐竹義人をも追討する方針でいた。守護クラスの宗家の立場で露骨に反幕府行動をとったのであり、幕府としては当然許せない事態であった。結城落城直後の五月二日、義教は上杉憲実の家宰《かさい》長尾実景《ながおさねかげ》に義人討伐を命じている。同様の命令は同年六月二十六日にも出されるが、そのわずか二日前の同月二十四日に義教は、京都にて赤《あか》松満祐《まつみつすけ》に謀殺されてしまった。嘉吉の乱の勃発であり、その混乱もあって義人討伐は決定的な局面を迎えずに中断されたのである。

持氏の遺児二人には、もう一人の弟である万寿王丸《まんじゅおうまる》がいた。持氏の自害直後に家臣に託されて鎌倉から信濃に逃れ大井持光《おおいもちみつ》のもとで養育された。やがて、鎌倉公方の再興を望む関東諸氏の要望を幕府は無視できず、文安《ぶんあん》四年（一四四七）八月二十七日に鎌倉帰還を許した。宝徳《ほうとく》元年（一四四九）、室町将軍足利義成《よししげ》（のちの義政《よしまさ》）からの偏諱《へんき》により成《しげ》氏《うじ》とした。関東管領には上杉憲実の子憲忠《のりただ》が就いた。しかし、成氏にとって憲忠の父は自身の父の仇敵である。永享の乱が清算されないままの鎌倉府の再興であった。

享徳《きょうとく》三年（一四五四）十二月二十七日、成氏はついに憲忠を誅殺、これを契機に関東は成氏を支援する勢力と室町幕府・関東管領を支援する勢力に分裂した。戦国時代の幕開けとなった享徳の乱である。

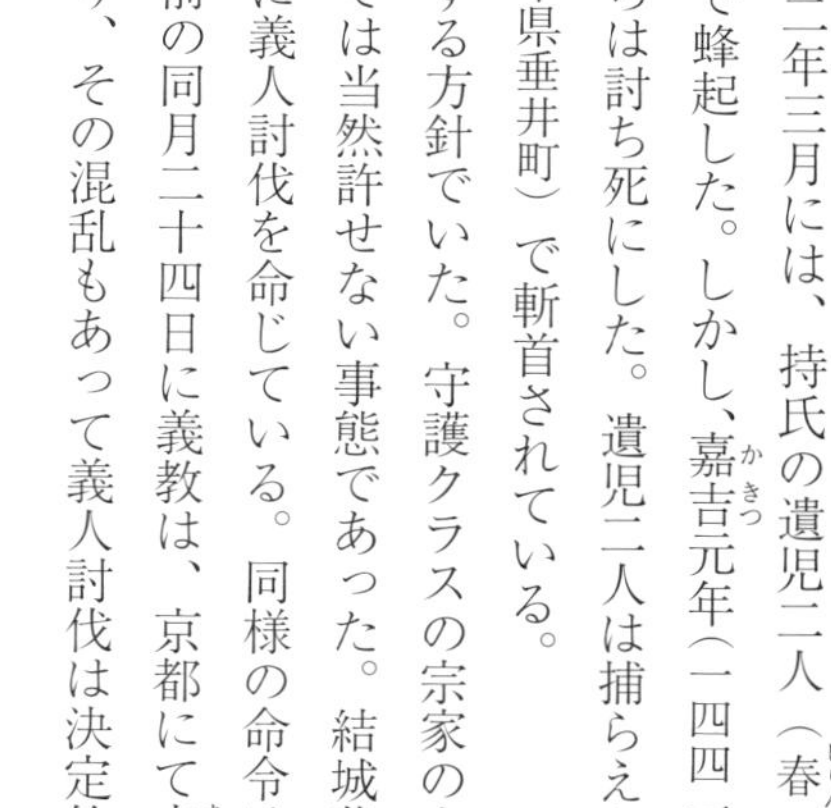

春王丸・安王丸の墓◆岐阜県垂井町

鎌倉府の西御門跡◆関東管領上杉憲忠は、この付近にあった鎌倉公方足利成氏の邸で誅殺された　神奈川県鎌倉市

五郎六郎合戦——兄で当主の義頼をクーデターで追放した実定

佐竹義人の二男実定（六郎）は、上杉憲実の継嗣として山内上杉氏に入っていた。しかし、憲実の家宰である長尾実景は、実定の実父である義人が反幕府・反上杉の立場をとった以上、実定を山内上杉氏の当主として認めず、実定は実家の佐竹氏に戻らざるをえなかった。ところが、佐竹宗家では実定の実兄である義頼《よしより》（五郎、義従、のちの義俊《よしとし》）がすでに継嗣となっていた。戻るべき地位のない実定は、享徳元年（一四五二）にクーデターを起こし、義頼とその子の義治《よしはる》を太田城から追放してしまったのである。この抗争を義頼と実定の仮名《けみょう》をとって「五郎六郎合戦」と称する。実定としては、長らく鎌倉公方方であった佐竹宗家を室町幕府・関東管領方に転換させること、よしんばその功績を手土産に山内上杉氏の継嗣への返り咲きをねらったと思える。

太田城を追われた義頼・義治父子は、那珂西郡の孫根《まごね》城（茨城県城里町）の大山因幡入道常金《おおやまいなばにゅうどうじょうきん》のもとに逃れた。大山氏は義篤の子、義孝《よしたか》から始まる。佐竹宗家とともにあり、鎌倉公方方であった。享徳の乱の勃発により、佐竹一族内部でも両者の対立はより鮮明と

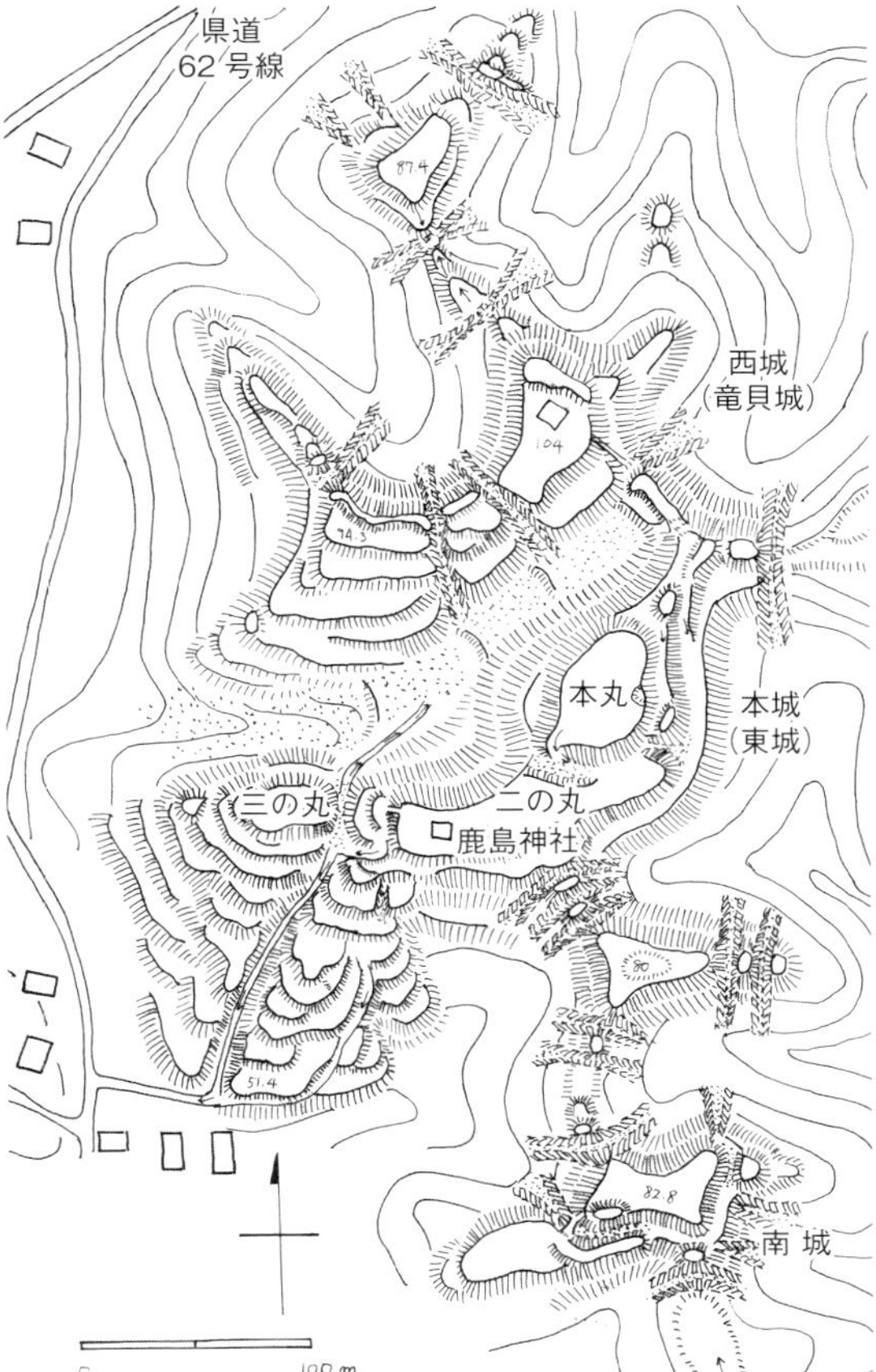

久米城縄張図◆作図：青木義一

なった。実定は太田城にあって室町幕府（将軍足利義政）・関東管領（上杉房顕《ふさあき》）方、義頼・義治は鎌倉（古河《こが》）公方方として行動していく。隠居の立場となった義人は実定の工作が効いたのか、一時的に成氏を見限っていたものの、結局は成氏支持に回った。ただ、義人がこの時期どこにいたかは不明である。

享徳四年（一四五五）四月、転戦中の鎌倉公方足利成氏は、駿河守護である今川範忠《いまがわのりただ》に隙を突かれ鎌倉を占拠されてしまった。戻るべき鎌倉を失った成氏は、下総古河（茨城県古河市）に入った。以後、後裔も含めて古河公方と呼ばれる。

享徳の乱自体は延々と続き、文明《ぶんめい》十四年（一四八二）十一月二十七日、ようやく幕府と成氏の和睦に至った（都鄙《とひ》の和睦）。この間、幕府も実定を支援していたが、水戸など那珂川中流域に拠点をもつ江戸氏の存在も重視するようになった。将軍足利義政は実定に成氏討伐を命じているが、寛正《かんしょう》五年（一四六四）八月十七日、その速やかな遂行を江戸通房《みちふさ》を介して督促させている。江戸氏の存在が大きくなってきたのである。

江戸氏は佐竹氏の家臣（重臣ではある）ながら独自路線をとることも多く、この通房段階の応永年間に、大掾満幹《みつもと》から水戸《みと》城（水戸市）を奪取するなど、水戸地方に着々と勢力を伸ばしていた。実定が兄の義頼に対抗できたのは江戸氏の支援が大きかった。ところが、翌寛正六年には、実定と通房がともに没している。実定のあとは義実、通房のあとは通雅《みちまさ》が嗣いでいる。この義実には実定ほどの実力がないのか、応仁《おうにん》元年（一四六七）十一月、太田城を放棄して通雅を頼り、水戸城へ退去した。そして同年十二月二十四日には義人も亡くなっている。「五郎六郎合戦」は自然消滅のかたちで終焉を迎えた。

実定の死没により義頼・義治父子は太田城に帰還できた。義頼はこれを機に実名を義俊に改めるとともに、成氏から離れて足利義政方となっている。いっぽう、しばらく表面化して

孫根城跡◆大山氏二代目の義道が居城した大山城の出城として築城された。その子の義兼はここを居城とし、孫根を名乗るようになる。山入一揆の際、佐竹義瞬は大山城に逃れたが、この孫根城で十年あまりも滞在し、その後、常陸太田城へ帰還している　茨城県城里町

いなかった山入氏の活動が義俊帰還とともに顕在化した。

文明九年（一四七七）十一月二十四日、義俊が亡くなった。すでに義治が当主となっていたが、翌文明十年、山入義知《よしとも》は久米義武《くめよしたけ》（義治の弟）の拠る久米城（常陸太田市久米町）を攻めた。これには那須資持《すけもち》が山入義知方として加勢していた。義憲（義人）段階から断続的に起こる恒例化した佐竹宗家と山入氏の合戦であり、また、山田川流域の局地戦のようでもあったが、義知方には下野より下那須氏（資持）の出兵や、古河公方足利成氏による感状の発給など、実情は比較的規模の大きな合戦であった。この合戦で久米義武は自害したが、義治は巻き返して義知を撃破した。その後、義治・義武の弟である義信《よしのぶ》が久米城に入った。これが佐竹北家のはじまりとなった。

さらに、外部勢力の侵攻は続いた。文明十七年（一四八五）七月には、南奥浜通りの岩城常隆《つねたか》の常陸侵攻が起きた。岩城軍は海岸沿いに南下し、村松《むらまつ》（茨城県東海村）まで到達した。そこで村松虚空蔵堂を焼き討ちしている。しかし、佐竹宗家と岩城氏はその後、急接近する。佐竹義治の継嗣である義舜《よしきよ》と岩城親隆《ちかたか》の娘が婚姻を結ぶのである。

文明３年（1471）ころの常陸国◆黒田基樹著『図説 享徳の乱』（戎光祥出版）掲載図を基に加筆修正

佐竹義舜の活躍――太田城の山入氏義を破り一〇〇年戦争に終止符

延徳《えんとく》二年（一四九〇）四月二十五日、義治が没して義舜が当主となったが、同年八月二十三日に就任直後の虚を突かれ、山入義藤《よしふじ》・氏義《うじよし》父子に太田城を急襲された。たまらず、義舜は脱出すると一族の大山氏を頼って那珂西郡に逃れ、祖父や父と同様、孫根城に拠った。こうして山入義藤・氏義父子は、与義以来の悲願であった太田城入城を果たしたのである。それは、山入氏が佐竹宗家となった瞬間でもあった。

もちろん、義舜も黙っていなかった。岩城親隆・常隆父子、さらに那須資房《すけふさ》（下那須氏）と連携して太田城奪還を計画したのである。佐竹氏一族ではなく、外部勢力の支援を期待しているところに義舜の弱体ぶりがみられる。一方の山入氏側には小野崎親通《ちかみち》・朝通《ともみち》、江戸通雅など佐竹氏の重臣層が与していた。しかし、岩城親隆は和睦をもって事態の収拾を図るべきと提案した。「近所《きんじょ》の儀《ぎ》」という紛争解決の手段である。義舜としては自力での太田城奪還が無理なこと、山入氏は明応《めいおう》元年（一四九二）二月四日に当主の義藤が没するなど氏義には家政運営に不安があること、これらの要因が和睦を結びやすい状況をつくった。

明応三年（一四九四）十月、親隆の仲介により佐竹義舜と山入氏義の和睦は成立した。山入氏側には義舜への太田城や奪取した所領の返還、また小野崎・江戸の両氏に対しては岩城氏と婚姻関係を結ぶことなどが盛り込まれた。まさしく岩城氏主導の和睦締結であった。

これら和睦の一連の作業のなかで明らかになったのは、義舜と山入氏の抗争に紛れて起きた江戸氏・小野崎氏を中心とする佐竹氏領の侵害である。太田を中心に三十二ヶ所にも及んだという。なかには佐竹一族の真崎《まさき》氏による「村松塩竈《しおがま》」の侵害もみられる。ここは久慈川と那珂川の河口の中間に位置する村松浜（茨城県東海村村松）に営まれた製塩施設であり、

清音寺◆茨城県城里町

佐竹氏の墓所◆茨城県城里町・清音寺

佐竹氏の経済活動を支えた重要な場所でもある。

さて、明応三年の和睦後も山入氏義は太田城を占拠したままであった。氏義は和睦内容を履行せず、それどころか明応九年（一五〇〇）には孫根城を攻撃してきた。義舜はなんとか脱出し、かつて佐竹秀義が籠もった金砂山城に自身も籠城した。その間、岩城常隆、下野の茂木《もてぎ》持知《もちとも》・塩谷《しおのや》孝綱《たかつな》との連携を図っていた。義舜はこれら外部勢力と結んで、金砂山城から渡河なしに太田城をうかがえる状況を得た。そして、文亀《ぶんき》二年（一五〇二）の山入氏義による金砂山城攻撃を退けている。さらに永正《えいしょう》元年（一五〇四）、義舜は太田城を攻撃し、これを奪還した。氏義と子の義盛は捕らえられ、茂木氏によって斬罪された。

義舜は、十年以上も占拠されていた太田城をようやく奪還できたが、それは義憲（義人）の佐竹宗家の継嗣問題にはじまる一族山入氏との一〇〇年戦争の終了でもあった。山入氏が滅亡したことは、佐竹宗家にとっては有力一族の損失であったが、有力な山入一族である小田野氏は残り、宗家直々の家臣となった。また、義舜が岩城常隆の娘と婚姻したことで、浜通りの安全を確保することができた。そして太田城北部の山入氏が滅亡したことで郷方面、あるいは下野那須方面に進出する道が開けたのである。

さらに永正七年（一五一〇）十二月二日、岩城常隆の斡旋で江戸通雅・通泰《みちやす》父子と盟約を結んだ。江戸氏は十四世紀の通高以来、表面的には佐竹氏に従う姿勢をとったが、水戸地方や吉田郡南部（茨城県茨城町）から鹿島郡にかけて勢力を伸ばすなど自立心が強く、たびたび佐竹宗家を脅かす存在であった。この盟約で江戸氏は「一家同位」、すなわち佐竹一族と同等の地位を与えられ、しかも水戸城を中心に江戸領の支配権も認められている。義舜にとっては、太田より南の安全を確保するための妥協でもあった。

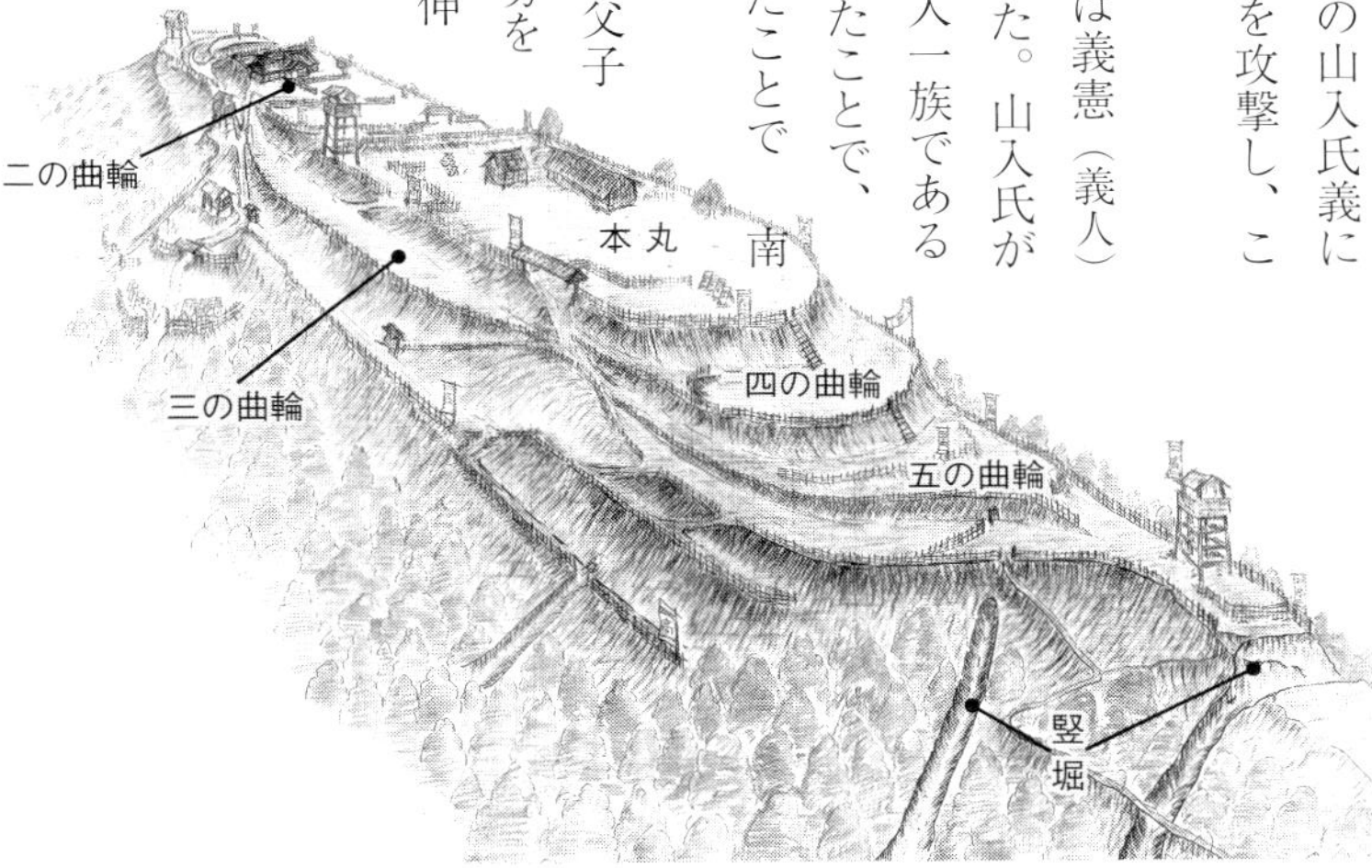

高部館鳥瞰図◆佐竹の乱の際に攻防の舞台となり、終結後は対那須氏との前線基地として機能した城郭　茨城県常陸大宮市　作図・画像提供：河西和文

世俗を離れた一族「雪村」――生涯が謎だらけの天才絵師

佐竹氏は十一世紀の源義光の常陸入部以来、政治権力たるを主体としてきた。もちろん、近世の秋田時代も同じである。しかし、政治権力とは距離を置いて活動した人々もいた。それは宗教の分野へ進出し、僧侶となった佐竹一族である。十四～十五世紀では、佐竹貞義の庶子の月山（臨済宗）、常陸北部に真言宗を弘めた宥尊《ゆうそん》、浄土宗《じょうどしゅう》を独立した宗派として確立した聖冏《しょうげい》などがいる。そして、十六世紀の戦国時代、合戦には向かわず、仏道に生きた二人の佐竹一族が出た。雪村《せっそん》と普光《ふこう》である。

雪村は、常陸のみならず中世日本の代表的絵師として、今日では確固たる地位を得ている。その生涯創作は三〇〇点に及ぶという。しかも、その作品は墨画と彩色画、動物と静物、粗笨《そほん》と精緻、現実と空想、そして俗と聖などいずれの領域にも及び、何ものにも囚われない自由さに満ちている。それゆえ、奇想（エキセントリック）の絵師という捉え方がある。ただ、その背景には禅僧としての雪村の思想があるはずである。

さて、雪村は作品数に比して、その生涯は謎だらけである。唯一の伝記となるのが『本朝画史《ほんちょうがし》』での記述であり、今日では、それをもとに生涯が語られる。それによると、雪村は佐竹一族として常州部垂《へたれ》村田に生まれるも（宇留野《うるの》氏か）、父が側室の子を寵愛したため家督を嗣げず、やむなく僧籍に入ったとされる。ただ、生まれながらに画才には恵まれていたという。太田の正宗寺での修行後、常陸を離れて会津《あいづ》（黒川《くろかわ》）の蘆名盛《あしなもり》氏《うじ》、三春《みはる》の田村清顕《たむらきよあき》、小田原《おだわら》の北条氏康《うじやす》のもとを遍歴し、晩年は再び田村氏のもとに赴いたとされる。

このように、雪村は会津・三春・小田原、そして三春という関東周辺の比較的限られ

雪村庵◆福島県郡山市

た範囲を遍歴していて、距離的には数日以内で行き来ができる。この遍歴は雪村自らの意思というより、それぞれ庇護者・発注者となる戦国大名の招きに応じた結果であろう。十六世紀の半ばくらいになると、蘆名・田村・後北条の各氏と実家の佐竹氏は良好な関係とは言えず、対立のほうが目立つ。あえて、実家と対立する大名のもとを訪れているようにも思えるのであるが、偶然であろうか。これも大きな謎である。

もっとも、雪村は禅僧であり絵師であった。絵画に禅の思想を織り込むのであり、文章で著すのではない。絵画こそ彼の履歴である。直接の弟子をとった気配もなく、当然、弟子が師匠を顕彰して伝記を残すこともなかったといえる。こうした経緯が雪村の生涯を謎多きものにしたのであろう。雪村が没したとされる十六世紀末期から一〇〇年が経ち、一元紹碩《いちげんしょうせき》のような禅僧、尾形光琳《おがたこうりん》・狩野一渓《かのういっけい》のような著名な絵師が雪村に注目した。しかし、すでに雪村は伝説となっていたのである。

滝見観音図◆一幅　善財童子が観音の浄土、補陀洛山で楊柳観音を拝する場面。正宗寺に寄寓した雪村はこの絵の影響を受けて正宗寺蔵の滝見観音図を描いた可能性がある　茨城県那珂市・弘願寺蔵

欠伸布袋・紅梅図◆三幅　絹本著色。雪村絵画で布袋は重要なモチーフである。表情はほのぼのとしており、手への警戒心や敵意など微塵も感じさせない。布袋は目覚めたばかりなのか両の瞼はまだ重そう。両手を上に伸ばして欠伸する姿である　茨城県立歴史館蔵

世俗を離れた一族「普光」――時宗の総本山・遊行寺を再興した名僧

雪村誕生から一世代後に登場したのが時宗《じしゅう》の僧、普光である。時宗の教えは究極の阿弥陀如来《あみだにょらい》への信仰で、鎌倉時代後期の開祖・一遍智真《いっぺんちしん》が唱えた教えである。阿弥陀如来の本願は人間を救済することであり、すでに人間は阿弥陀如来の救済のなかにある、阿弥陀如来への信・不信など問題ではない、とする。

佐竹氏と時宗の最初のつながりは、十四世紀からである。佐竹貞義が母（二階堂頼綱《よりつな》の娘）の菩提を弔うため、遊行《ゆぎょう》第四代・呑海《どんかい》を招いて太田に浄光寺《じょうこうじ》を開いた。以後、浄光寺との関係を中心に、佐竹氏は時宗を庇護していくこととなる。

普光は佐竹義人の四男・小野岡義森《おのおかよしもり》の系統で、義森の孫・義高《よしたか》の子として天文《てんぶん》十二年（一五四三）に生まれた。母は佐竹一族の大山常歓《じょうかん》の娘という。八歳で得度《とくど》し浄光寺の第十四世住持となった。その後、遊行第三十代・有三《ゆうさん》、同第三十一代・同念《どうねん》に従って遊行の旅に出て、天正《てんしょう》十二年（一五八四）、日向《ひゅうが》国光照寺《こうしょうじ》（宮崎県西都市）で同念より遊行上人の座を相続した。以後、京都七条道場《しちじょうどうじょう》（金光寺《こんこうじ》。京都市下京区）で先代遊行上人の文書修復・連歌《れんが》の会を興行した。天正十六年には甲斐一蓮寺《いちれんじ》（甲府市）、信濃善光寺《ぜんこうじ》（長野市）を経て、同十七年八月二十七日に越後専称寺《せんしょうじ》（新潟県柏崎市）にて遊行上人の座を第三十三代・満悟《まんご》に譲り、自身は藤沢《ふじさわ》上人となった。

しかし、普光が帰還すべき藤沢の本山・遊行寺（清浄光寺《しょうじょうこうじ》。神奈川県藤沢市）は、永正十

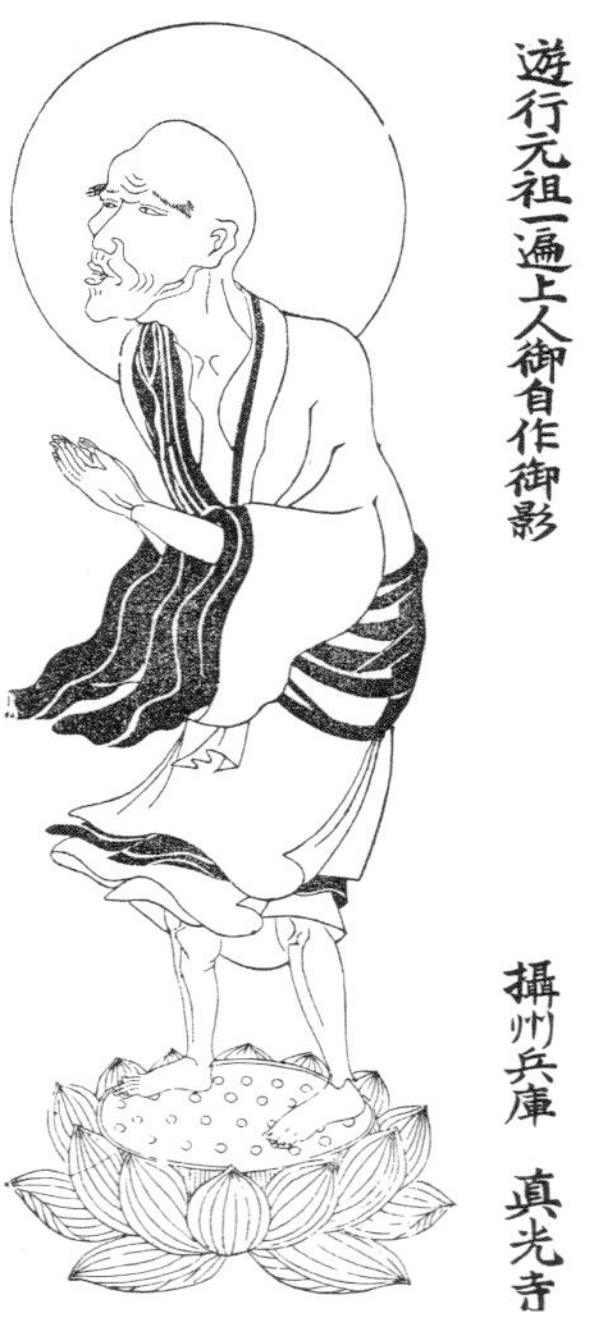

遊行元祖一遍上人御自作御影◆「遊行上人」とは、時宗集団の指導者に対する敬称で、特に開祖の一遍、その弟子で遊行派の始祖である他阿を指すことが多い。また、総本山清浄光寺（神奈川県藤沢市）の歴代住職の敬称でもある

藤沢敵御方供養塔◆神奈川県藤沢市・清浄光寺

年の伊勢宗瑞《そうずい》（北条早雲《そううん》）と三浦義同《よしあつ》との戦渦に巻き込まれて焼失したままであった。天正十五年には、佐竹義重《よししげ》から資材提供の申し出があったものの、実際の再建には至らなかった。おそらくは、仮本堂的な施設で風雨を凌いでいたとみられる。

天正十九年、普光は佐竹義宣《よしのぶ》の招きで遊行寺の本山機能を水戸に移した。水戸城下・神生《かのう》平《たいら》に藤沢道場ができたのである。これを契機に藤沢小路（水戸市梅香）という宗教エリアが生まれ、水戸は時宗の一大拠点となった。

慶長《けいちょう》七年（一六〇二）七月、徳川権力からの秋田移封の命令により佐竹氏は水戸から去った。水戸藩主・武田信吉《のぶよし》の時代となったが、藤沢道場と普光はそのまま残った。同八年四月、普光は遊行上人・満悟の伏見《ふしみ》遊行に同道する。藤沢上人が遊行上人と行動を共にするのは異例であったが、本来の目的は、伏見城（京都市伏見区）で家康に謁見することであった。その内容は詳らかではないが、遊行寺の早期再建への支援、さらに実家佐竹氏への今後の寛大なる処置を依頼したと思われる。

慶長十二年（一六〇七）、ついに藤沢の地に遊行寺の再建と普光の帰還が叶った。江戸幕府の支援が大きかったのは言うまでもない。焼失から一〇〇年近くが経っていたのである。藤沢帰還後も、普光の活動は積極的であった。慶長十六年から翌年にかけて、北陸から東北地方を廻り、特に慶長十七年六月には秋田・龍泉寺《りゅうせんじ》に滞在した。その際、龍泉寺を拠点として、秋田でも時宗の興隆を支援してほしい旨を佐竹義宣に伝えた。

以後も高齢の身を押して勢力的に布教活動に取り組み、寛永《かんえい》三年（一六二六）五月二十二日に没した。戦国乱世を遊行し、実家の佐竹氏や江戸幕府の支援を取り付けて時宗の活性化、そして遊行寺の復興に取り組んだ生涯であった。

藤沢小路◆時宗の一大拠点となった水戸市の藤沢道場跡周辺である。当時、多くの信仰を集めた宗教エリアであった。その名称も、総本山清浄光寺がある藤沢からとられたものであろう　水戸市

義舜の死と義篤――若き新当主を佐竹三家体制の確立で支える

享徳の乱の終焉（都鄙の和睦）以後、足利成氏は改めて公方（古河公方）として関東に君臨したが、代を重ねるなかで内紛も起こった。その最初が永正三年（一五〇六）から断続的に起こる、足利政氏《まさうじ》と足利高基《たかもと》との対立（永正の乱）である。

いずれも公方、ないし前公方であり、それぞれが関東諸氏を糾合した。義舜は岩城常隆・茂木持知などとともに政氏方となった。いっぽう、額田佐竹氏の名跡を嗣いだかたちの額田小野崎就通は、宇都宮成綱《しげつな》などとともに高基方となった。

永正七年九月十日、義舜は岩城常隆・由隆《よしたか》の支援もあり、白河結城政朝《まさとも》を討って依上保を奪還していた。永正八年と同九年には那須方面への出兵があった。これは那須方面にも影響力を及ぼしてきた那須（上那須）資親《すけちか》（娘は宇都宮成綱夫人）に対する軍事行動であった。

永正十一年七月末日、義舜は岩城由隆とともに那須方面から下野に侵入し、宇都宮郊外の竹林（宇都宮市）で成綱の名代として出陣した宇都宮忠綱《ただつな》と合戦に及び、これを打ち破った。続く同年八月十六日、再び竹林にて忠綱と戦ったが、今度は成綱に結城政朝など結城勢が加勢しており、撃退されてしまった。

永正十三年六月、義舜・由隆は再度、上那須から下野に侵入したが、六月二十六日の縄釣台《なわつりだい》（栃木県那珂川町）で宇都宮忠綱らと合戦し敗北を喫した。義舜らは忠綱軍の追撃に遭い、敗走のすえに依上保の月居《つきおれ》城（茨城県大子町）に籠城した。忠綱も長期の攻城は好まず撤兵している。

阿弥陀如来坐像◆永正十一年（一五一四）に鋳造された常陸国久慈東郡高倉郷の東金砂山高律山の本尊。東西の金砂山は佐竹秀義のように非常時に籠城する場で、義舜も山入氏に逐われ抗戦した経験がある。それだけ思い入れのある山であった。なお、この年より、義舜の下野侵攻が本格化していた　茨城県常陸太田市・梅照院蔵

翌永正十四年（一五一七）三月十三日、義舜は没した。新当主の義篤は当時十一歳であり、叔父（義舜の弟）の義信《よしのぶ》・政義《まさよし》がそれぞれ北家・東家を興し、年若い当主を支えた。この二家に続き、のちに義篤の弟である義隣《よしちか》（のちの義里《よしさと》）が南家を興し、佐竹三家体制となるが、それが整うのは天文十年前後とみられる。山入氏をはじめ、長倉氏・稲木氏など宗家との血縁が薄くなった古参の一族ほど、宗家に対して反抗的になることをふまえての新しい体制づくりであった。

黒韋肩浅葱糸威筋兜◆16世紀（室町時代）の作。鉢は阿古陀形（頭頂部の前後が膨らむ）の二十八間。佐竹義宣の奉納とされるが、制作時期はさらに100年ほど遡り、佐竹義舜所用と思われる。義宣としては水戸進出を義舜の佐竹氏中興に重ね、その成就を祝して奉納したとも解せる。一方、佐竹義重・義宣の甲冑とは系統が異なり、義宣が京都で入手したのを改めて奉納したとも考えられる。水戸市・水戸八幡宮蔵

◀長巻◆佐竹氏による奉納とみられ、鎌倉時代初期の作と考えられる。先端部の張りや反りも小さく、品格のある姿にまとめられている。長巻は槍の普及よって合戦での利用頻度が下がり、戦国時代以降は、中子が詰められて太刀に改変されるようになる。しかし、これは原形のまま奉納されている。奉納者の特定は難しいが、金砂山に拠って窮地を脱した佐竹義舜が有力であろう　茨城県常陸太田市・東金砂神社蔵　茨城県立歴史館寄託

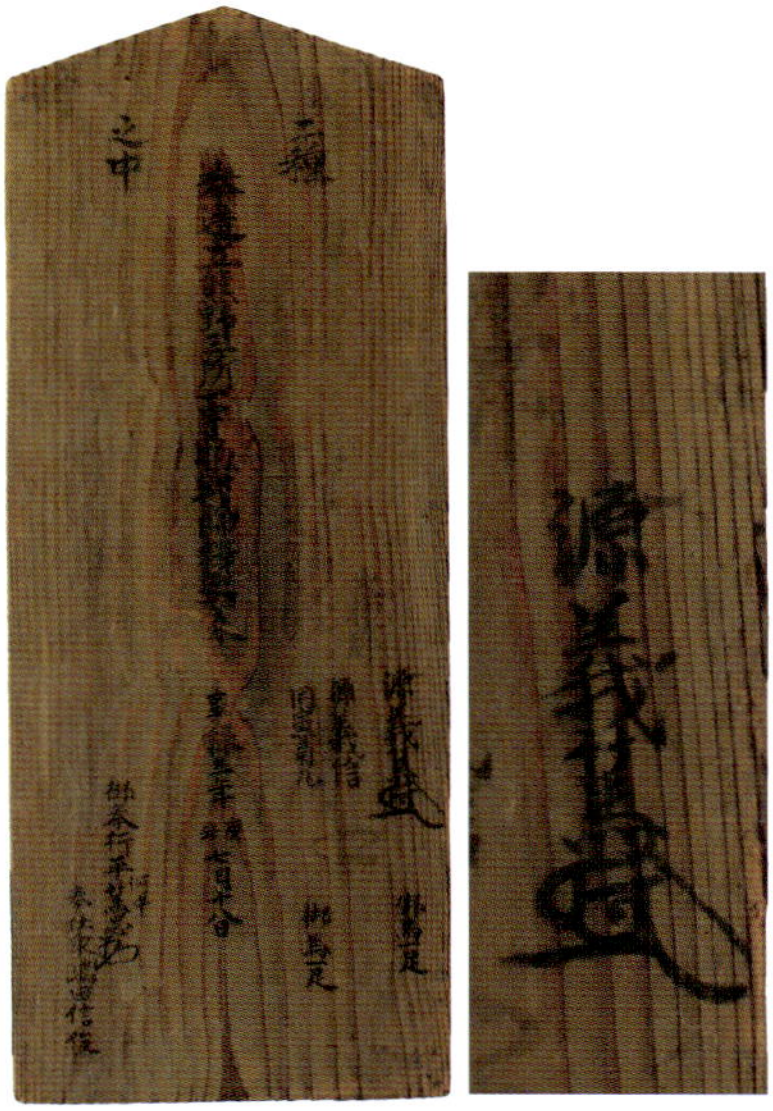

馬場八幡宮の享禄三年棟札◆馬場八幡宮の棟札だが、内容は「熊野三所一宇」造営となっている。十五～十六世紀にかけて太田方面でも熊野御師の活動はみられ、実際、馬場八幡宮境内には摂社として熊野社が勧請されている。大旦那は佐竹義篤・佐竹北義信・佐竹寅菊丸の三名である。経年により墨書が薄くなったため、後年に改めてなぞり書きされている　茨城県常陸太田市・馬場八幡宮蔵

部垂の乱――義篤が弟義元を敗死させ佐竹宗家は盤石となる

兄弟とはいえ油断ならないのが戦国の世であった。享禄《きょうろく》二年（一五二九）十月二日、義篤の弟である宇留野義元《よしもと》が、義篤の重臣で隣接する部垂城主（常陸大宮市）の小貫俊通《おぬきとしみち》を攻め、これを討った。そして部垂城には自身が入り、以後、部垂氏を称した。

佐竹義篤にとって、義元は同母弟（ともに母は岩城親隆の娘）である。ここに佐竹宗家との主導権をめぐって部垂の乱と呼ばれる抗争がはじまった。宇留野・部垂は久慈川右岸に沿って隣接しており、義元と小貫俊通との境界をめぐる係争も原因のひとつとも思える。こうして、久慈川をはさんで義篤・義元兄弟が対峙することとなった。義元には岩城重隆《しげたか》・江戸通泰・高久義貞《たかくよしさだ》・小場義実《おばよしざね》、途中から石神《いしがみ》小野崎通長などが与した。

いっぽう佐竹義篤は、天文三年（一五三四）閏正月十三日には石神小野崎通老と起請文《きしょうもん》を取り交わし、天文四年七月二十六日には大山孫次郎《まごじろう》とも同様に交わした。

このころ、奥州米沢《よねざわ》の伊達稙宗《だてたねむね》は岩城重隆と合戦に及んだ。原因は稙宗の子である晴宗《はるむね》と重隆の娘（久保姫《くぼひめ》）の婚姻が、重隆によって一方的に破棄されたからである。このとき、稙宗は義篤に対し後詰めとして四倉《よつくら》（福島県いわき市）までの出陣を要請している。これまで親隆・常隆・由隆段階では佐竹宗家を支援してきた岩城氏だったが、重隆の代になると義篤の成長もあってその存在が疎ましくなった。義篤と伊達稙宗の結びつきは、義篤と重隆が反目しあう要因となった。実際、天文四年（一五三五）八月二日、江戸通泰と結んだ重隆は佐竹氏領を侵犯し、石神にて合戦に及んでいる。

しかし、同年中には伊達・岩城双方で和睦が成立し（稙宗の孫が岩城氏に入る）、翌天文五年三月ころから義篤に対する岩城氏の脅威が除かれていった。そして、義篤は部垂義元への

宇留野城跡◆右は外観、左は城の外城と中城を区切る空堀　茨城県常陸大宮市

対応を本格化させていった。天文七、八年と毎年のように義篤と義元は戦い、ついに天文九年（一五四〇）三月十四日、部垂城は義篤方の攻撃によって落とされ、義元と子の竹寿丸、そして義元を支援した小場義実などが討ち死にして決着した。義篤は岩城氏など外部勢力の支援を受けず、自力で解決したことになる。佐竹の乱、義俊・実元の内紛、そして「部垂十二年の乱」と呼ばれたこの抗争をもって、佐竹氏の一世紀を優に超える長い一族抗争の歴史は幕を下ろすのである。

これで佐竹宗家はとりあえず安定した。とくに太田城の北に山入氏がいなくなったこともあって、義舜の代では断続的であった下野、南郷への進出を本格化かつ加速していった。

天文十年（一五四一）、依上保の在地勢力「なませ一揆《いっき》」（石井《いしい》氏）に対して、依上保内の安全を託すなど基盤を固めていた義篤は、さらに北上して南郷への侵攻を本格化する。同年二月には白河結城直広《なおひろ》（晴綱《はるつな》）方である東館《ひがしたて》（福島県矢祭町）への圧迫を強めた。調停に乗り出した岩城重隆の斡旋により、六月には東館を破却することを条件として白河氏の撤退と佐竹氏の南郷領有がなされた。

天文十四年（一五四五）四月九日、佐竹義篤が没して十五歳の義昭《よしあき》が当主となった。このころより、佐竹三家体制（北家：佐竹義廉《よしかど》、東家：佐竹義堅《よしかた》、南家：佐竹義里）が機能するようになり、年若い義昭を補佐していた。いっぽう、盟約を結んでいた江戸氏との関係が悪化していた。江戸忠通は妻が佐竹義舜の娘であったが、当主義昭の若年期を狙い、また、南郷で佐竹氏と対峙する白河結城晴綱とも呼応して勢力拡大を図っていた。

上：佐竹北家の墓◆佐竹義信・義武をはじめとする佐竹北家の墳墓である　茨城県常陸太田市
下：部垂城跡と佐竹義元の墓◆大宮小学校を中心とした地域だが、遺構は土塁・堀の一部を除いてほとんど遺されていない。部垂の乱の首謀者で佐竹義篤の同母弟・義元（宇留野・部垂を称する）の墓が同地に建つ　茨城県常陸大宮市

義昭が那須・宇都宮へ関与を強める——江戸氏帰参と下野国衆の苦悩

天文十六年（一五四七）から同十九年にかけて、那珂川沿いの地域である入野郷《いりの》（茨城県城里町）や大部平《おおぶだいら》（水戸市）・戸村《とむら》（茨城県那珂市）などで、佐竹義昭と江戸忠通は断続的に合戦に及んでいた。しかし、忠通に利なく結局は義昭に従うこととなった。ただし、通泰・忠通段階の江戸氏は鹿島氏・宍戸氏・羽賀《はが》氏など近隣勢力との婚姻関係を進めていて、義昭の手が及ばない地域まで影響力を伸ばしていた。そこで義昭は天文二十二年（一五五三）二月、鹿島神宮に対して佐都東郡大窪村《おおくぼ》菖《しょう》蒲《ぶ》屋《や》（茨城県日立市）の地五貫文を寄進している。水面下では佐竹氏と江戸氏は競合していたのである。

このころ、下野北部では烏山城《からすやま》（栃木県那須烏山市）の那須高資《たかすけ》と宇都宮城の宇都宮俊綱《としつな》（尚綱《ひさつな》）が拮抗していた。義昭はこの虚を突いて二男鶴寿丸を高資の継嗣として送り込み、資家と名を改めさせた。これは義昭による那須家乗っ取り策であった。しかし、那須氏重臣の大田原資《おおたわらすけ》清《きよ》・大関高増《おおぜきたかます》の反発に遭い、しかも天文二十年正月二十二日に高資が重臣の千本資俊《せんぼんすけとし》に暗殺されたことで、義昭のこの計略は頓挫した。

他方の宇都宮氏も安泰ではなく、俊綱は天文十八年九月十七日の五月女坂《そうとめざか》合戦（栃木県さくら市）で那須高資と戦い、討ち死にした。しかも、居城の宇都宮城が重臣壬生綱房《みぶつなふさ》によって占拠される事態となった。幼い継嗣の伊勢寿丸（広綱《ひろつな》）は、重臣芳賀高定《はがたかさだ》に護られて真岡城《もおか》（同真岡市）

烏山城跡◆写真提供：那須烏山市教育委員会

に逃れた。高定は「関東管領」北条氏康の支援も得、さらに義昭にも出兵を要請した。

そして弘治《こうじ》三年（一五五七）十月二十五日、義昭は宇都宮に出兵、十二月二十四日に宇都宮城を奪還し壬生綱雄《つなたけ》（綱房の子）を追放した。ここに宇都宮広綱の帰還が叶い、佐竹氏と宇都宮氏の同盟的関係が築かれたのである。

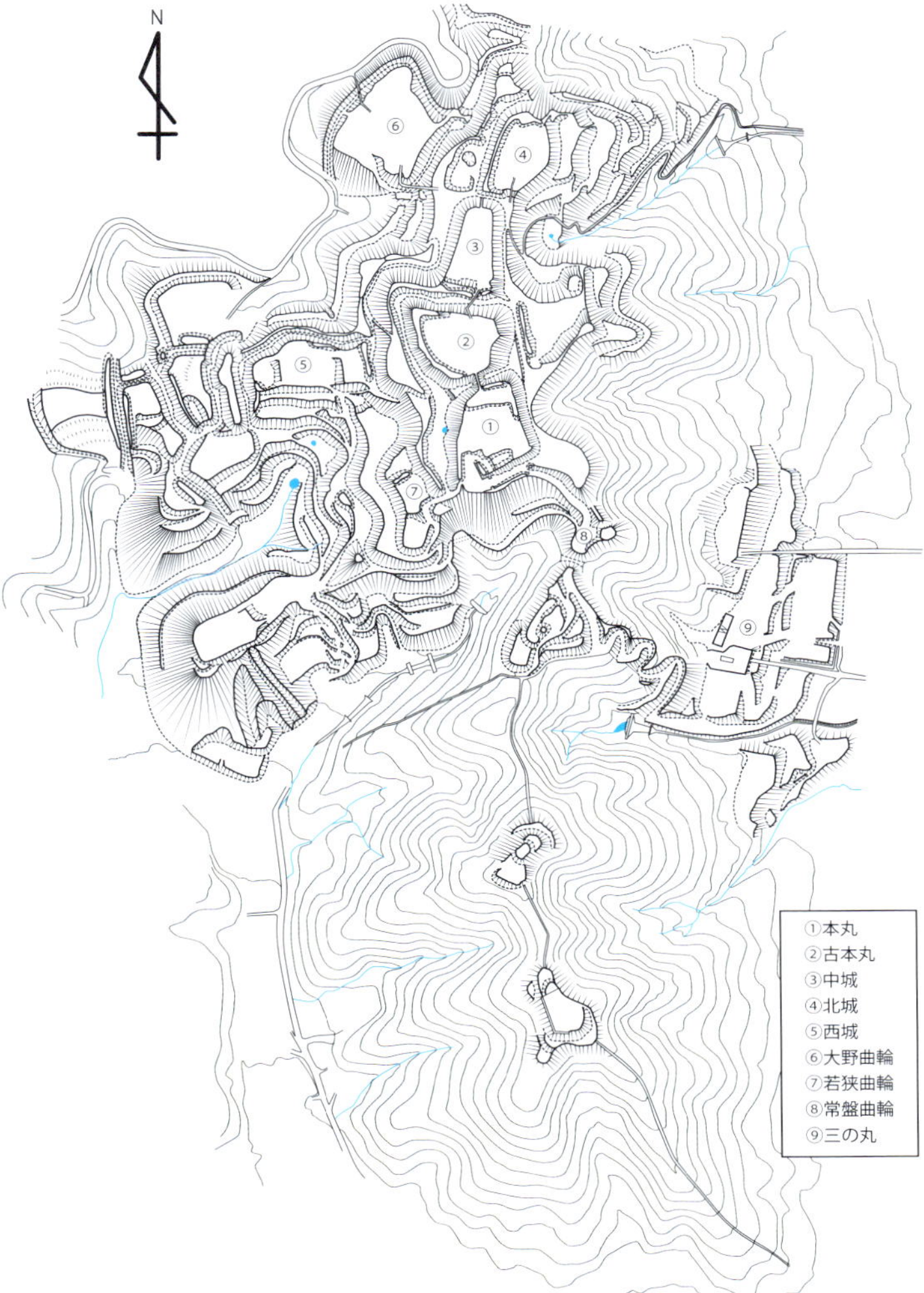

烏山城縄張り図◆図面提供：那須烏山市教育委員会

右：烏山城跡の三の丸石垣
左：烏山城跡の吹貫門脇石垣　写真提供：那須烏山市教育委員会

上杉謙信の越山——小田原城攻囲戦から関東管領就任式へ随伴する

さて、佐竹義舜が山入一揆を克服していたころから、南関東では北条氏の侵攻が顕著になってきた。とくに北条氏康は古河公方足利晴氏《はるうじ》と自身の妹（芳春院《ほうしゅんいん》）との姻戚が成立すると、自称ながら「関東管領」という「公権」を得た。さらに天文二十一年（一五五二）三月には、関東管領上杉憲政《のりまさ》を上野平井《ひらい》城（群馬県藤岡市）に攻め、これを追放している。

氏康が宇都宮広綱の宇都宮城帰還を支援したのは、まさにこの「公権」による。また、上杉憲政は平井脱出後に佐竹義昭を訪ねて関東管領職の譲位を下命したが、義昭は固辞したとされる（同時代の記録・文書では確認できない）。

北条氏康の上野支配が着々と進んでいたこともあり、奥州南郷では東館破却で沈静化していた情勢が再び悪化していた。永禄《えいろく》三年（一五六〇）九月、義昭は東舘を再整備すると、さらに南郷北部への進出を強め、白河結城晴綱の南郷の拠点となった寺山館《てらやまだて》（福島県棚倉町）の攻略を始めた。晴綱は足利義氏《よしうじ》・北条氏康など関東の「公権」力と結び、義昭の侵攻に対抗していたのである。氏康は同年九月ころから、「古河公方晴氏の仰せ」として義昭に和睦を提案しているが、義昭はこれを拒み続けた。

そのさなかの永禄四年三月、義昭は上杉憲政を奉じた越後守護代の長尾景虎《かげとら》より、氏康の居城である小田原城攻略への参加を命ぜられた。永禄三年段階では北条氏の侵攻に対して、やや他人事との意識があった義昭だが、翌永禄四年になると、さすがに関東の情勢が緊迫していることを察し、いったんは寺山館攻略を中断して小田原に推参した。

ところが、景虎の小田原城包囲網はわずか十日ほどで解かれた。小田原城の堅牢な防御に難儀したことは確かだが、義昭などが包囲を解くことを積極的に景虎に要請したからである。

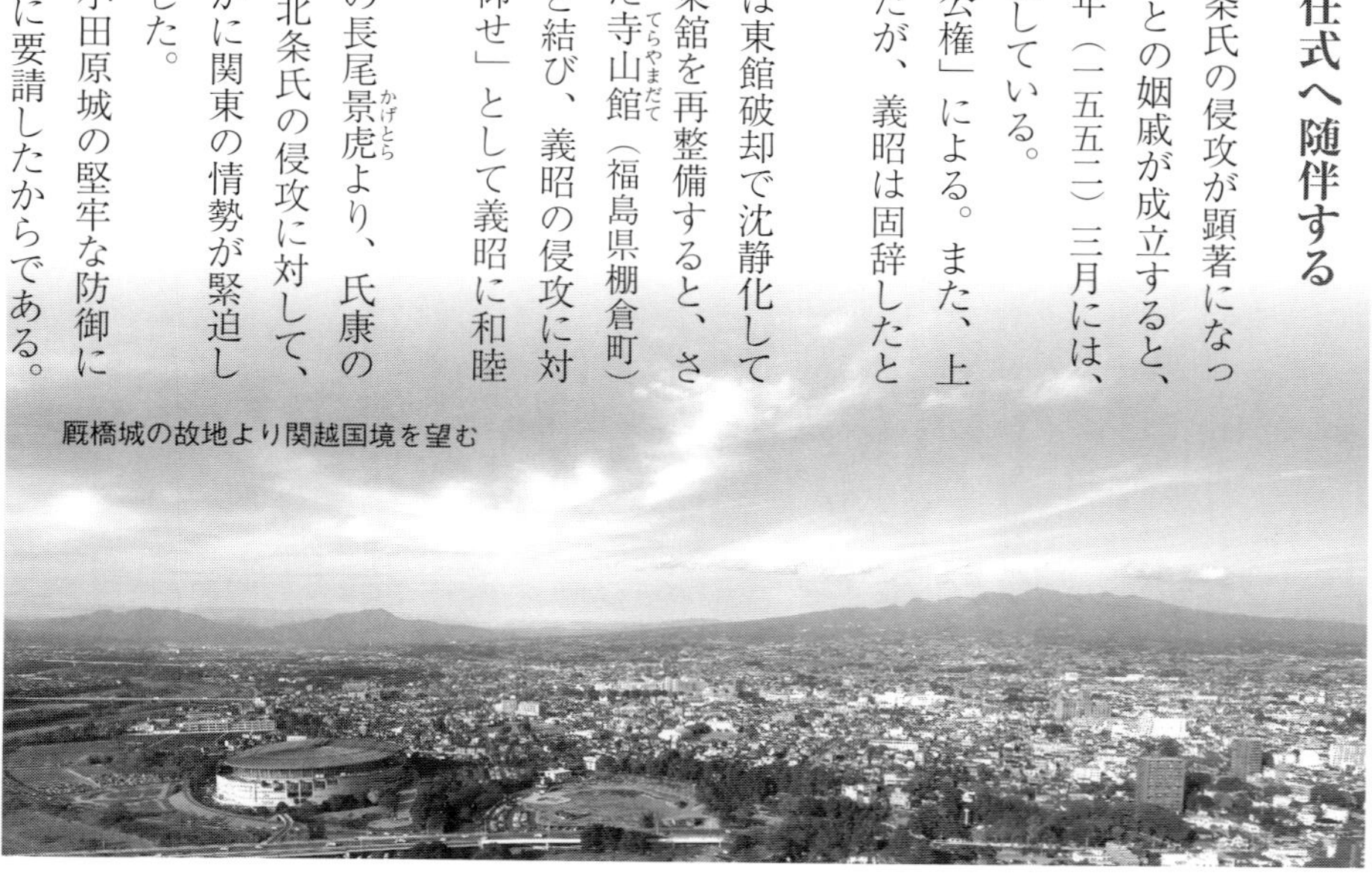
厩橋城の故地より関越国境を望む

謙信も覇気のない関東の諸将・国衆の言を聞かねばならず、ついに小田原城の陥落を見ずに越後へ帰還した。この段階になっても、義昭は氏康を明確に敵、あるいは脅威とみなすことにはどちらかというと、消極的で、それよりも南郷攻略を優先していた。

義昭は小田原からの帰途、鎌倉鶴岡八幡宮《つるがおかはちまんぐう》で景虎の関東管領職就任式（改名して上杉政虎《まさとら》となる）に参列したが、急ぎ南郷に戻ると寺山館攻略を再開し、十月にはこれを落としている。それでも、義昭なりに常陸南部にも目を向けるようになっている。当面は、北条氏の傘下に入りうる小田氏対策であった。

上杉謙信画像◆個人蔵

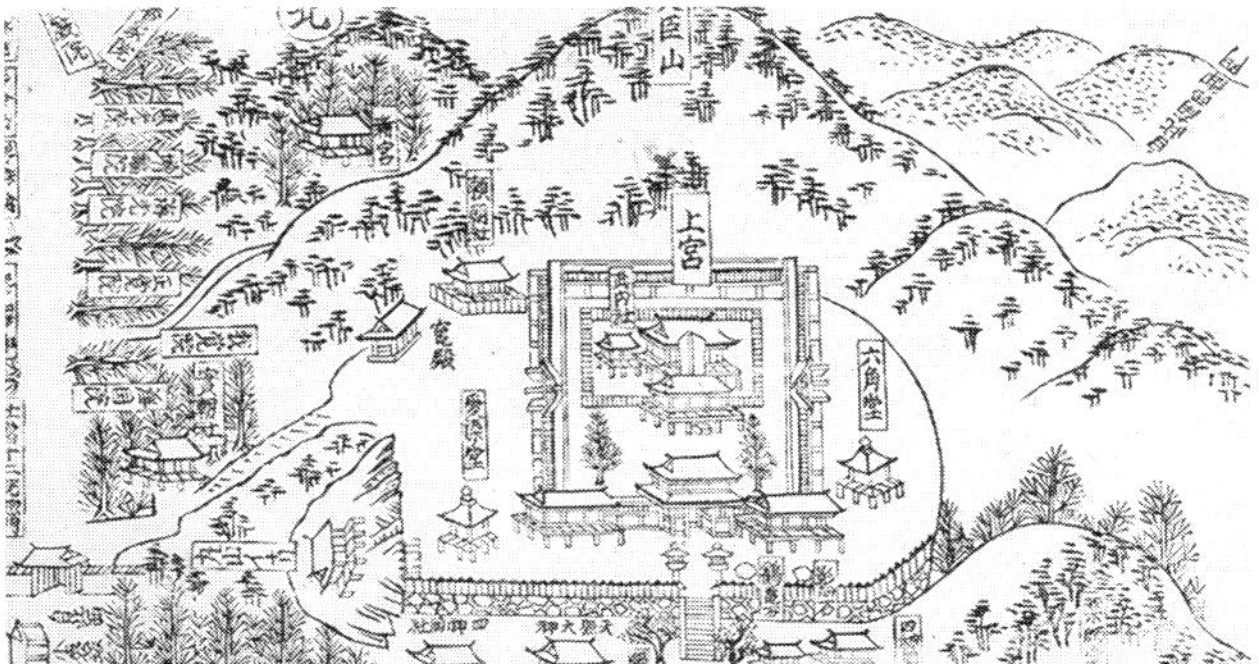

鶴岡八幡宮絵図◆江戸時代以前の伽藍の姿であり。神仏習合時代の仏教的要素である多宝塔・護摩堂・坊院などが描かれている　個人蔵

越後十七将之肖像◆上杉謙信とその重臣たち。江戸時代の浮世絵　個人蔵

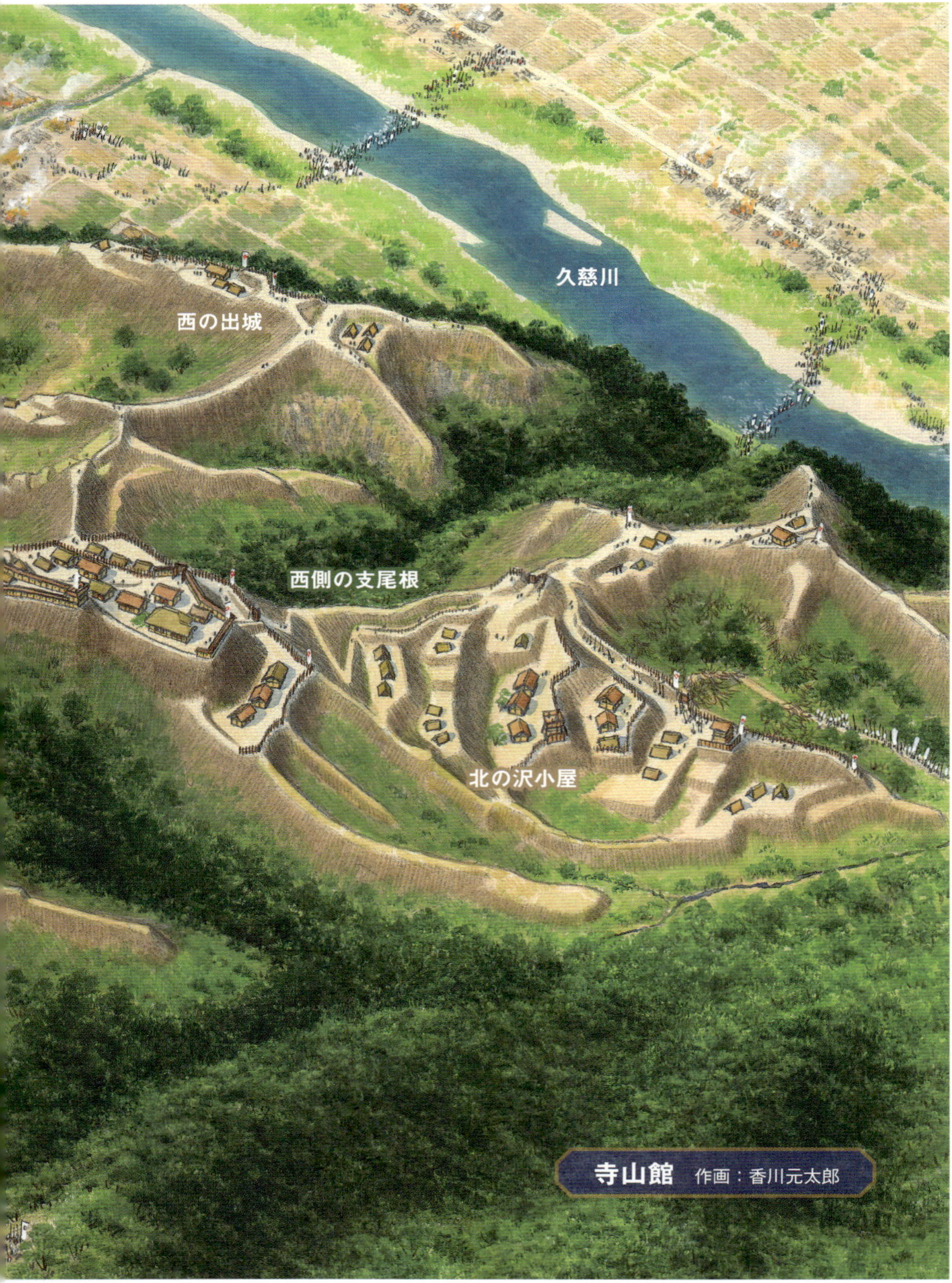

寺山館　作画：香川元太郎

南側の尾根
南の沢小屋
主郭
枡形虎口
内枡形
虎口

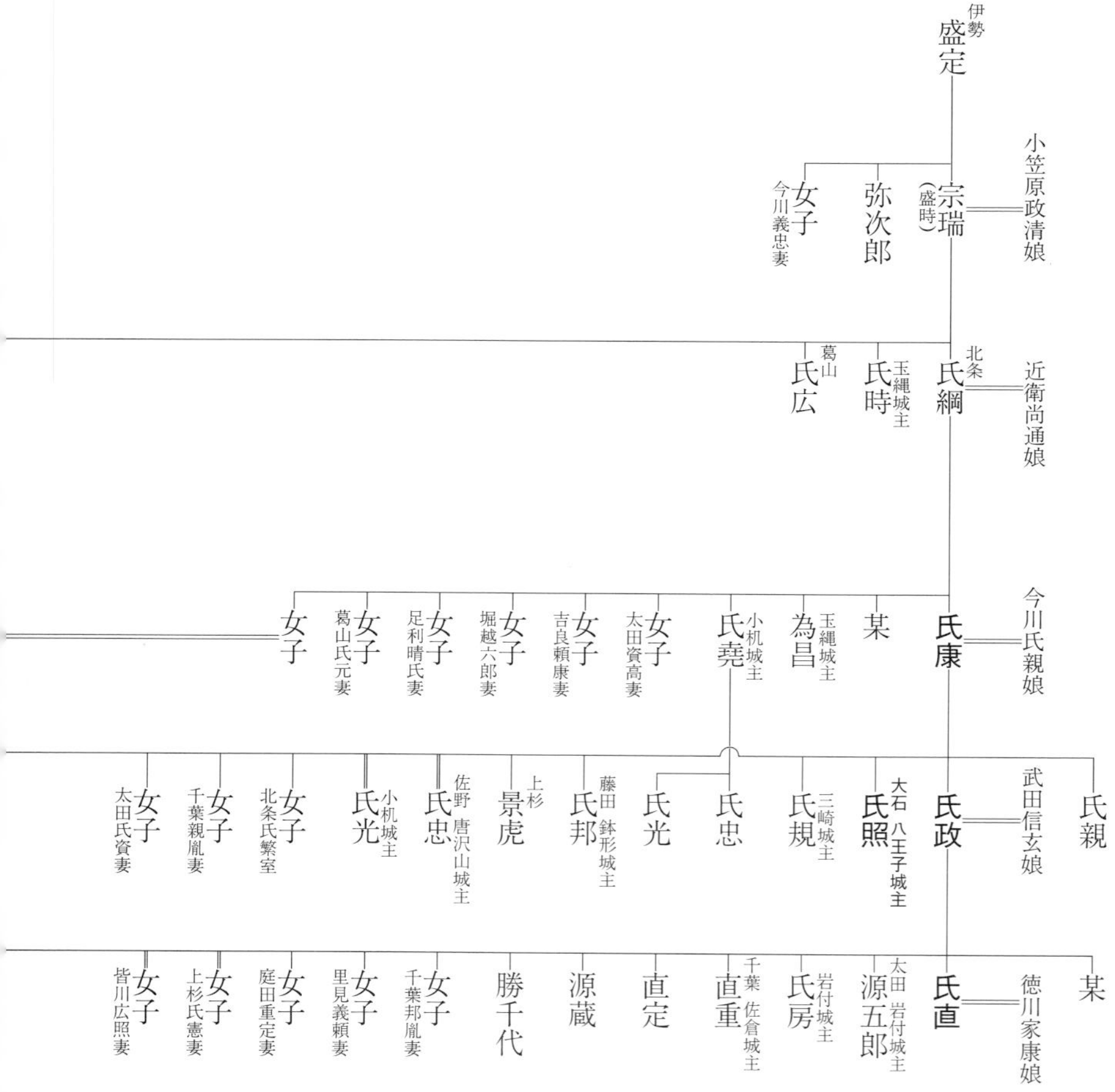
伊勢
盛定
小笠原政清娘
宗瑞（盛時）
弥次郎
女子
今川義忠妻
近衛尚通娘
北条
氏綱
氏時
玉縄城主
氏広
葛山
今川氏親娘
氏康
某
為昌
玉縄城主
氏尭
小机城主
女子
太田資高妻
女子
吉良頼康妻
女子
堀越六郎妻
女子
足利晴氏妻
女子
葛山氏元妻
女子
氏親
武田信玄娘
氏政
氏照
大石　八王子城主
氏規
三崎城主
氏忠
氏光
氏邦
藤田　鉢形城主
景虎
上杉
氏忠
佐野　唐沢山城主
氏光
小机城主
女子
北条氏繁室
女子
千葉親胤妻
女子
太田氏資妻
某
徳川家康娘
氏直
源五郎
太田　岩付城主
氏房
岩付城主
直重
千葉　佐倉城主
直定
源蔵
勝千代
女子
千葉邦胤妻
女子
里見義頼妻
女子
庭田重定妻
女子
上杉氏憲妻
女子
皆川広照妻

北条家略系図

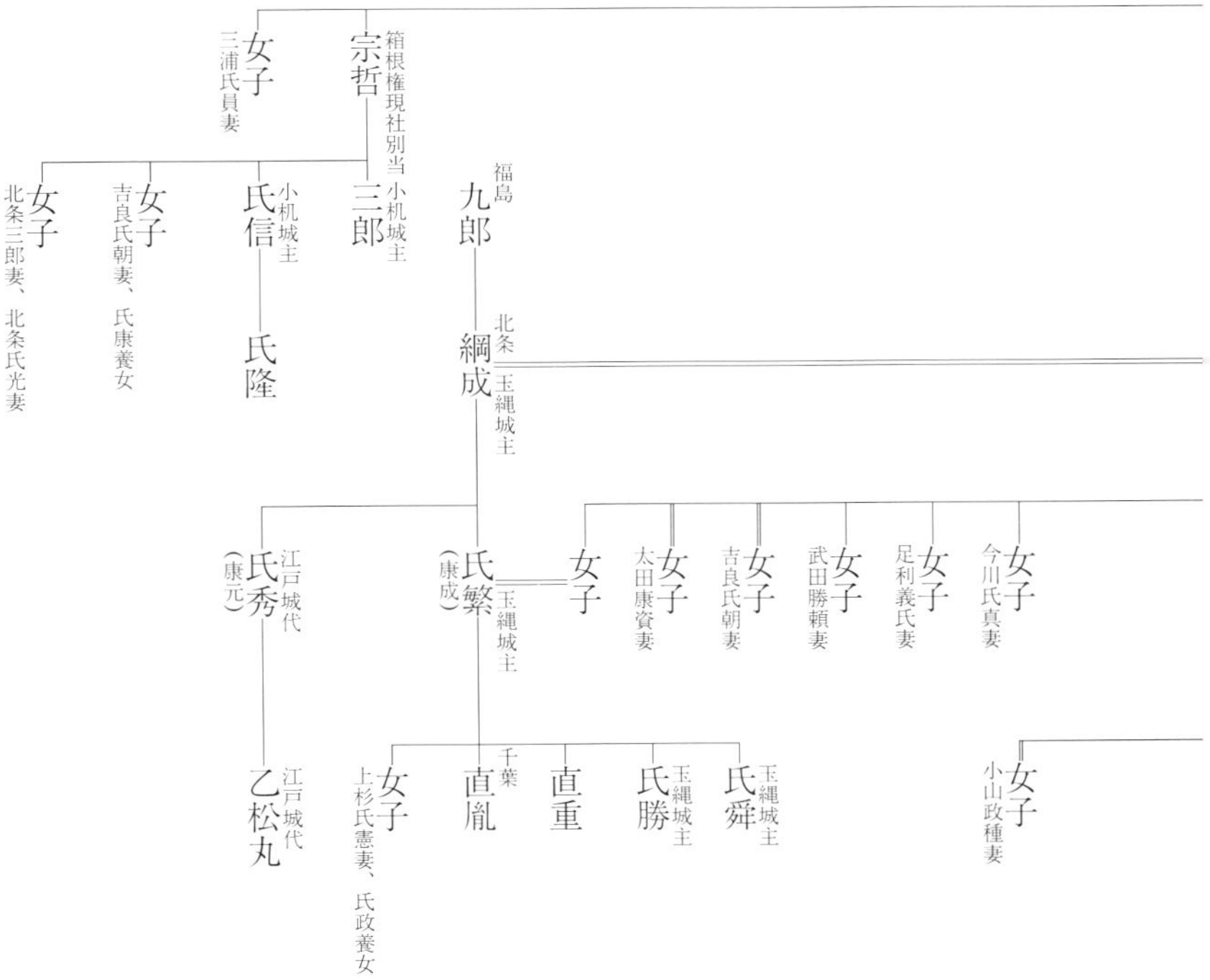
宗哲 箱根権現社別当
女子 三浦氏員妻
三郎 小机城主
氏信 小机城主
女子 吉良氏朝妻、氏康養女
女子 北条三郎妻、北条氏光妻
氏隆
九郎 福島
綱成 北条 玉縄城主
氏繁（康成） 玉縄城主
氏秀（康元） 江戸城代
乙松丸 江戸城代
女子
女子 太田康資妻
女子 吉良氏朝妻
女子 武田勝頼妻
女子 足利義氏妻
女子 今川氏真妻
女子 小山政種妻
氏舜 玉縄城主
氏勝 玉縄城主
直重
直胤 千葉
女子 上杉氏憲妻、氏政養女

Ⅳ 佐竹義重と戦国動乱

佐竹義重・義宣の時代

佐竹義重の登場――義昭は真壁氏・大掾氏を傘下に収める

永禄四年（一五六一）二月二十六日、義昭は真壁（茨城県桜川市）の真壁久幹《ひさもと》の後継となる弟の九郎に対して、佐竹氏の通字「義」を与えて義幹《よしもと》と名乗らせることになった。永禄五年、義昭は府中（茨城県石岡市）の大掾慶幹《よしもと》の娘を後妻とした。翌永禄六年には子の義重に家督を譲ると、自身は府中城に入り、大掾貞国《さだくに》（慶幹の子）を補佐する立場になったのである。

しかし、貞国が三村《みむら》合戦で小田氏治《うじはる》に敗れると、同七年には義昭の弟であり山尾《やまお》小野崎氏を継承していた義昌《よしまさ》が、大掾氏の当主として昌幹《まさもと》と改名のうえ入部した（のちに大掾貞国（慶幹の子）が復帰したため、小野崎氏に戻る）。

永禄七年正月、小田氏治の北条方への離反を理由に、上杉謙信《けんしん》（長尾景虎）は越山《えつざん》を敢行しており、義昭は謙信に従って氏治の拠る小田城を攻め土浦《つちうら》城（茨城県土浦市）に追った。氏治が逃亡した後の小田城には、佐竹「三家」の北義廉が入ったほか、謙信方の北条高広《きたじょうたかひろ》も含め、小田領を佐竹関係者に割譲している。しかし、永禄八年には一時的ではあるが、氏治が北義廉を追って小田城を奪還しており、また、この年十一月三日に義昭が亡くなっていることも遠因となり、佐竹氏の常陸南部支配はいったん中断することとなる。

常陸太田城の土塁◆ともに太田小学校の校庭脇に現存する　茨城県常陸太田市

佐竹氏代々の居城・常陸太田城①

作図：青木義一

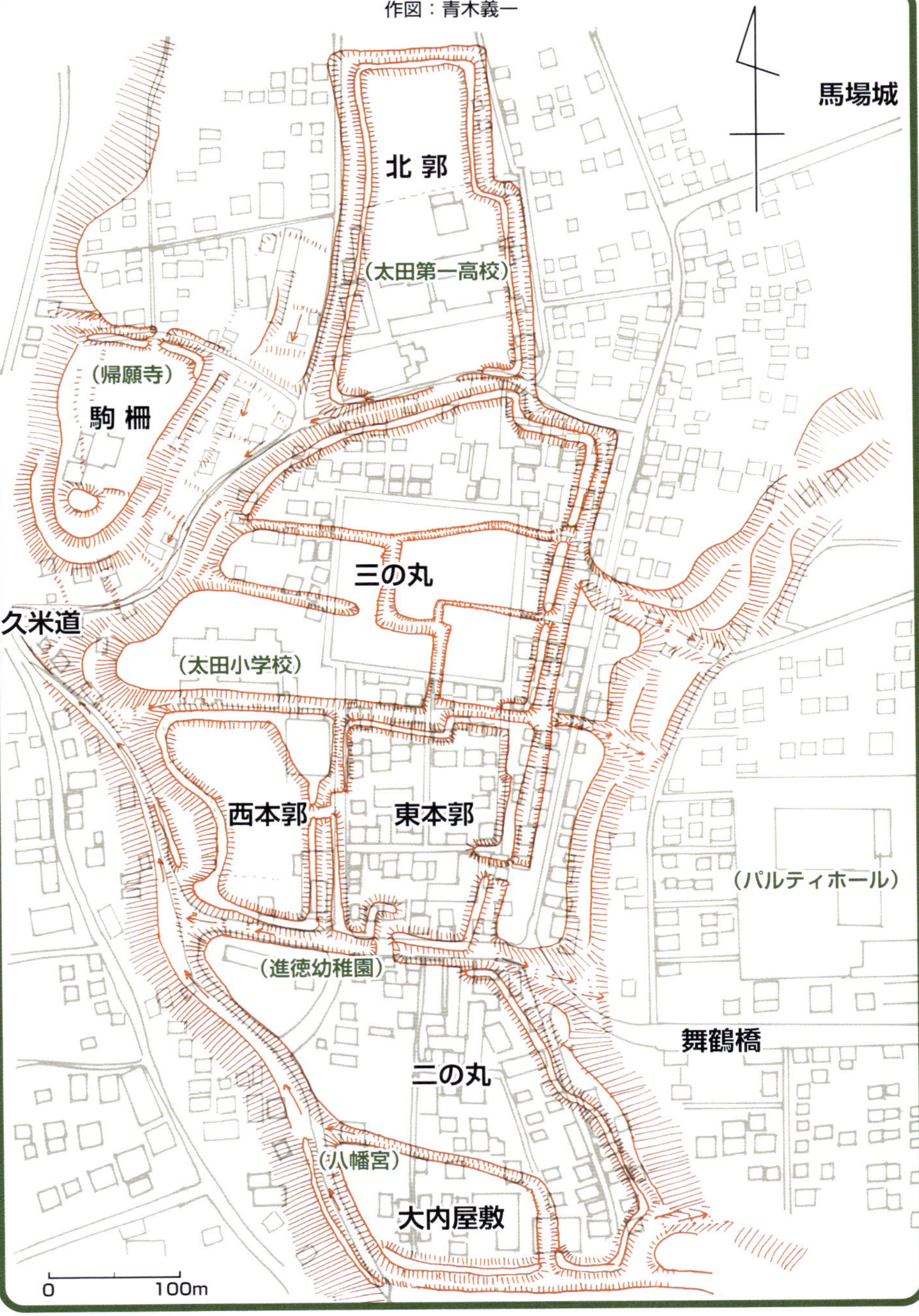

小田氏治との攻防――謙信・信玄・氏政の合従連衡に揺れる国衆たち

佐竹氏と小田氏は十二世紀以来、常陸を北と南に分かち合うかたちで治めてきた。そして十四世紀の一時期を除いて、特に対立することはなかった。しかし十六世紀以降、すなわち佐竹義昭と小田氏治の代になると事態は変わっていく。

前述のように、永禄四年（一五六一）の小田原参陣を最後に、佐竹氏と小田氏は袂を分かった。永禄五年六月、氏治は北条氏康の勧誘により上杉方から離反し、北条方に寝返った。同月、氏治は自領が隣接する府中方面に進出し、三村原（茨城県石岡市）にて大掾貞国を破った。この貞国の敗北を契機に、義昭が弟の昌幹（のちの山能小野崎義昌〈義政〉）を貞国の後継者として府中に送り込んでいるが、それはまさに、佐竹氏による対小田氏を意識した南常陸侵攻の布石だったのである。

いっぽう、上杉謙信にとって氏治の離反は、かつて窮地を救った恩義に対する裏切り行為であった。そのため永禄七年正月早々、小田城攻略をはじめたのである。これには佐竹義昭も謙信方として参戦した。義昭は関宿《せきやど》城（千葉県野田市）の簗田《やなだ》晴助《はるすけ》にも小田参陣を求めているように、簗田氏による関宿経営がある程度落ち着いていたことがうかがえる。

この合戦で氏治は小田城を落とされて追われることになるが、ほどなくして奪還に成功する。表面的には弱小とみられた氏治も、小田領の農民の粘り強い支援もあって、それが佐竹氏を追い落とす潜在能力になっていたのである。もちろん、義重も対小田氏戦を諦めたわけではなく、永禄九年六月には小田城の北方に位置する片野《かたの》城（茨城県石岡市）に太田《おおた》資正《すけまさ》、柿岡《かきおか》城（同市柿岡）には資正の子である梶原政景《かじわらまさかげ》を配し、小田城攻略の前線基地とした。

周知のとおり、太田資正・政景父子は北条氏康の謀略によって生じた資正・氏資《うじすけ》（政景の兄）

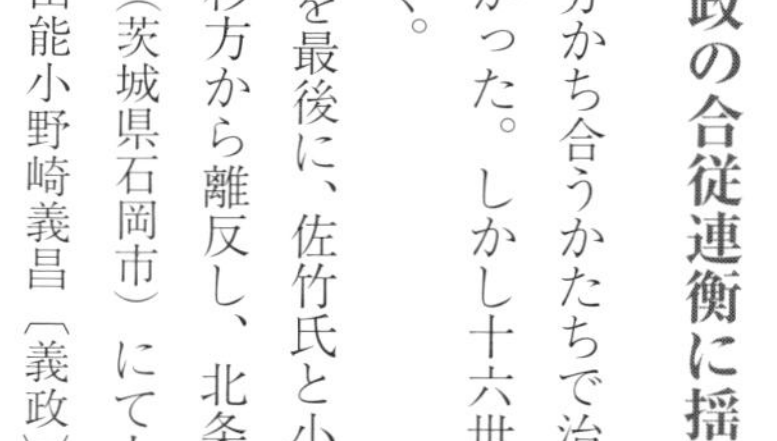

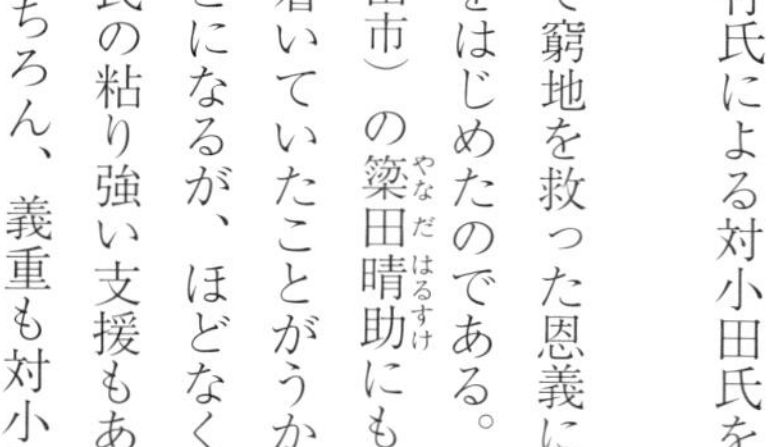

右：柿岡城跡の土塁◆わずかに土塁や空堀の遺構が遺る　左：柿岡城跡の概念図◆太田資正の子、梶原政景の居城　ともに茨城県石岡市

父子対立の結果、岩付城《いわつき》（さいたま市岩槻区）を逐われ、佐竹氏を頼って常陸に来たのである。他に行き場のない外様の客将としては義重の指示に従うしかない。片野・柿岡両城への入部は、太田父子にとって受忍しなければならない過酷な措置であった。

そのなかで永禄十二年（一五六九）六月、謙信と北条氏政《うじまさ》の間に越相同盟《えっそうどうめい》が締結された。この時期、氏政は駿河に侵入した武田信玄に対して、武田・北条両氏間で締結していた甲相《こうそう》同盟の破棄を宣言した（駿河を治めた今川氏真の正室早川殿《はやかわどの》は氏政の姉）。いっぽうの謙信は、山内上杉氏の守護国である上野が信濃方面より侵攻した信玄に脅かされていた点を重く見た。

こうして信玄を共通の敵にした謙信・氏政は和睦のうえ、同盟を結んだのである。これにより、氏政の弟である三郎（のちの上杉景虎）を謙信の養子とする、謙信は関東管領の立場から正式に足利義氏を古河公方として擁立するなど、従来の対立構造が白紙となった。

これに対して、謙信の越山を期待していた関東の諸将・国衆は失望した。もっとも、彼らは謙信が永禄九年（一五六六）三月の臼井城《うすい》（千葉県佐倉市）攻略に失敗したころから謙信への不信感を募らせていた。それが越相同盟の締結により、不信感は失望へと変わっていったのである。いっぽうで、義重などはこの同盟を契機にいつまでも謙信頼みにしない、関東の諸将・国衆が団結して北条氏に対抗していかねばならない、という決意を固めることになった。そのなかで開始されたのが、小田城攻略の最終決戦であった。

永禄十二年十月、佐竹義重は小田城の西方に位置する海老島城《えびがしま》（茨城県筑西市）を攻略して、同城を守る平塚《ひらつか》刑部大輔を陥れた。その勢いのまま小田城方面に進軍した。氏治は同城を脱出後、片野・柿岡両城を拠点とする太田父子の攻略を目指し、筑波山《つくばさん》東麓の手這坂《てばいざか》に布陣した。太田父子は小田城攻略に兵を割いていた事情から、両城にはわずかの手勢しか残されて

右：片野城跡◆太田資正の居城。土塁や空堀などの遺構が遺る
左：太田資正の墓◆資正は太田道灌の曽孫。片野城において七十歳で死去した　ともに茨城県石岡市

海老島城跡の空堀◆茨城県筑西市

海老島城の堀と土塁◆茨城県筑西市

小田城跡◆発掘・整備された城内の庭園跡
写真提供：つくば市教育委員会

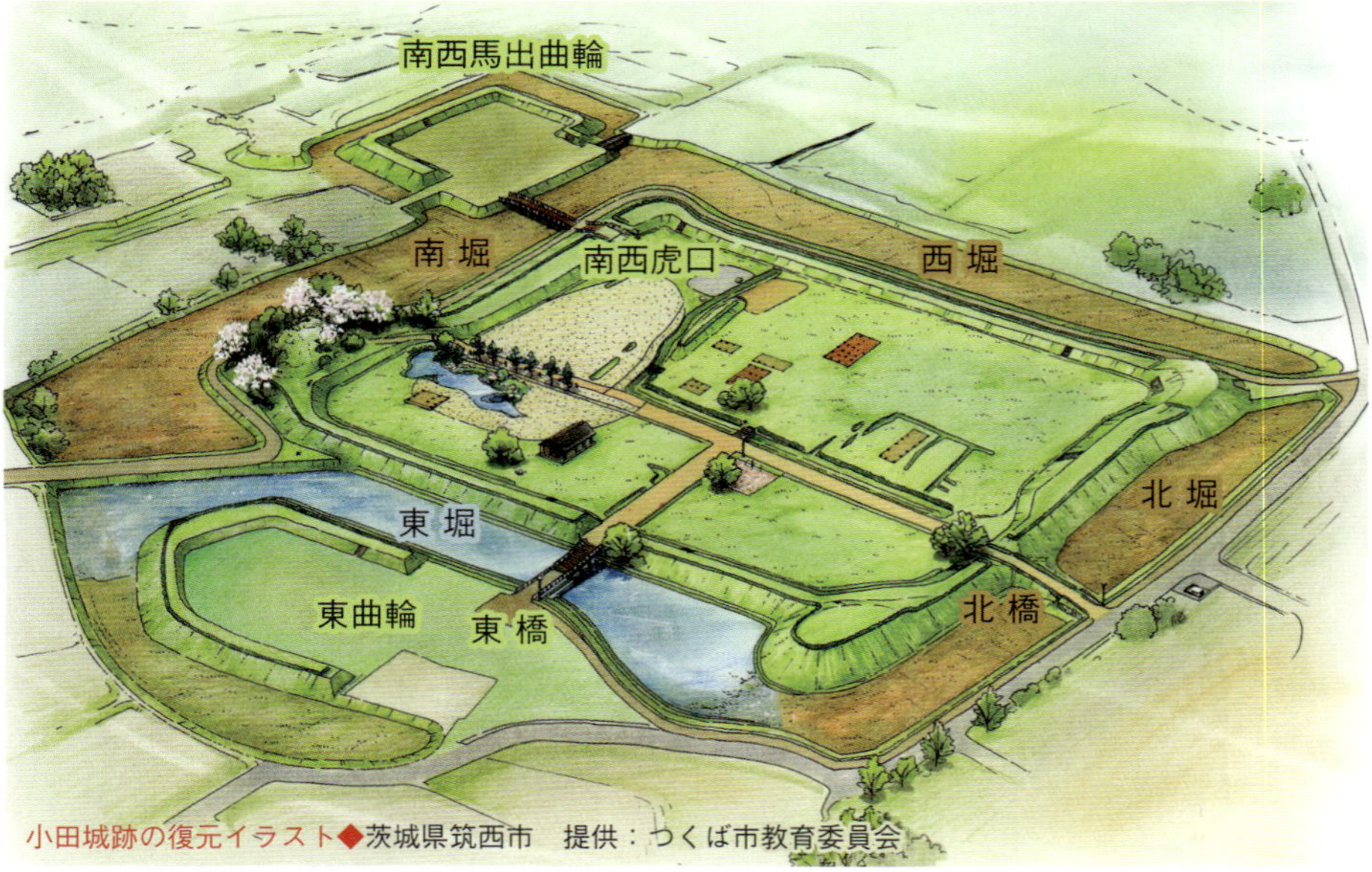

小田城跡の復元イラスト◆茨城県筑西市　提供：つくば市教育委員会

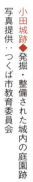

いないという危機的状態にあった。そのとき、太田父子の援軍となったのが真壁氏幹《うじもと》であった。思わぬ真壁軍の参戦と太田父子が繰り出した鉄砲隊の活動により、氏治は土浦方面へと敗走した。小田城は太田父子に攻略され、この合戦を契機に氏治は小田城に戻ることはなく、以後は土浦城・藤沢城（茨城県土浦市）を拠点とするしかなかった。

その後も義重は、江戸崎城（茨城県稲敷市）の土岐《とき》治英《はるふさ》など南常陸の国衆が北条氏方となっていった事情に鑑み、北条氏方への復帰が考えられる小田氏治への警戒を解かなかった。氏治は小田城の奪還こそ叶わなかったものの、元亀・天正年間にわたって土浦城・木田余《きだまり》城（土浦市）などの関連諸城の喪失と奪還を繰り返すなど、佐竹氏と小田氏の抗争は天正十八年（一五九〇）の豊臣《とよとみ》秀吉《ひでよし》の小田原征討の時期まで続いている。

北条氏政画像◆神奈川県箱根町・早雲寺蔵

氏治は北条氏方として小田原征討への不参加はもちろん、佐竹氏に臣従することもなかったため、秀吉から大名として存続することは認められなかった。ただし、徳川《とくがわ》家康《いえやす》から家康の次男である結城《ゆうき》秀康《ひでやす》に仕えることを認められ、家名を保つことはできた。佐竹氏にとって小田氏は、結果的には北条氏よりも伊達氏よりも手強い相手であり、その粘り強さには常陸統一間際まで悩まされたのである。

土浦城◆現存する太鼓櫓門　茨城県土浦市

江戸崎城の土塁と虎口◆茨城県稲敷市

反北条の盟主・義重――意のままにならない古河公方と関宿簗田氏

関東平野のほぼ中心に位置するのが、下総の関宿である。長禄元年（一四五七）十月、鎌倉を逐われた鎌倉公方足利成氏が古河城に入ると（古河公方体制）、家臣の簗田成助《しげすけ》を近隣の関宿城に配した。

十六世紀、版図拡大を目論む小田原の北条氏康は、天文二十一年（一五五二）十一月七日、自身に反逆した足利晴氏を古河城に押しかけ、家督を子の梅千代王丸《うめちよおうまる》（のちの義氏）に譲るよう迫り、十二月十二日、晴氏は氏康の強権に抗しきれずそれに従った。さらに同二十三年十月四日、氏康は晴氏の身柄を拘束して相模秦野《はだの》（神奈川県秦野市）に幽閉した。ここに古河公方権力を掌中に収めたかに見えた北条氏であったが、氏康が留意したのが関宿城の簗田晴助であった。

北条氏の威勢があれば、容易に簗田晴助を屈服させられたはずであった。結果として、晴助は氏康からの関宿城開城の要請を受け入れ、足利義氏と交換のかたちで古河城に拠点を変えた。氏康としては、関東内陸水運の要衝である関宿を押さえている簗田氏を屈服させたが、その潜在能力は捨てがたかった。それは、関宿という地勢的特徴も大きく作用している。

簗田氏が拠点とした十五～六世紀の関宿城は、東側を香取海《かとりのうみ》に至る常陸川が流れ、その上流部には簗田氏第二の拠点ともいうべき水海城《みずうみ》（茨城県古河市）が位置する。いっぽう、北西から南東にかけては逆川《さかさがわ》・渡良瀬川《わたらせがわ》と、その支流である権現堂川《ごんげんどうがわ》、さらには江戸湾に注ぐ現在の江戸川に相当する太日川《ふとひがわ》などが複雑な流路・河道を形作っていた。

これらの河川は上野・下野に源流をもち、さらに流路の一端は常陸にも及ぶように、南関東からみれば北関東のいずれの地域にも進攻できる最高の立地であった。簗田氏は配下の会《あい》

右：水海城跡◆茨城県古河市
左：簗田一族の墓◆墓塔が九基残る　茨城県古河市・安禅寺

田《だ》氏・石山《いしやま》氏・山中《やまなか》氏などの被官を駆使して、これらの水利を基本とした経済活動を展開しており、北条氏康からすれば威勢で簗田氏を圧迫するのではなく、簗田氏の特性を手中に収めて関宿地域を支配する方策をとったのである。晴氏もこれを承認した。

そうした氏康の思惑が破綻し始めたのが、永禄三年（一五六〇）九月からの上杉謙信による越山、すなわち北条氏打倒を目指した関東出兵である。謙信は厩橋《まやばし》城（前橋市）で越年すると、関東の反北条氏勢力の糾合を始めた。そして永禄四年閏三月、簗田晴助は「古河公方晴氏の後任は、義氏ではなく藤氏《ふじうじ》である」とする起請文を謙信に提出して、氏康から離反した。藤氏は謙信が推す古河公方の後任だが、そもそも藤氏が晴氏と晴助の姉（妹）との間に生まれた男子である以上（つまり晴助の甥）、晴助が推すのは自然な成り行きでもあった。

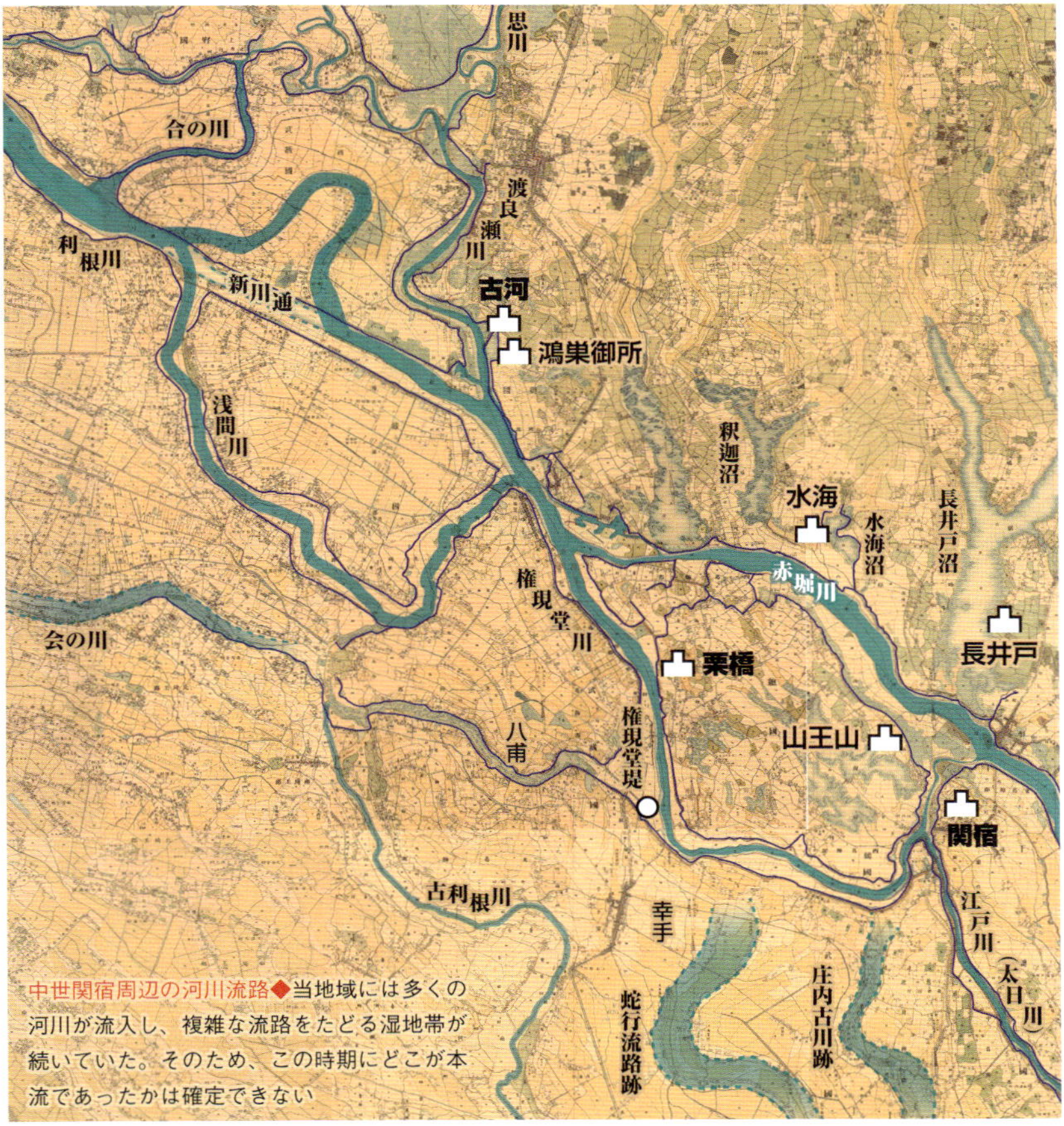

中世関宿周辺の河川流路◆当地域には多くの河川が流入し、複雑な流路をたどる湿地帯が続いていた。そのため、この時期にどこが本流であったかは確定できない

関宿合戦と佐竹氏——越相同盟で謙信と義重の埋められない亀裂

このころから晴助は、明確に北条氏と対抗する姿勢を取り始める。永禄五年（一五六二）には古河城が氏康に攻められ、藤氏が捕縛された。晴助にとっては擁立すべき甥を失う事態となった。さらに晴助にとって、盟主とみなしていた南常陸の小田氏治が氏康の誘いに乗り、謙信方を離反している。これらは謙信が越後に帰還すれば北条氏に付く、という関東の国衆の実態であるが、その最中である永禄五年は、佐竹義重がその父である義昭から家督を継いだ時期であった。

これにより、謙信方と氏康方を揺れ動いていた関東国衆が佐竹氏を盟主として、必ずしも謙信を当てにせず、北条氏に立ち向かう態勢が整っていくのであった。もちろん、不徹底さは拭えないものの、晴助もその情勢を感じ取って氏康に抗する姿勢をみせた。これにより、簗田晴助は北条氏康にとって明確な敵となったのである。

永禄八年三月を迎えると、氏康は岩付城主で武蔵における反北条氏の盟主であった太田資正の子・氏資を懐柔し、自陣営に誘致した。氏資は先兵として関宿城攻略に向かったのであった。しかし、北条氏康は謙信の越山と、謙信の要請による佐竹義重の簗田氏支援の出兵の報により、とりあえず関宿攻城から手を引くことになった（第一次関宿合戦）。

だが、これで北条氏が関宿攻略を諦めたわけではなかった。永禄九年八月、謙信・晴助などが擁立を図った足利藤氏が暗殺された。そして、北条氏は藤氏の異母弟である足利義氏を、正式に古河公方に就任させる好機を得た。これに難色を示す晴助を討伐するという大義名分を得た北条氏は、氏康の三男氏照《うじてる》の指揮のもと、まず

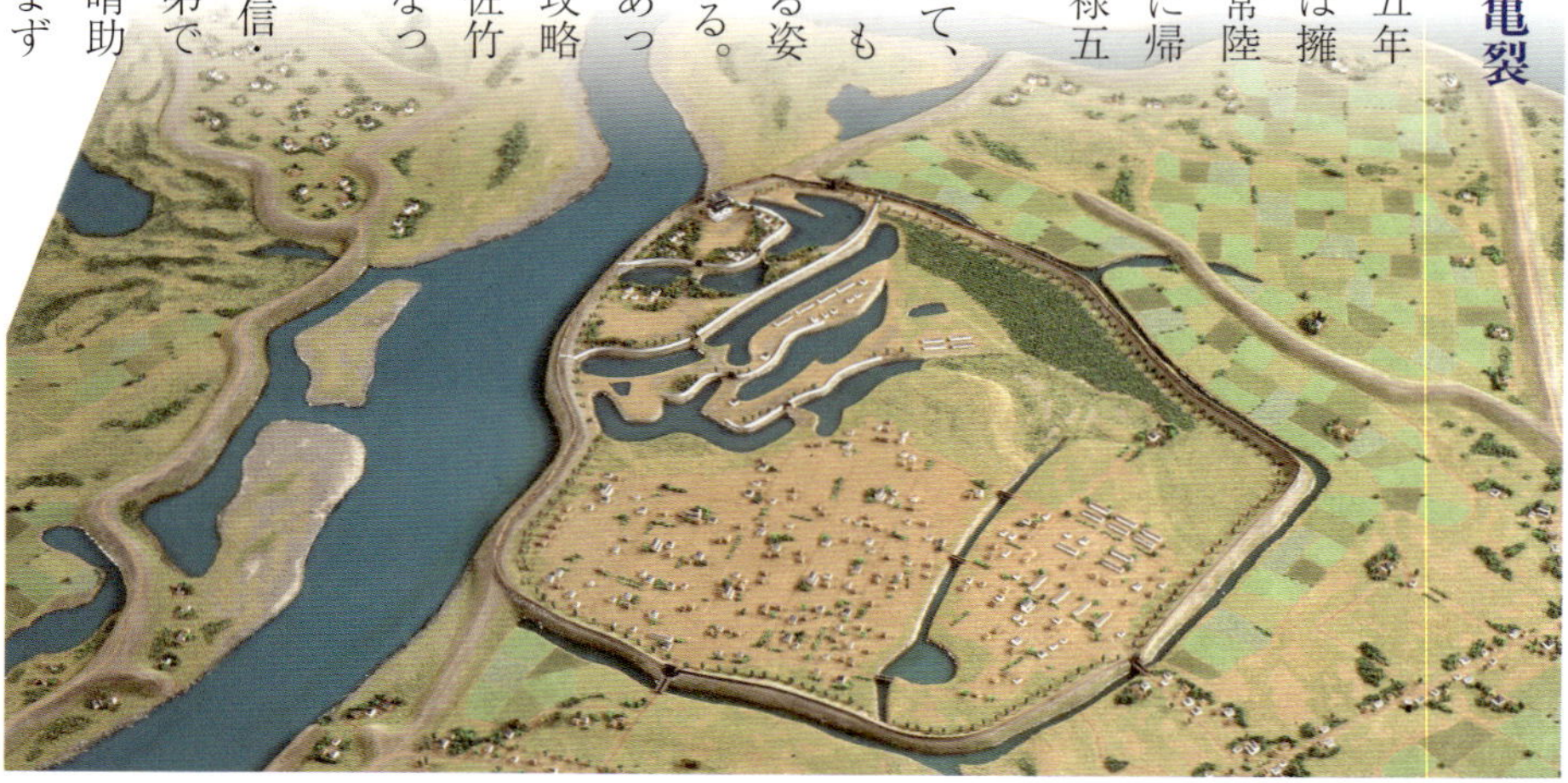

簗田方の野田景範《のだかげのり》が守る栗橋城《くりはし》（茨城県五霞町）を奪取し、ここを関宿城攻略の拠点とした。さらに山王山《さんのうやま》砦・不動山《ふどうやま》砦を築城して攻城作戦を強化している。

永禄十一年十二月、晴助は上杉謙信・佐竹義重などに援軍を要請した。しかしこの時期、謙信は西上野における武田信玄の侵攻を黙視できなくなっていた。また、北条氏も親睦がある今川氏真が治める駿河において、やはり信玄が侵攻している事態を深刻に捉えていた。信玄を共通の敵とすることで、翌十二年六月に謙信と北条氏は越相同盟を締結したのである。すなわち、晴助の越山要請など謙信は聞く耳をもたなかったのである。

この同盟により、謙信も晴助も義氏を正式に古河公方として擁立せざるをえなかった。反

権現堂川と栗橋城跡◆水上交通の要であった権現堂川に面して築かれた平城（写真中央の右手に見える森部分が城跡）　茨城県五霞町

栗橋城跡の空堀◆天正 18 年（1590）に徳川家康の家臣・小笠原秀政が入城するが、秀政が古河城に移ると廃城になった。現在も、法宣寺境内の裏手にＬ字形の空堀が明瞭に遺る　茨城県五霞町

右頁：近世の関宿付近想定模型◆利根川・江戸川の二つの大河に囲まれた沼沢地の様子が見て取れる　千葉県立関宿城博物館蔵

右：関宿城博物館の模擬天守　左：関宿城の曲輪跡◆ともに千葉県野田市

面、同盟が締結された以上、氏照は関宿攻撃を断念する事態となり、北条氏・簗田氏ともに痛み分けの結末となった（第二次関宿合戦）。このころ、梁田氏は晴助から子の持助《もちすけ》に家督が継がれたが、義氏を古河公方として追認することへの反発心は衰えなかった。

元亀二年（一五七一）十月、北条氏康が死去したことで、同時に越相同盟も解消された。これにより、謙信は再び北条氏との対決姿勢をとった。簗田持助は、安房の里見《さとみ》義堯《よしたか》・義弘《よしひろ》のもとに身を寄せていた足利藤政《ふじまさ》（藤氏の弟、生母は簗田高助《たかすけ》の娘）の公方擁立を秘密裏に企図していたのである。しかし、これは元亀三年十二月に露見した。当然、関宿を併呑したい北条氏としては、持助のこの企図を野望として捉えた。年号が元亀四年から天正に改元されたころの七月、栗橋城の北条氏照が関宿城への攻撃を開始した。

天正元年十二月、簗田父子は白河結城氏方の拠る南奥の寺山館を攻略中の佐竹義重に対して、関宿城の救援を願い出ている。翌天正二年十一月には、氏政も関宿攻城に参戦した。同月、沼尻《ぬまじり》（栃木県栃木市）にあった謙信からも義重に対して関宿城救援の要請があった。宇都宮経由で関宿に向かった義重だったが、近年の越相同盟の締結による謙信の裏切り行為を容易には許せなかった。そこで謙信は義重方の梶原政景と河井備前守《かわいびぜんのかみ》を自陣に呼び、彼らの面前で誓詞血判状《せいしけっぱんじょう》を認《したた》めるほどの念を入れ、要請の貫徹を図ったのである。

それでも、謙信と義重の間にできた亀裂は埋めがたく、結果として関宿城救援も挫折した。そして謙信・義重とも簗田父子に北条氏との和睦を勧めるだけで、両者とも越後・常陸太田へと帰還してしまったのである（第三次関宿合戦）。

天正二年閏十一月十九日、簗田父子は和睦のうえ関宿城を北条氏に明け渡し、水海城へと引き下がった。以後、簗田氏は北条氏方となり、佐竹氏・宇都宮氏に立ち向かっていくことになる。

逆井城の外観二層櫓と空堀◆復元された櫓は戦国期の面影を味わえる空間として必見　茨城県坂東市

佐竹氏代々の居城・常陸太田城②

上・下：常陸太田城跡の発掘調査で出土した大空堀◆写真提供：常陸太田市教育委員会

舞鶴（常陸太田）城址碑◆常陸太田城は、別名「舞鶴城」とも呼ばれる　茨城県常陸太田市

常陸太田城跡の調査区全体◆写真提供：常陸太田市教育委員会

白河結城氏との和睦――義重による岩城氏への介入と北上する北条軍

ここでは、天正初年ころの南奥の状況をみておきたい。元亀二年（一五七一）、このころ岩城氏では当主親隆が人事不省の事態となり、政務は夫人（佐竹義昭の娘）が代行するようになった。そのため、佐竹義重による岩城氏への介入が顕著になった。

南奥における立場を強化した義重は、さらなる北上を図った。いっぽうの白河結城義親《よしちか》は同年八月、同じく南奥の蘆名盛氏・田村清顕、さらには下野の那須資胤《すけたね》の支援を得て、佐竹氏の手に落ちていた寺山館、羽黒山城の奪還を目指した。しかし、この協力関係は翌年には破綻してしまった。

天正二年（一五七四）正月、苦戦しながらも義重は赤館を奪取した。これで、奥州南郷が佐竹氏によって完全に制圧されたことになる。さらに白河城（小峰城。福島県白河市）にも佐竹氏の勢力が迫るようになり、同三年二月下旬には白河領の大半を佐竹氏が収めるようになった。

ところが天正五年閏七月、義重は蘆名盛氏・盛隆《もりたか》父子、田村清顕の支援を得た白河結城義親に大敗して白河領を手放すかたちとなった。このように、南郷は佐竹氏と白河結城氏の一進一退の攻防戦が展開していたのである。こうして同年十一月、義親の一族である結城晴朝《はるとも》の斡旋もあり、義重と義親は和睦した。そして翌天正六年八

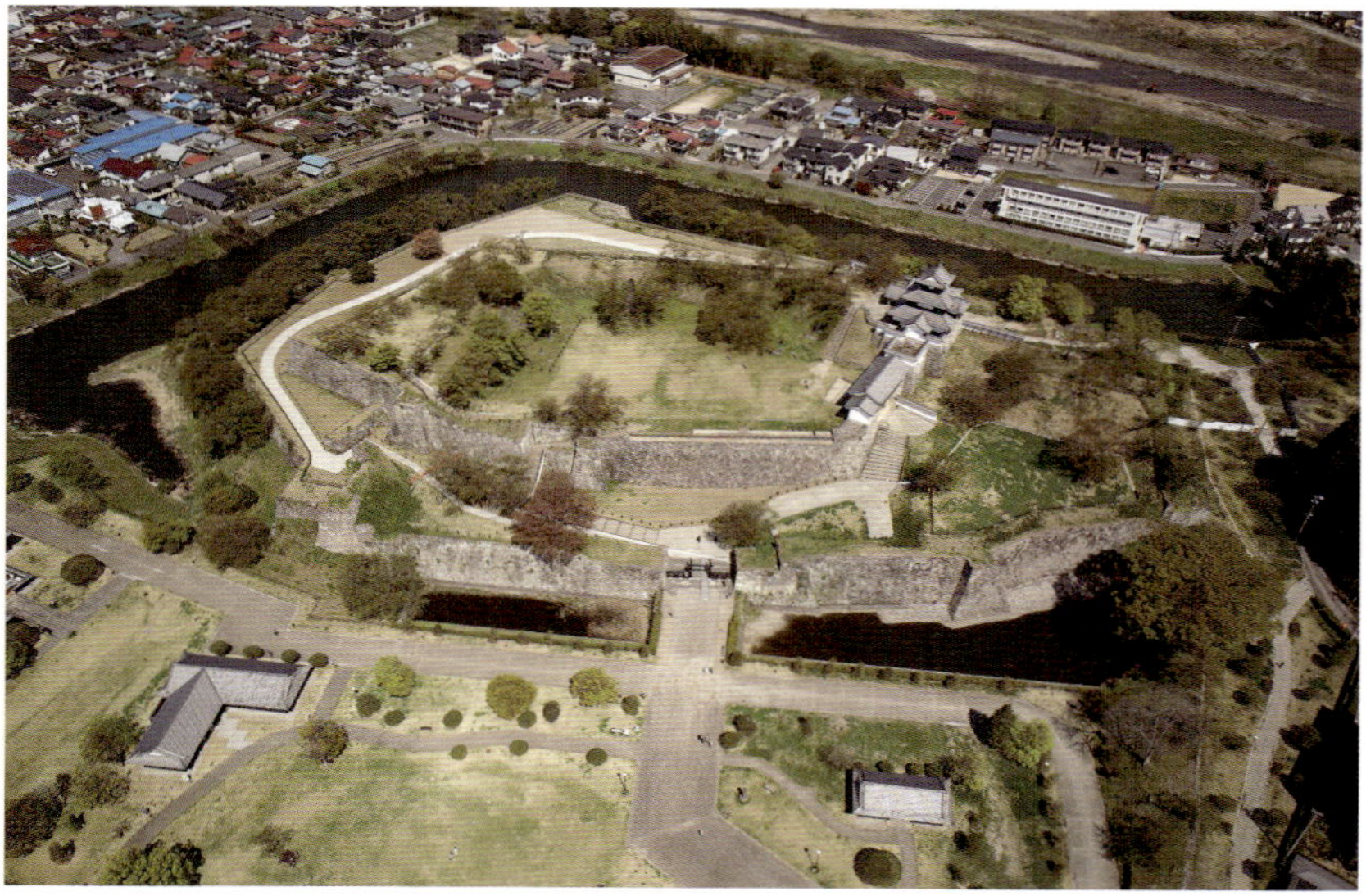

小峰城跡◆写真提供：白河市文化財課

月、義重と義親は和睦内容を実践するために起請文を取り交わした。これにより、佐竹氏は赤館を白河結城氏に返還すること、義重の次男喝食丸を白河結城氏の養嗣子にすることとなった。

翌天正七年二月、喝食丸は白河城に入った。喝食丸が白河結城氏の継嗣である以上、義親への赤館返還などはありえず、佐竹三家の佐竹東義久《よしひさ》による実効支配が続いた。和睦といいながら、内実は圧倒的に佐竹氏に有利だったのである。

それでも、義重の白河結城氏攻略が長引き、また、打倒ではなく和睦をもって事態を収めようとした背景には、北条氏の北上が脅威として迫っており、速やかな事態の収拾に迫られたからである。北条氏への認識は、義昭段階と義重段階では大差があった。

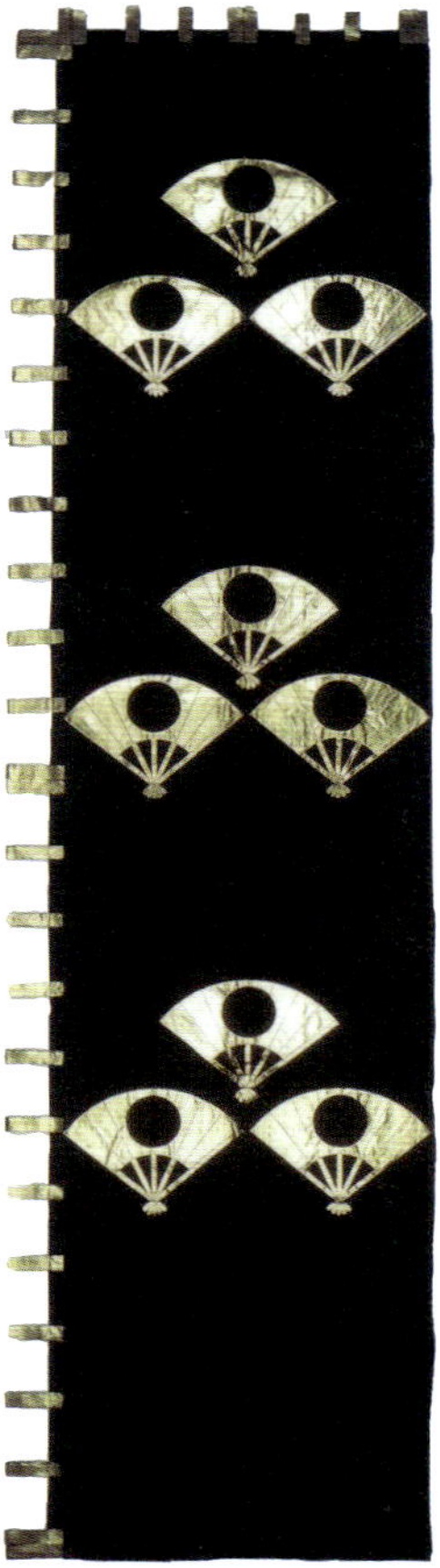

旗旗　五本骨扇九枚付◆秋田市立佐竹史料館蔵

黒塗紺糸威具足　天文五年（一五三六）◆兜は鉄黒漆塗六十二間筋兜、鉢裏に「吉久作、天文五年十月吉日」銘。鉢中央の祓立台には蛸虫をイメージした大きな熊毛製の前立、左右には鳥毛の脇立を付ける。胴は鉄黒漆塗紺糸素懸威五枚胴。佐竹義重の所用と伝えるが、鉢裏銘の天文五年が制作年代であれば義重の誕生年（一五四七）にはすでにあったことになる。その父・義昭の制作としても一五三一年（享禄四年）生まれの義昭は当時六歳で発注者にしては幼すぎる。そうなると義昭の父・義篤（天文五年は三十歳）が妥当だが、制作年代と所用者の比定はさらに検討が必要だ　秋田市立佐竹史料館蔵

義重の宇都宮出陣――北条氏政の祇園城奪取で幼い当主国綱を支援

天正二年（一五七四）閏十一月一九日、第三次関宿合戦の結果、北関東と南関東の結節点で水陸交通の要衝でもあった関宿は、北条氏の手に落ちた。簗田晴助・持助父子は関宿城から水海城に退去することで、かろうじてその命脈を保つことになった。北条氏は関宿近くを通る奥大道《おくだいどう》を活用して、北上のための経路を設定できたのである。

北条氏は休むことなく北進し、翌天正三年四月からは小山秀綱《ひでつな》の拠る祇園《ぎおん》城（小山城。栃木県小山市）への攻撃がはじまった。秀綱は榎《えの》本《もと》城（同栃木市）に拠る一族の榎本高綱《たかつな》と呼応しながら応戦したが叶わず、天正四年までには祇園城を開城せざるをえなかった。このとき、上杉謙信と佐竹義重は秀綱支援のための兵を出さず、天正五年二月、義重は謙信より依頼されて、没落した秀綱の身を預かるだけであった。

同年三月、祇園城には北条氏照が入り、大規模な改修を施している。北条氏はここを北進の拠点としたのである。義重はこれまで関宿・祇園両城の開城に関しては他人事のような認識であったが、祇園城の改修を機に、とりあえず義重は自陣に取り込んでいる北下野、北下総・西常陸の国衆たちの一時的ではない離反を想定した。

同年九月、義重は目下の同盟者でもある江戸重通《しげみち》を率いて宇都宮に参陣している。宇都宮氏では、前年の天正四年八月に当主の広綱が三十二歳で亡くなり、子の国綱《くにつな》（伊勢寿丸）も九歳と幼かった。そも

祇園（小山）城跡◆西には天然の堀ともいえる思川が流れる　写真提供：小山市

そも、広綱の正室で国綱の実母となる南呂院《なんりょいん》は義重の妹であることから、佐竹・宇都宮両氏は確固たる絆で結ばれていた。同月中に江戸重通は小山の合戦で配下の舘氏・萩谷氏などの戦功を賞しているように、義重の下野出陣は北条氏に対して一定の戦果をあげたとみられる。

天正五年（一五七七）二月、すでに関宿・小山を陥れていた北条氏は侵攻の矛先を下総結城領に向けるようになった。当主結城晴朝、佐竹義重および宇都宮広綱は、やむなく上杉謙信の出兵を要請したが叶わなかった。同年五月十五日、北条氏政は結城城の攻略を開始した。義重を盟主に広綱、さらに那須晴資・皆川広照《みながわひろてる》・佐野昌綱《さのまさつな》・芳賀高継《たかつぐ》など、主に下野の諸将が常陸小川台《おがわだい》（茨城県筑西市）に集結し、結城・山川《やまかわ》（同結城市）方面に陣取った後北条軍と鬼怒川《きぬがわ》両岸地域で攻防したのである。

佐野昌綱画像（複製）◆佐野氏は代々、古河公方に仕えた家である。佐野泰綱の子で父兄の死去により家督を継いだ。下野の唐沢山城主として小川台の戦いをはじめ、生涯で数々の戦闘に参加した。戦上手の武将として知られ、上杉謙信・北条氏からの攻撃をたびたび撃退している。また、居城を落とされたことがないという。戦いにおいても戦況を見極めながら降伏と離反を繰り返すことで、佐野家の存続を保った　佐野市郷土博物館蔵　写真提供：佐野市教育委員会

宇都宮城の再現 VR 映像◆大手門から本丸御殿を望む　画像提供：宇都宮市教育委員会

常陸小川台の合戦——北関東の国衆が謙信に頼らず北条氏に抗戦

天正六年（一五七八）四月、義重は真壁氏幹・結城晴朝などを率いて壬生城（栃木県壬生町）を攻撃した。これに対し、壬生義雄を支援する北条氏政は結城領・山川領に侵入し晴朝の背後を脅かした。佐竹氏と北条氏は同年六月までに合戦の舞台を鬼怒川河畔に移し、北条勢は五千騎が結城領但馬《たじま》・武《たけ》井《い》に、佐竹勢は七千騎が鬼怒川対岸の小河原に陣を張った。これが小川台の合戦である。

しかし、戦線は膠着したまま進展がなく、氏政の進撃は止められたままとなり、時間だけが浪費されるかたちとなった。義重も中断していた壬生城攻撃を再開するため布陣先を下野薬師寺《やくしじ》（栃木県下野市）付近に移すなど、両軍とも在陣の意義を見出せなくなったため、同年七月初旬には両陣営とも解かれた。義重にとっては、なんとも中途半端な在陣となったが、見方を変えれば北関東の諸将・国衆が謙信の越山に頼ることなく、北条氏に立ち向かったことになる。北条氏側も、こうした北関東の対抗勢力を「東方之衆《とうほうのしゅう》」と称して、警戒すべき存在として捉えるようになったのである。ともあれ、壬生義雄の反乱を抑えた佐竹氏にとって、緯度的に小山から厩橋に至る一帯で、結果的に北条氏の北進を食い止めていたわけであり、必然的にこの付近で両勢力の攻防戦が展開していくことになる。

天正八年（一五八〇）九月、佐竹義重は唐沢山《からさわやま》城（栃木県佐野市）主の佐野宗綱《むねつな》の要請を受け、ともに館林《たてばやし》（群馬県館林市）に侵入、館林城主の長尾顕《あき》

壬生城の復元模型◆写真提供：壬生町立歴史民俗資料館蔵

長《なが》を攻め立てた。顕長の実父である由良成繁《ゆらなりしげ》は、謙信の越山の際には謙信とともに戦うものの、時勢によれば北条氏方に付くなど、関東の国衆の典型的行動パターンをとった人物であり、顕長も同様の行動であった。宗綱からすれば、顕長は隣接する脅威であった。ともかく、佐竹氏が下野北東地域に展開することで、短期的ながら北条氏の北進への何らかの抑止力になっていたといえる。

もちろん、北条氏が押さえていた武蔵・上野も天正八年ころから甲斐の武田勝頼《かつより》の侵攻が顕著になり、北関東方面に出兵しにくい状態になっていたことにも留意すべきである。そのため、氏政が接近を図り、誼《よしみ》を通じようとしたのが中央で畿内統一を進めていた織田信長《おだのぶなが》であり、この氏政の行動が信長による甲州征討の遠因にもなった。

小川台の古戦場◆茨城県筑西市

馬場八幡宮天正八年棟札◆天正八年（一五八〇）は南奥で伊達・田村陣営と佐竹氏を中心とする蘆名・岩城・石川・白河などの陣営が形成され、しばらくはこの情勢下で戦局が展開していくころである。大檀那に「佐竹義重（花押）」とあり、かつ自筆の花押が施されているから、同年十一月一日の竣工式には義重自身が列席した可能性もある。「両大工」として「石橋左馬助」「吉原修理助」の名がみえる。この石橋・吉原の宮大工は、のちに慶長三年の水戸八幡宮本殿の造営にも関与するなど（親子関係か）、佐竹氏のお抱え宮大工ともみられる　常陸太田市・馬場八幡宮蔵

本能寺の変――武田旧領を巡り北条・徳川が対立、関東も無政府状態に

さて、天正十年（一五八二）の武田氏滅亡により、今度は織田信長の権威が関東に及ぶことになると、関東の情勢を一変させることになる。それが信長の重臣・滝川一益《たきがわかずます》の上野（および信濃の二郡）支配である。同年三月七日に織田軍は甲府を制圧し、武田勝頼は岩殿《いわどの》城（山梨県大月市）を目指すも、迷走のうえ天目山《てんもくざん》（同甲州市）に至った。そこに一益が攻め寄せ、同年三月十一日に勝頼を自害に追い込んだのであった。

そうした戦功もあり、一益は後世に「関東管領」とも異称される立場になった。そして、上野の箕輪《みのわ》城（群馬県高崎市）を経て、五月下旬には厩橋城に入っている。一益はここを拠点に、関東全域の秩序をまさしく管領するのであった。

そのなかで実現したのが、小山秀綱の祇園城帰還であった。もちろん、秀綱が北条氏に服属することが前提となった帰還である。佐竹氏と北条氏の抗争もひとまずは休戦というかたちとなったのであり、ここにようやく関東の「平和」が訪れるかにみえた。

ところが、瞬く間にこの「平和」は瓦解した。天正十年六月二日の本《ほん》能寺《のうじ》の変《へん》と信長の非業の死の報に接した北条氏政は、早々に一益に対して反旗を翻した。同年六月十九日、両軍は神流川《かんながわ》を挟んだ上野倉賀野《くらがの》（群馬県高崎市）、武蔵賀美《かみ》郡で合戦に及び、一益は氏政の子・氏直《うじなお》に敗れて上野を脱出している。こうして旧武田領を治めた織田政権が崩壊する

織田信長画像◆兵庫県立歴史博物館蔵

武田勝頼画像◆甲府市・法泉寺蔵

と、その領域は「無政府状態」となった。

そこで生じたのが、北条氏直と武田氏旧領を治めていた徳川家康との対立である。天正壬《じん》午《ご》の乱と呼ばれる。しかし、同年十一月までに甲斐若神子《わかみこ》（山梨県北杜市）での対陣を経た両氏は和睦した。この和睦のなかで家康は「上野は氏直の手柄次第」、すなわち氏直の武力侵攻を容認してしまったのである。

いっぽう、佐竹義重は上野が氏直の「手柄次第」となれば、反北条方となった上野の国衆も、それこそ完全に北条方として固定されてしまうことを恐れた。家康の後ろ盾もあるのか、義重・佐野宗綱の奮戦虚しく、上野の北条氏領国化は進んでいくのであった。実際、天正十一年十一月には北条氏直が厩橋城に入り、城の改修に取り組んでいた。ここを上野支配と周辺出兵への拠点としたのである。

そうなると、義重たちも家康同等の後ろ盾が必要となる。それが旧織田政権内で頭角を現してきた羽柴秀《はしばひで》吉《よし》である。これにて、北条氏対反北条氏という両勢力の直接対決は避けられない事態となった。

北条氏直画像◆神奈川県箱根町・早雲寺蔵

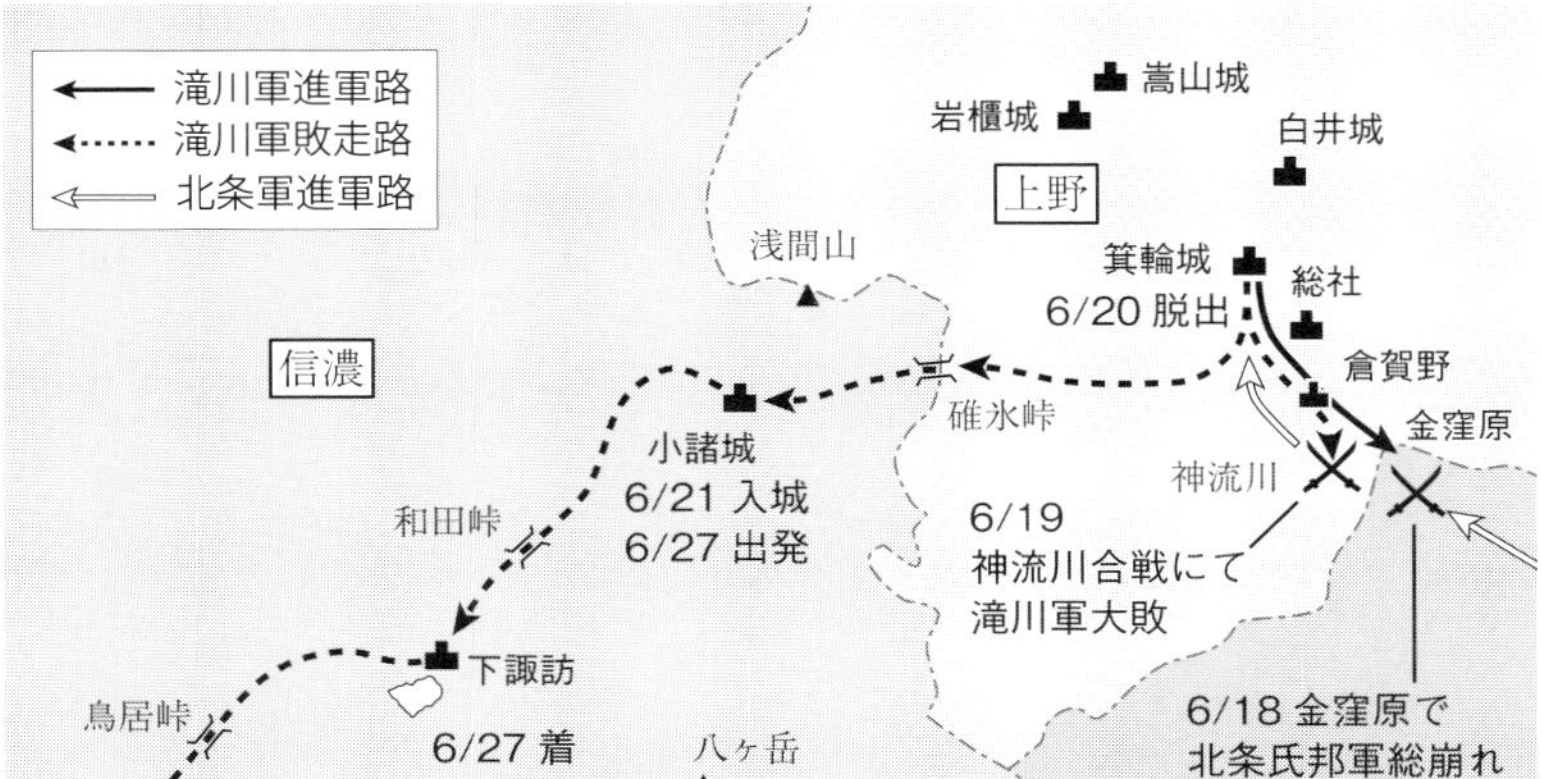

神流川合戦と瀧川一益の退路◆平山優著『天正壬午の乱 増補改訂版』（戎光祥出版）から転載

下野沼尻の合戦——佐竹軍は八千挺の鉄砲を用意するも決戦に及ばず

直接対決の発端は、天正十一年（一五八三）十一月から由良国繁《くにしげ》・館林長尾顕長による北条氏方の小泉《こいずみ》城（群馬県大泉町）攻撃である。宇都宮に在していた佐竹義重も、これに加勢した。対する北条氏政は、小泉城主の富岡秀高《とみおかひでたか》を救援するために出兵した。この合戦は予想外に長期化して、翌年の天正十二年になっても決着がつかず、戦線は下野の佐野・小山方面にも拡大していった。そして同年五月上旬、両勢力は厩橋と宇都宮の中間に位置する下野沼尻《ぬまじり》（栃木県栃木市）にて対陣する。ここは北に岩船山《いわふねやま》・三毳山《みかもやま》を望み、両軍勢の前には沼地が広がっていた。

ちょうどそのころ、東海地方では織田信長の後継者争いを名目とした羽柴秀吉と徳川家康の直接対決、すなわち小牧《こまき》・長久手《ながくて》の合戦が展開していた。

この対陣に際し、佐竹義重はかつて織田信長が長篠設楽原《ながしのしたらがはら》の合戦で用意した三千挺をはるかに超える八千挺もの鉄炮を用意したという。ところが、下野沼尻における両軍勢とも小競り合いを繰り返すだけであった。対陣の終盤で、北条氏方が三毳山を奪取したことが戦果らしい戦果とみられたが、戦局を変えるまでには至らなかった。また、小田城を預けていた義重の客将である梶原政景（太田資正の子）が北条氏方に寝返ったとの報もあった。

一見すると、不毛とも思われる対陣も七月後半に入ってようやく和与が成立し、一〇〇日を超える対陣が解かれたのであった。この間、小牧・長久手で戦う羽柴秀吉と徳川家康に対して、下野沼尻の両軍勢のそれぞれから沼尻での戦況が伝えられ、また、小牧・長久手の戦況を問い合わせる連絡もなされていた。極論すれば、小牧・長

沼尻古戦場◆栃木県栃木市

久手の戦場の東端が下野沼尻であり、反北条氏方は羽柴勢に、北条氏方は徳川勢に仮託できる。天正年間も後半となっていたこの時期、北関東の領主間の抗争も全国的な戦局のなかに位置づけられていたのである。

ところで、小牧・長久手の戦い自体は、同年四月九日の戦闘における秀吉方の大敗を機に家康方が優勢となる。しかし同年十一月十二日、家康に擁立された織田信雄《のぶかつ》が秀吉と単独で和睦してしまい、これまでの家康の戦功を台無しにしてしまった。戦闘は家康の勝利であったが、戦略は秀吉の勝利であった。以後、秀吉は天下人の道を歩む。そして、家康に与した北条氏政と子の氏直は秀吉から敵視される存在となった。

人色皮包仏胴黒糸威具足一領◆16世紀（戦国時代） 兜は鉄黒漆塗七十二間筋兜、鉢裏に「義通」銘。中央の祓立台には蛸虫をイメージした大きな獣毛製（熊毛か）の前立。錣は黒漆塗五段、五段目を曲げて小さな吹返とし梅鉢紋の透かしが入る。胴は三枚胴だが人肌色の洗韋で鉄板を包み、正面から継目がみえないため仏胴ともいう。蛸虫の前立は、蛸虫は前にしか進まないため武士の勇猛さ、葉（刃）を喰うことから縁起をかついでともいわれる。胴に3ヶ所の弾痕があり、甲冑師による強度証明の試射痕とも大坂夏の陣（1614）での被弾ともいう　秋田市立佐竹史料館蔵

馬防柵と火縄銃の実演◆写真提供：新城市設楽原歴史資料館

宇都宮氏の多気築城――義重が国綱と共に築いた「新うつの宮」

さて、下野沼尻の両軍勢が解陣したとはいえ、北条氏が北進を断念したわけでもない。小山・厩橋ライン以南の関東諸将の北条氏方は、固定化されてしまったのである。そこには、かつて義重が支援したはずの小山城の小山秀綱、水海城の簗田持助も含まれていた。

いっぽう、下野北部では、宇都宮国綱が佐竹義重の全面的支援を受けて安定しているかにみえたが、そのなかでの脅威が鹿沼《かぬま》・壬生・日光《にっこう》周辺を治めていた壬生義雄であった。そもそも壬生氏は宇都宮氏の配下であるため、義雄の自立志向が北条氏の北進策と結びついてしまったのである。天正十三年（一五八五）四月、義重と国綱は鹿沼城（栃木県鹿沼市）に義雄を攻めた。この攻城戦の勝敗は明確でないが、北条方を刺激してしまったのは確かである。

そこで、国綱は宇都宮城の北西八キロに位置する多気山《たげやま》に築かれていた多気城（多気山城、宇都宮市）に注目した。壬生氏側からは支配する鹿沼と日光の中間地点で、目障りな存在となった。その点も意識して、国綱はここの改修を決めたのであろう。それは天正十三年八月のことという。

多気山自体は標高三七七メートルの低山である。山頂はテーブルマウンテン状の比較的なだらかな山である。国綱は義重の支援も受け、この山容全体に大小の曲輪をめぐらした。全山の要塞化を図ったのである。さらに、現在の南麓地域には城下町風の小字（扇町・源石町・裏街）が残っていることから、都市宇都宮の機能がそっくり多気山を中心とした地域に移転したことがうかがえる。まさに「新うつの宮」である。

この都市機能移転は、宇都宮氏にとって不幸なことに効果が出てしまった。同年十二月、北条氏直は宇都宮に侵入し、街並みや寺社などを焼き払ったのである。国綱は多気城から軍

勢を繰り出し、それでも氏直勢を撃退できたが、義重も南奥方面の戦況が厳しくなってきたこともあって従来のような国綱支援もままならなくなっていた。

そうしたなか、宇都宮氏とともに積極的な反北条方であった佐野氏においても、家臣団のなかに北条方に与する者が現れた。佐野宗綱は天正十三年正月の館林長尾顕長（北条氏方になっていた）との合戦で討ち死にしており、佐野氏に北条氏忠《うじただ》（氏政・氏照の弟）が養子に入ったように、完全に北条氏方に固定されてしまっていたのである。

以後、反北条氏方は宇都宮など下野北東部を死守するのが精一杯となっていた。

多気城跡◆宇都宮市　写真提供：宇都宮市大谷石文化推進協議会

宇都宮氏系図

※番号は当主の代数

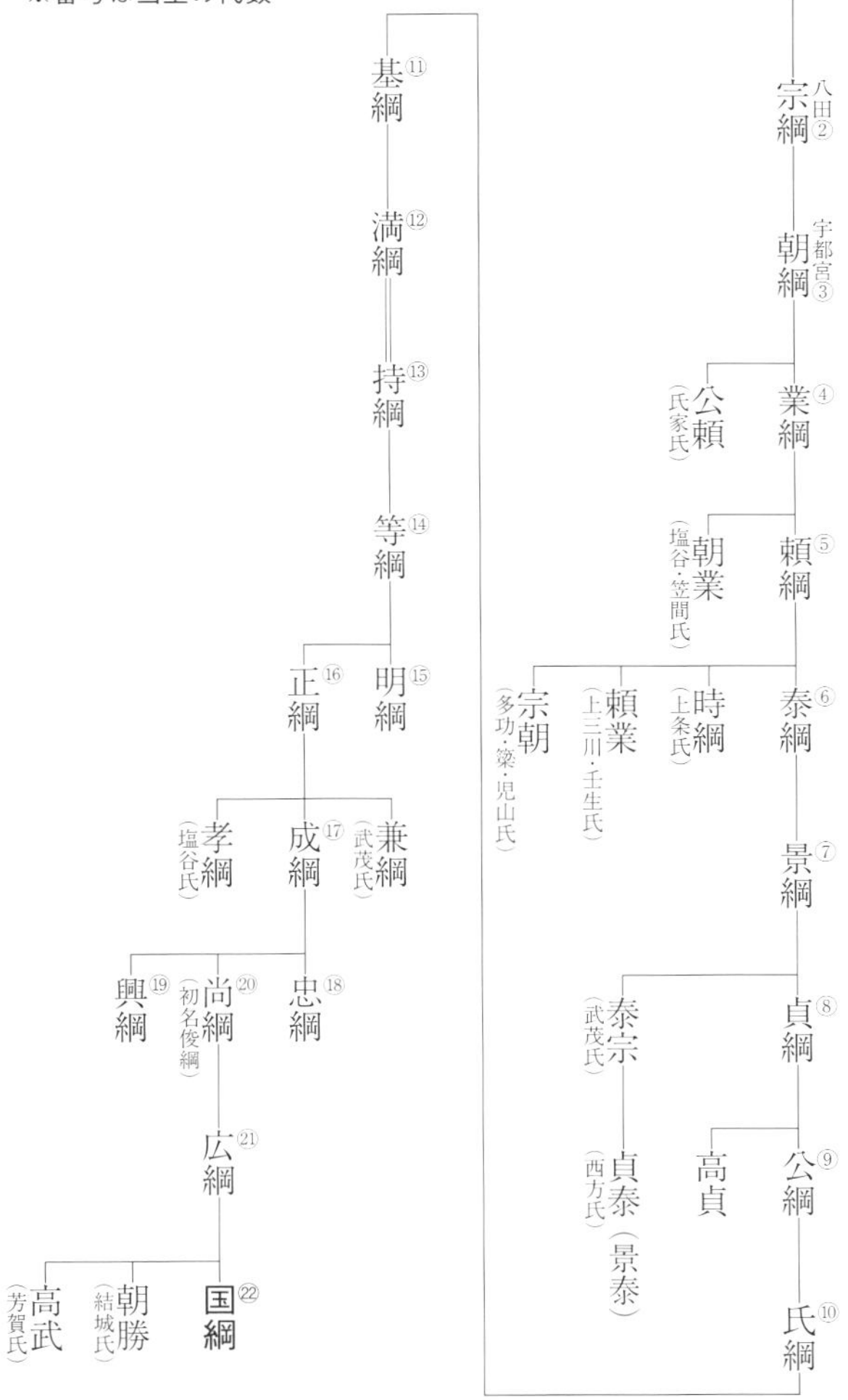

多気城跡の竪堀と土塁◆宇都宮市　写真提供：宇都宮市

北関東反北条連合の成立――人取橋と摺上原の合戦で蘆名氏が滅亡

いっぽう、白河結城氏に実子義広《よしひろ》を送り込んだ義重は、白河からさらに北上し、南奥安積《あさか》郡方面にも食指を伸ばしていた。このころ、南奥でも田村清顕のように北条氏政と結ぶ勢力がでてくる。義重は南奥での展開を円滑にするためにも白河結城氏だけでなく、岩城・石《いし》川《かわ》、さらには蘆名・二階堂の各氏をも集結させることとなった。こうして南奥にも「東方之衆」に匹敵する連合体（佐竹南奥連合）ができたのである。

その結果、田村清顕は対抗上、娘を出羽米沢の伊達輝宗《てるむね》の継嗣に嫁がせることとした。その継嗣が伊達政宗《まさむね》である。政宗は天正十二年（一五八四）に家督を継ぎ、翌天正十三年閏八月には、清顕から離反した配下の大内定綱《おおうちさだつな》を小手森《おでもり》城（福島県二本松市）に攻めると、定綱に同調した陸奥二本松《にほんまつ》の畠山《はたけやま》（二本松）義継《よしつぐ》も併せて攻めはじめた。同年十月八日、政宗は輝宗の斡旋もあり、宮森《みやもり》城（二本松市）にて義継との和睦を結ぶ手筈でいた。ところが、義継は輝宗を拉致して逃亡したため、追い詰めた阿武隈川《あぶくまがわ》河畔にて両者とも討ち果たしてしまった（粟ノ須《あわのす》合戦）。続いて政宗は畠山氏の拠点二本松城を攻めたが、一連の政宗による二本松氏攻撃は佐竹氏など「佐竹南奥連合」にとって脅威とみなされ、同年十一月十七日、両者は安達郡本宮《もとみや》の人取橋《ひとどりばし》（福島県本宮市）で激突した（人取橋合戦）。合戦は「佐竹南奥連合」に有利に展開したが、政宗を追い詰めることはできず、結果的に二本松城は政宗に開城させられ、城主二本松義綱《よしつな》は蘆名氏を頼って会津・黒川《くろかわ》城（福島県会津若松市）に逃亡した。

天正十五年二月、継嗣のいなくなった蘆名氏に白河結城義広が入ったが、蘆名氏内部では継嗣をめぐって対立が起きていた。義広を支持する重臣金上盛備《かながみもりはる》派と、伊達政宗の弟である小次郎《こじろう》を支持する猪苗代盛国《いなわしろもりくに》派が反目しあう事態となった。政宗は盛国を支援するかたちで

右：仙道人取橋古戦場◆福島県本宮市
左：摺上原合戦三忠碑◆福島県磐梯町

伊達政宗画像◆京都市東山区・東福寺霊源院蔵

天正十七年六月五日、伊達軍と蘆名軍は磐梯《ばんだい》山麓摺上《すりあげ》原《はら》（福島県磐梯町）で激突した。戦いは伊達軍の圧勝であり、同年六月十日には政宗によって黒川城は接収された。義広は実家の佐竹氏に戻り、ここに蘆名氏は滅亡した。

さらに政宗は、同年十月に二階堂氏の拠る須賀川《すかがわ》城（福島県須賀川市）にも迫った。同年十月二十六日、二階堂盛義《もりよし》寡婦の大乗院《だいじょういん》（阿南方）の奮戦むなしく落城した。

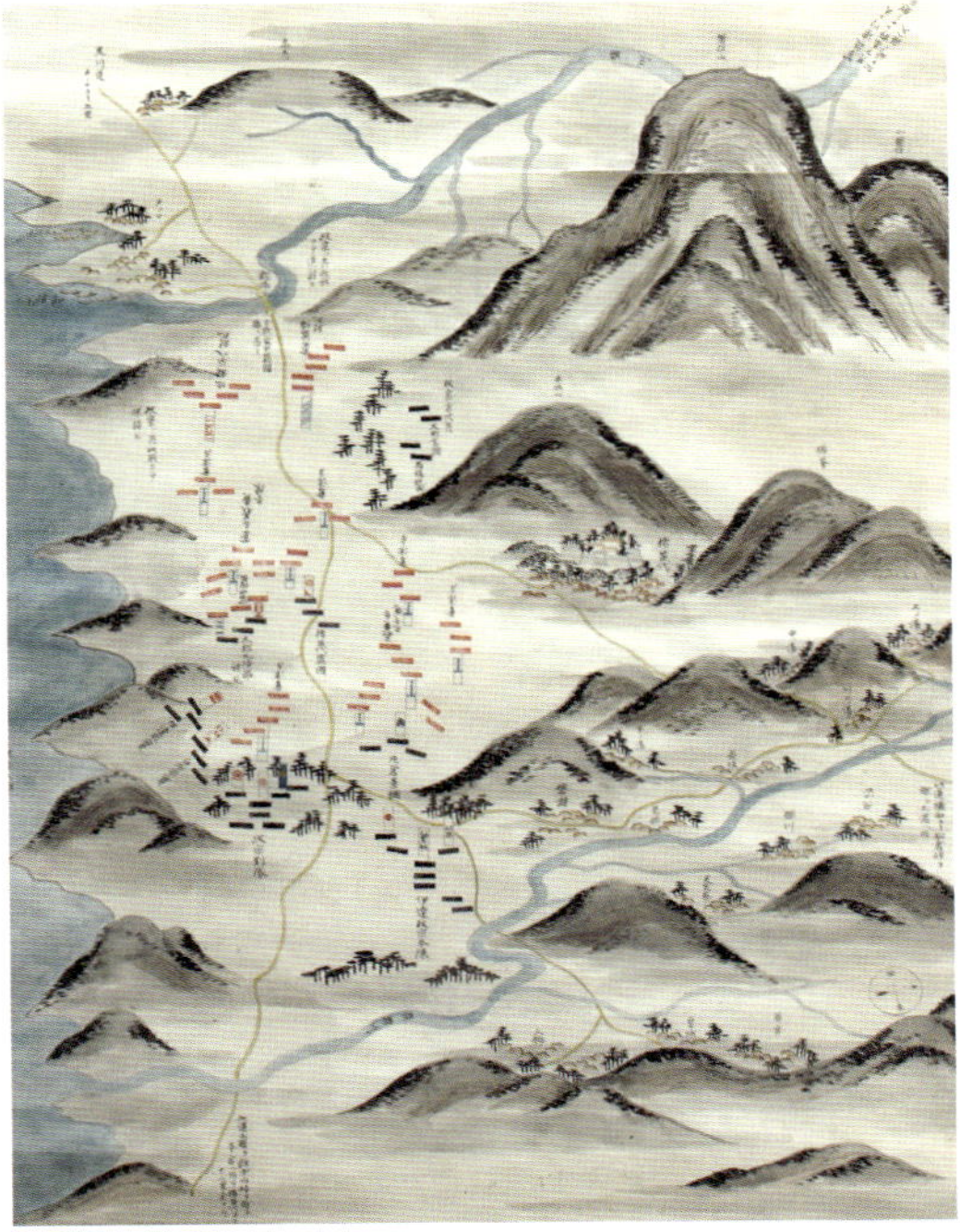

上：仙道人取橋合戦之図◆図は東西南北が逆のかたちで描かれる（実際は合戦場の右側に阿武隈川）。政宗の本陣は黄色の円、他の伊達軍を黒色で描く。佐竹義重の本陣、連合軍は朱色で、図右中央に「人取橋」、伊達軍の「(茂庭)左月殿十二騎討死」などの注記がある　仙台市博物館蔵

下：会津摺上原合戦之図◆左に猪苗代湖、右に磐梯山と山々、上に塩川(日橋川カ)、下に長瀬川を描く。赤で蘆名義広軍、黒で伊達政宗軍の陣を描く　仙台市博物館蔵

小田原へ参陣し豊臣政権の一翼に――伊達政宗と同じく秀吉に謁見

蘆名氏・二階堂氏の滅亡により、南奥では伊達政宗が事実上の覇者とみなされた。すでに天正十六年（一五八八）七月には白河結城義親が、同年十二月には岩城常隆が政宗方に与してしまった。佐竹義重は白河領など南奥のほとんどを失い、船尾昭《ふなおあき》直《なお》に任せた滑津《なめつ》城（福島県中島村）、赤坂朝光《あかさかともみつ》の拠る赤坂城（同鮫川村）、東義久《ひがしよしひさ》の拠る赤館（同棚倉町）など、南郷地域で伊達軍をかろうじて食い止めていた。いわば、佐竹氏による南奥経営は破綻寸前だったのである。

天正十七年十月二十二日、豊臣秀吉は北条氏の家臣が犯した真田昌幸《さなだまさゆき》方の名胡桃《なぐるみ》城（群馬県みなかみ町）攻撃を「関東奥羽惣無事令《そうぶじれい》」への抵触と判断した。そして同年十一月二十四日に北条氏に宣戦布告し、諸大名に対して小田原討伐の出陣を命令した。秀吉は佐竹氏にも同月二十八日付をもって、その旨を伝えている。

天正十八年四月中旬には、秀吉を主体とする大軍が小田原城を包囲したのである。関東の戦国時代の終焉がはじまった。義重は崩壊寸前の南奥経営を立て直すべく苦闘するなか、天正十七年十一月二十八日には、秀吉から小田原征伐への出陣命令を受けていた。すぐさま対応したかったが、緊迫した伊達氏対策から容易に参陣できなかった。佐竹氏の小田原参陣は決して迅速ではなかったのである。政宗も蘆名氏への攻撃と滅亡の弁明はしたものの、秀吉からの上洛命令は無視を続けていた。

ここで佐竹義宣が登場する。義宣は翌天正十八年五月に小田原に向かい、五月二十七日に秀吉に謁見できたが、時期的には秀吉の機嫌を損ねる一歩手前くらいであっただろう。義宣が義重から正式に家督を継いで間もないころのことで、義宣に

現在の大阪城◆大阪市中央区

とっては初の大役であった。

政宗も、さすがに秀吉が小田原に着陣すると、これ以上の無視は無理かつ危険と判断し、同年五月九日に黒川城を発って六月五日に小田原に到着した。秀吉の怒りを買いかけたが、ともかく討伐・改易《かいえき》だけは免れた。天正十八年五月二十五日、佐竹義宣と宇都宮国綱は、政宗に一歩先んじて小田原に到着、同月二十七日の秀吉への謁見に至る。

こうして義宣は豊臣政権に従属し、秀吉の命により北条氏方の忍《おし》城（埼玉県行田市）の攻略にも参加し、五月には土岐治綱《はるつな》の拠る江戸崎城、土岐胤倫の拠る龍ケ崎《りゅうがさき》城（茨城県龍ケ崎市）を落とした。美濃源氏の一派である両土岐氏はここに没落したのである。そして龍ケ崎も含む江戸崎領は、のちに義宣の実弟である蘆名盛重《もりしげ》（義広から改名）の入部するところとなる。

七月五日、小田原城に籠城していた北条氏政は秀吉に降伏（同月十一日に切腹）、氏直は高野山《こうやさん》に追放された。ここに、伊勢宗瑞の出現以来、五代にわたる北条氏の支配の歴史は終わったのである。

七月二十六日、秀吉は宇都宮城に入り、翌八月に至る延べ二十日ほどを宇都宮で過ごした。ここで北条氏討伐に戦功があった関東・奥羽の諸氏に対して、新たな領地を認める朱印状《しゅいんじょう》を発給している。世に言う「宇都宮仕置《しおき》」である。

黒糸素懸威烏帽子形兜　一頭◆十六世紀（安土桃山時代）。烏帽子に擬した変わり兜。この形は加藤清正所用の鉢頂部を長く直立に近いものと、本作の短くも「く」の字に曲げたものに大別される。鉢は鉄板の貼り合わせで、正面には眉形と角元を打ち出す。全体を黒漆で仕上げる伝統的な兜とは一線を画すもの。上方で義宣が入手したか、見聞した情報をもとに作成したとも考えられる　水戸市・水戸八幡宮蔵

右：聚楽第城下佐竹屋敷推定地◆京都市上京区
左：聚楽第跡◆京都市上京区

砂金と山金――金の運上ランキングは上杉、伊達に次いで佐竹義宣

産金の対象となる金は砂金と山金の二つに大別される。

砂金は、山間部を流れる河川の河床砂中に沈殿する極小粒子の金である。砂金の沈殿は、その上流に金鉱床がある証拠でもある。山金は、山中の鉱脈・鉱床に含まれる金である。

茨城県内では県北地域に金山が多く分布する。中世以降の開発の歴史をもつものが多いが、確かな山数はつかめない。文献に登場する金山のなかで、中世にまで開発がさかのぼるのは、「大くぼ」（日立市）、「せや」（常陸太田市）の二ケ所である。また、金沢《かねざわ》金山（日立市）も名称からして開発を中世にさかのぼらせてよいだろう。いっぽう、考古資料から開発が中世であるとみなせる金山もある。八溝山地《やみぞさんち》に位置する大子町下津原の金山である。八溝山地は、最高峰の八溝山（標高一〇二二メートル）を基点に福島・栃木・茨城にまたがり、最南部は筑波山に至るように山々が南北に長く連なる。八溝山地の地層は古生界《こせいかい》から中生界《ちゅうせいかい》に形成されたもので、そのなかに石英《せきえい》脈に含まれる金鉱床が分布する。その金鉱床から流れ出たものが砂金となる。八溝山北麓を水源とする久慈川、およびその支流の八溝川・押川《おしかわ》などから採取される。

八溝山地の産金の開発は古い。『続日本後記《しょくにほんこうき》』に承和《じょうわ》三年（八三六）、八溝山の金を献上したという記述があるように、古代から産金の場であった。こうした産金に直接的に関わってきたのが八溝修験《しゅげん》の山伏《やまぶし》とみられる。山伏によって実践された修験道の拠点が八溝嶺神社（大子町）、馬場都々古別《ばばつつこわけ》神社（福島県棚倉町）・八槻《やつき》都々古別神社（棚倉町）、近津《ちかつ》神社（大子町）の近津三社などである。

砂金◆日本銀行貨幣博物館蔵

八溝山遠望◆茨城県大子町

前述の久慈川は、南奥の白河郡・高野郡から依上保をとおって佐竹氏の本拠・太田を流れ、太平洋に注ぐ河川である。また、久慈川に沿って棚倉街道・南郷街道が縦走していた。義舜以降の佐竹氏は、これらの街道を使って北に向かったのであった。信仰の山、黄金の宿る山である八溝山の東麓は、水陸双方の交通路が整備されていた地域であった。八溝山地に限らないが、金山で採った山金を用いた産金は大きく三つの工程がある。

①金鉱山からの金鉱石の掘り出し（採鉱）
②金鉱石の選別（選金）
③純度の高い金の回収（精錬）

現地で確認できるのは①②の段階であり、③およびそれ以後の製品化は、他所での作業とみられる。その場所はおそらく太田・水戸であったことだろう。

そもそも、金の需要が飛躍的に高まったのは、佐竹氏が豊臣秀吉を天下人として仰いでからである。天正十九年（一五九一）正月二十八日、秀吉は佐竹氏の金山を取り上げて直轄領とし、佐竹氏に預けるかたちをとった。ここから運上として金を納めさせたのである。「慶長三年蔵納目録」によれば、金の運上ランキングでは上杉景勝・伊達政宗に次いで全国三位が佐竹義宣という。この数値を鵜呑みにできないまでも、佐竹領での産金量が全国的にも注目されていたのは確かであろう。

1	木葉下金山（水戸市）
2	有賀金山（水戸市）
3	金沢金山（日立市）
4	大久保金山（日立市）
5	助川金山（日立市）
6	瀬谷金山（常陸太田市）
7	町屋金山（常陸太田市）
8	堂の沢金山（大子町）
9	仏沢金山（大子町）
10	塩沢金山（大子町）
11	国地金山（大子町）
12	東山金山（大子町）
13	かぶれ石金山（大子町）
14	栃原金山（大子町）
15	久隆金山（常陸大宮市）
16	熊久保金山（常陸大宮市）
17	部垂（常陸大宮市）

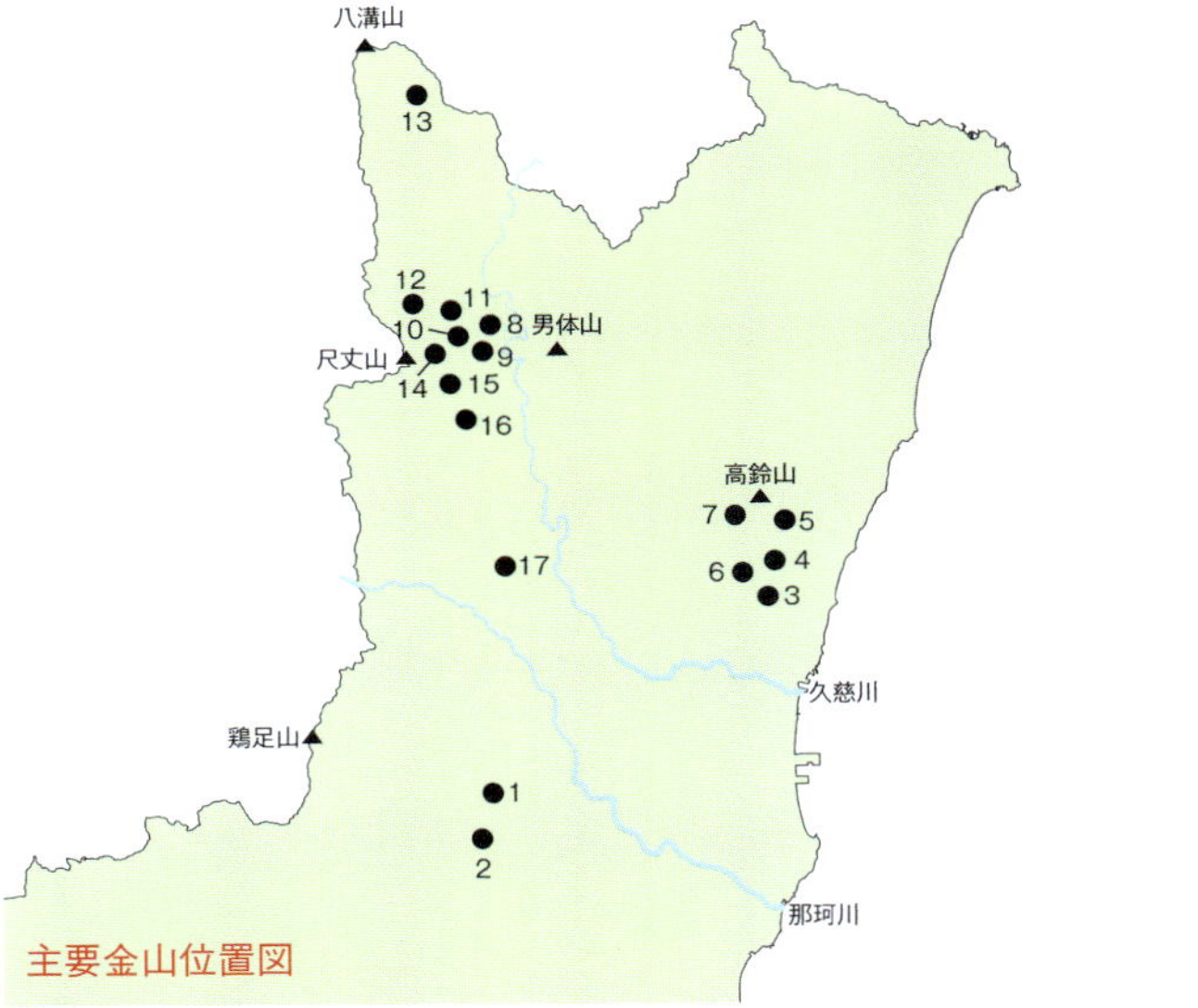

主要金山位置図

製塩施設の構築——太平洋の恵みを生かした供給と販売

久慈川河口と那珂川河口にはさまれた東海村村松から、ひたちなか市阿字ヶ浦町の海岸部には、中世以降の遺構・遺物が検出された遺跡がある。村松白根遺跡もそのひとつである。平成十五・十六年度の調査では、中世の遺構として釜屋二一か所、鹹水槽《かんすいそう》四〇〇基以上、居住遺構である建屋跡九八軒が検出されている。これらの遺構から、当時の人々はまず自然の砂丘を大規模に掘り込み、他所から大量の黒土を運び込んで人工的な地盤を造り、そこにさまざまな施設を建てたことが判明した。

そこまで手をかけて造った諸施設、それが製塩関係の設備・建物なのである。常陸の太平洋岸には、村松以外にも多数の製塩施設があったと推測される。隣接して沢田《さわだ》遺跡・長砂《ながすな》渚《なぎさ》遺跡が確認されており、村松・長砂・阿字ヶ浦には製塩施設が集中していたとみられる。このほか「鹿島神宮文書」に出てくる「塩浜」（日立市内であろう）、「文正草子《ぶんしょうぞうし》」の舞台となった鹿島灘などでも、製塩施設の存在を想定できる。

これら製塩施設のなかにあって、村松白根の製塩施設の特徴は、それを統治・支配する者の存在が明らかなことである。それが佐竹氏である。応永十四年（一四〇七）からはじまる佐竹宗家と山入氏との抗争、つまり佐竹の乱は一〇〇年にもおよび佐竹氏の弱体化を招いた。文明十七年（一四八五）には、前述の岩城常隆の侵攻を許した。その佐竹の乱の和議を斡旋したのも、皮肉なことに岩城氏の親隆であった。

明応二年（一四九三）に和議は整ったが、その過程で岩城氏の家臣・岡本妙誉《おかもとみょうよ》は、抗争に紛れて横領された佐竹宗家の領地を調査した。その結果、非佐竹一族である小野崎氏・江戸氏による横領が際立ったが、なかには「村松塩竃まさき違乱」とあるように、佐竹一族の

左頁：製塩関係資料（村松白根遺跡）◆久慈川河口と那珂川河口にはさまれた東海村村松から、ひたちなか市阿字ヶ浦町の海岸部に中世以降の遺構・遺物が検出された遺跡のひとつ。この十五世紀後半の屋敷跡から、分銅・硯・茶臼・銅板如来坐像など、さまざまな遺物が出土した。作業員宿舎というより管理棟的性格が強い。茶臼は赤く変色しているが、岩城常隆の侵攻かその際の村松虚空蔵堂焼き討ちによる類焼の痕とも受け取れる　東海村教育委員会蔵

真崎《まさき》氏によるものも検出された。これは村松という土地ではなく、「塩竈」という施設が横領の対象となっており、そこが富を生み出す場として認識されている。その意味から村松白根遺跡となった製塩施設は、佐竹氏の管理下で営まれていた、といえるのである。

ここで生産された塩は、まず一族・家臣たちで消費されたことであろう。彼らは山間部に拠点をもつゆえ、塩の供給は大切であった。そして何よりも、下野・南郷など海から遠い地域への販売である。塩の生産を握っていることは、塩相場を左右できる立場であり、その意味で、佐竹氏の優位性を示すことができたのである。

戦国期岩城氏略系図

隆忠 ― 親隆（下総守） ― 常隆（下総守） ― 由隆・隆時

由隆 ― 重隆 ＝ 親隆（左京大夫） ― 常隆（左京大夫） ― 政隆（伊達）・貞隆

本拠を太田から水戸へ——南方三十三館を殺害し常陸の反勢力を一掃

天正十八年（一五九〇）八月一日、佐竹義宣は秀吉から常陸・下野において二一万六七五八貫の土地の支配を公認された。この公認こそ、義宣が常陸国内の他の勢力の一掃を許可されたことを意味した。同年十二月十九日、上洛中の義宣の政務を代行した義重は、江戸重通の拠る水戸城を攻め、翌二十日に落とした。江戸氏の当主重通は、妻の実家である結城氏（結城晴朝）のもとへ逃れた。

さらに義重はそのまま南下を進め、大掾清幹《きよもと》の拠る府中城を攻略し、滅亡させた。こうして義宣による常陸中央部の統一が完了した。そして拠点を水戸城に移したのである。残る敵は鹿島・行方地方の常陸平氏一族、そして常陸太田と水戸の中間にて義宣に睨みを利かせた額田小野崎氏である。義宣が拠点を太田から水戸に移した明確な理由は不明である。ただ、状況から判断すれば、常陸南西部にも支配域が広がったこと、久慈川より水量の多い那珂川の水運を利用できること、その河口に位置する那珂湊の港湾機能を活用できること、などが挙げられよう。

天正十九年二月九日、義宣は「南方三十三館《なんぽうさんじゅうさんだて》」と呼ばれた鹿島・行方両郡の常陸平氏を滅ぼした。領主たちを太田城で催した観梅の宴に招き、一気に謀殺したという。主を失った鹿島・行方両郡は瞬く間に佐竹軍に制圧された。さらに、義宣は伊達政宗との共謀の嫌

水戸城の復元模型◆水戸市立博物館蔵

疑のある額田小野崎昭通《あきみち》の居城・額田城を攻め、二月二十三日にここを落とした。昭通は政宗を頼って逃亡し、常陸国内で反佐竹氏の行動をとりうる勢力は一掃されたのである。

　天下統一を成し遂げた秀吉は、日本国内から大陸に目を向けた。万暦帝《ばんれきてい》の治める明《みん》の征服をめざし、その途次にあったのが朝鮮であった。「唐入り《からいり》」や「壬辰倭乱《じんしんわらん》」、そして現在では天正二十年四月から文禄《ぶんろく》二年（一五九三）四月の「文禄の役」、慶長《けいちょう》二年（一五九七）正月～同三年八月の「慶長の役」と呼ばれる朝鮮侵略である。佐竹義宣は弟の蘆名盛重なども伴って天正二十年正月に水戸を発ち、四月中旬には前線基地である肥前名護屋《なごや》（佐賀県唐津市）に到着した。翌文禄二年五月二十三日、義宣は出陣命令を受けたが、結局は朝鮮に渡海することなく、閏九月六日に帰水している。

　文禄三年十月、文禄の役の影響で延期されていた常陸・下野・南郷等の佐竹領に対する太《たい》閤検地《こうけんち》が石田三成《いしだみつなり》を総奉行として始まった。太閤検地により貫高《かんだか》制から石高《こくだか》制に移行した。そして文禄四年六月十九日、改めて五四万五八〇〇石の領地が確定され、秀吉から再び安堵された。その中身をみると、義宣自身が支配する地域（直轄地）、家臣に宛がう領地、父の義重や一族の佐竹東義久の領地、そこには豊臣秀吉・石田三成・増田長盛《ましたながもり》など豊臣政権の領地も含まれていた。そして、同年七月から常陸を中心に領地を家臣たちに分与していった。

　特に、佐竹一族や大身の外様系家臣（梶原・真壁・松野《まつの》など）には、支配の拠点となる城郭も伴っていた。さらに長倉・大山・石塚《いしづか》など古参の佐竹一族はこれまでの領地から離され、旧小田領など新たな征服地に配置されている。勝者である佐竹氏も、秀吉の配下となれば支配体制にも大きな変動を強いられるのであった。

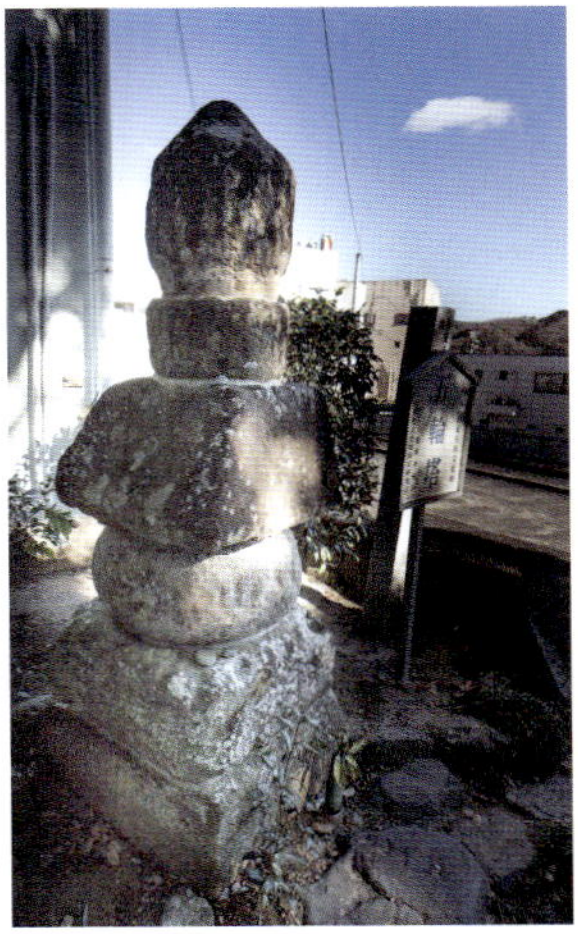

鹿島清秀・清房親子の供養塔◆二人は南方三十三館の仕置きにより山方城において殺害された　写真提供：常陸大宮市教育委員会

畑田三社明神◆南方三十三館の畑田氏兄弟が佐竹軍に追い詰められ自刃した場所という　常陸太田市

石田三成との親密度が仇に——関ヶ原の西軍惨敗で揺らぐ義宣の立場

ともかくも、豊臣大名として秀吉に仕えた義宣であったが、思わぬ落とし穴があった。それが慶長二年（一五九三）の宇都宮国綱の改易事件、世にいう「宇都宮崩れ」である。原因は豊臣政権の五奉行の一人、浅野長政《あさのながまさ》の勘気に触れたためという。つまり、長政は継嗣のいない国綱に長政自身の子・長重《ながしげ》を入れようとしたが、それを宇都宮氏側が拒んだためなど諸説がある。秀吉による関東平定後、実際の差配は長政が担当した。そのなかで、何らかの不祥事、行き違いがあったのであろう。

さらに原因は不明だが、その余波は佐竹氏にも及び改易が取り沙汰されたのである。義宣は国綱の従兄弟であり、その関係から長政に嫌疑を抱かせるような事態があったのかもしれない。しかし、この事態は同年十月までに撤回となった。佐竹氏の窮地を救ったのが長政と同じ五奉行の一人、石田三成である。三成は秀吉と義宣をつなぐ取次《とりつぎ》で、そうした立場から佐竹氏改易を撤回するよう秀吉に進言したと思われる。こうした三成と義宣の関係が、後年の関ヶ原合戦における義宣の対応に影響を与えるのである。

さて、慶長三年八月十八日、豊臣秀吉が亡くなった。その途端に豊臣政権内のタガが緩みはじめたのである。まず、加藤清正《かとうきよまさ》・福島正則《ふくしままさのり》・浅野幸長《よしなが》などの武断《ぶだん》派と、石田三成・小西《こにし》行長《ゆきなが》など文治《ぶんち》派の対立が発生した。その対立を利用しながら台頭したのが、五大老《ごたいろう》筆頭格の徳川家康である。いっぽう、家康の台頭に危機感を抱き、秀吉亡き後の豊臣政権の安定に尽くそうとしたのが石田三成であった。その三成を支えたひとりが佐竹義宣である。義宣は石田三成を介して豊臣秀吉とよしみを通じることにより、領国の維持・発展を図ろうとした。

やがて、義宣は秀吉の小田原征討や文禄の役に出陣しながら常陸を統一し、秀吉から常

石田三成画像◆佐竹家と三成の関係は良好で、関ヶ原合戦の直前には三成が佐竹義宣に薙刀「丹波守吉道」を贈っている　東京大学史料編纂所所蔵模写

陸および下野の一部の支配を認められた。こうした経緯を通じ、義宣と三成の親密度は増していったのである。その度合いを示すのが、次の「伊達日記」（下）の一説である。場面は関ヶ原《せきがはら》合戦の直前、武断派による石田三成弾劾のころである。「大坂にいた石田三成は、悪逆を極めたので切腹させられそうになったが、佐竹義宣は伏見より駆けつけ乗り物に乗せて伏見に連れてきた。そして伏見の石田屋敷に秘匿させた。さらに、義宣は近江《おうみ》国の大津《おおつ》まで付き添い、そのうえ三成の居城である佐和山《さわやま》城まで送っていった」。

四面楚歌《しめんそか》の三成を、義宣は我が身の危険も顧みず助けたことになる。三成に好意的ではない政宗側の記述である点も含めれば、どこまで事実を伝えているかは疑問だが、少なくとも三成・義宣の周囲は、二人の仲が親密であると認識していたのであろう。そのなかで関ヶ原合戦は起きた。結果は、三成側の惨敗であった。

伏見福島太夫西町・佐竹屋敷推定地◆京都市伏見区

伏見三河町・佐竹屋敷推定地◆京都市伏見区

佐和山城跡◆関ヶ原に近く交通の要衝であった。天正十八年（一五九〇）、石田三成が佐和山城主となって五層の天守を構えている。関ヶ原合戦で三成が敗れたあとには井伊直政が新城主となった。慶長十一年（一六〇六）、彦根城築城にともなって廃城となった　滋賀県彦根市

V 秋田藩主・佐竹氏の成立

義宣より十二代目の藩主義堯で明治維新を迎える

秋田へ転封――父義重は六郷城、当主義宣は久保田城を構築

慶長五年（一六〇〇）九月、関ヶ原合戦直後の佐竹義宣は微妙な立場に置かれた。合戦そのものが半日程度の極めて短時間で徳川家康方、つまり東軍圧勝で終結したため、義宣に具体的な軍事行動を起こす機会は皆無に等しかった。それでも、従来からの石田三成との親密さ、あるいは上杉景勝との共同謀議の疑惑など、家康から危険視される要因はあった。

慶長五年後半、そして翌六年は何ごともなく過ぎた。しかし、島津《しまづ》は例外として宇喜多《うきた》・毛利《もうり》・上杉など三成方（西軍）の有力大名への改易・減封《げんぽう》などの処分は進んでいたのである。

慶長七年三月七日、義宣は上方に上って伏見に入った。そして豊臣秀頼《ひでより》と徳川家康に謁見した。このとき家康からは処分云々の話はなく、あるいはこのまま不問かと思われた。しかし、その直後の同年五月八日、義宣は突然の国替え命令を受けた。それも転封先は出羽《でわ》というだけで具体的な郡や石高も不明であった。

同年五月十七日、非公式ながら移封先が出羽のうち秋田郡・檜山《ひやま》郡（山本《やまもと》郡）・豊島《としま》郡（河《かわ》辺《べ》郡）・山本郡（仙北《せんぼく》郡）・平鹿《ひらか》郡・雄勝《おがち》郡であることがわかった。翌六月十四日、義宣は重臣の和田昭為《わだあきため》・川井忠遠《かわいただとお》を先遣隊として秋田に向かわせることにした。同年五月二十一日、秋田移封の知らせは水戸にも届いた。そこには減封が予想されるため、あるいは現地へ行っても落ち着く先が未定であるため、少禄《しょうろく》・微禄《びろく》の家臣は連れていけない、不要な荷物を処

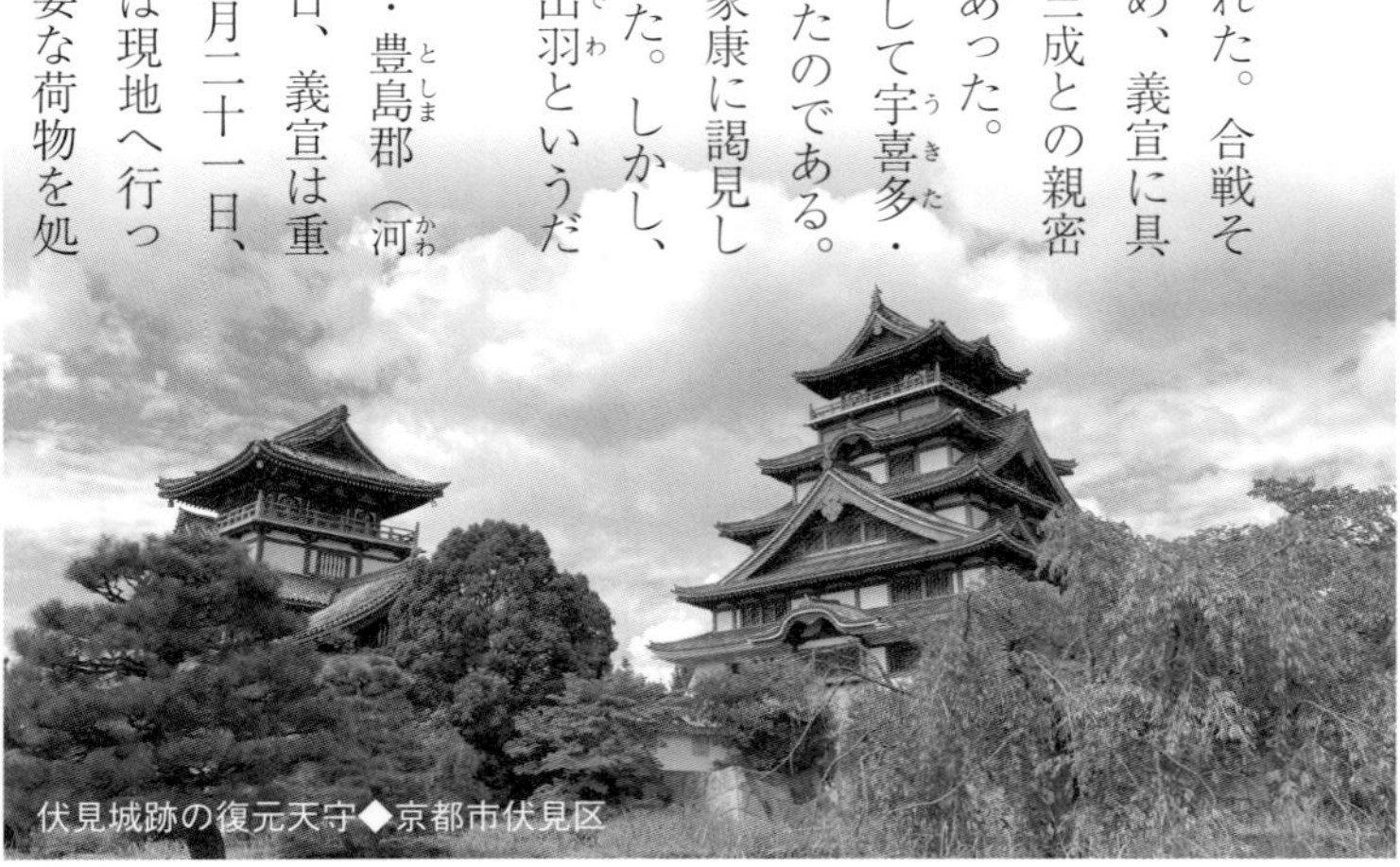

伏見城跡の復元天守◆京都市伏見区

分するなど、家臣たちに大幅な減量を強いることにした。

同年六月十五日には、太田城にいた義重が八槻に移った。秋田に向かうべき家臣たちはこのころより八槻経由で向かったようである。義重のみここで七月過ぎまで留まり、いったんは江戸に向かい、将軍秀忠《ひでただ》に謝罪したうえで秋田に向かった。自身は義宣とは別行動をとって山本郡（仙北郡）の六郷《ろくごう》城（秋田県美郷町）に入り、出羽南部の防御を固めた。慶長十七年（一六一二）に同地で没している。

慶長七年七月二十七日、家康は義宣移封のための朱印状を出した。これで伏見に留まっていた義宣がようやく、そして正式に秋田へと出発することができた。ただし、石高未記入の不十分な朱印状であった。義宣は途中で江戸にしばらく滞在し、九月初旬に江戸を発ち、同月中旬ころに秋田に到着して土崎湊《つちさきみなと》城（秋田市）に入った。ついに郷里、常陸に寄ることはなかった。そして、遠祖である新羅《しんら》三郎《さぶろう》源義光が後三年の役で疾駆した出羽の地に移るとは、その不思議さを噛みしめたことであろう。

久保田城跡◆秋田における佐竹氏の居城　秋田市

秋田藩歴代藩主
佐竹氏〈血縁関係〉
※丸数字は代数

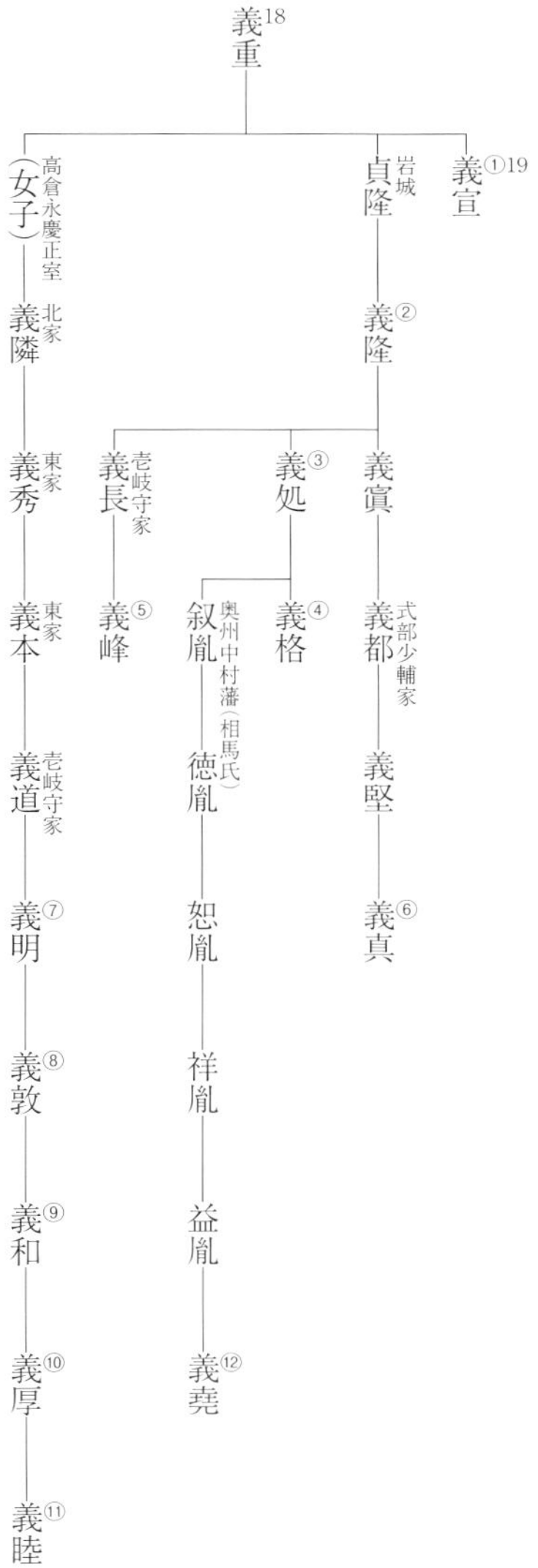

さて、義宣の場合は国替えで済んだが、彼の弟たちは兄以上の苦難を強いられた。とくに岩城常隆の養嗣子となった貞隆は過酷な人生であった。関ヶ原合戦後、岩城氏は家康から完全な改易処分を受け、磐城領十二万石を失った。そして兄の義宣にも頼らず、江戸浅草《あさくさ》にて牢人生活をおくり再起を期して奔走した。やがて家康の重臣本多正信《ほんだまさのぶ》に仕える機会を得、さらに将軍徳川秀忠より大坂の陣での戦功が認められ、元和《げんな》二年（一六一六）に信濃中村《なかむら》藩一万石の大名として復活したのである。

中村藩は子の吉隆《よしたか》に継承されたが、元和九年に吉隆は出羽亀田《かめだ》藩に移封され、寛永三年（一六二六）に世子のいない伯父義宣の養嗣子となり、義隆《よしたか》と改める。のちに第二代秋田藩主となった。

このような弟たちの動向に気をもみながら、慶長八年五月、義宣は新たな拠点、久保田《くぼた》城（秋田市）の構築を始めた。土崎湊城が前領主の秋田実季《さねすえ》の居城であったこと、土崎湊の地が城下町整備には狭いため、心機一転の意味と広い用地を確保する必要があったとされる。こうして、新天地の秋田で新たな政治をはじめるのであった。

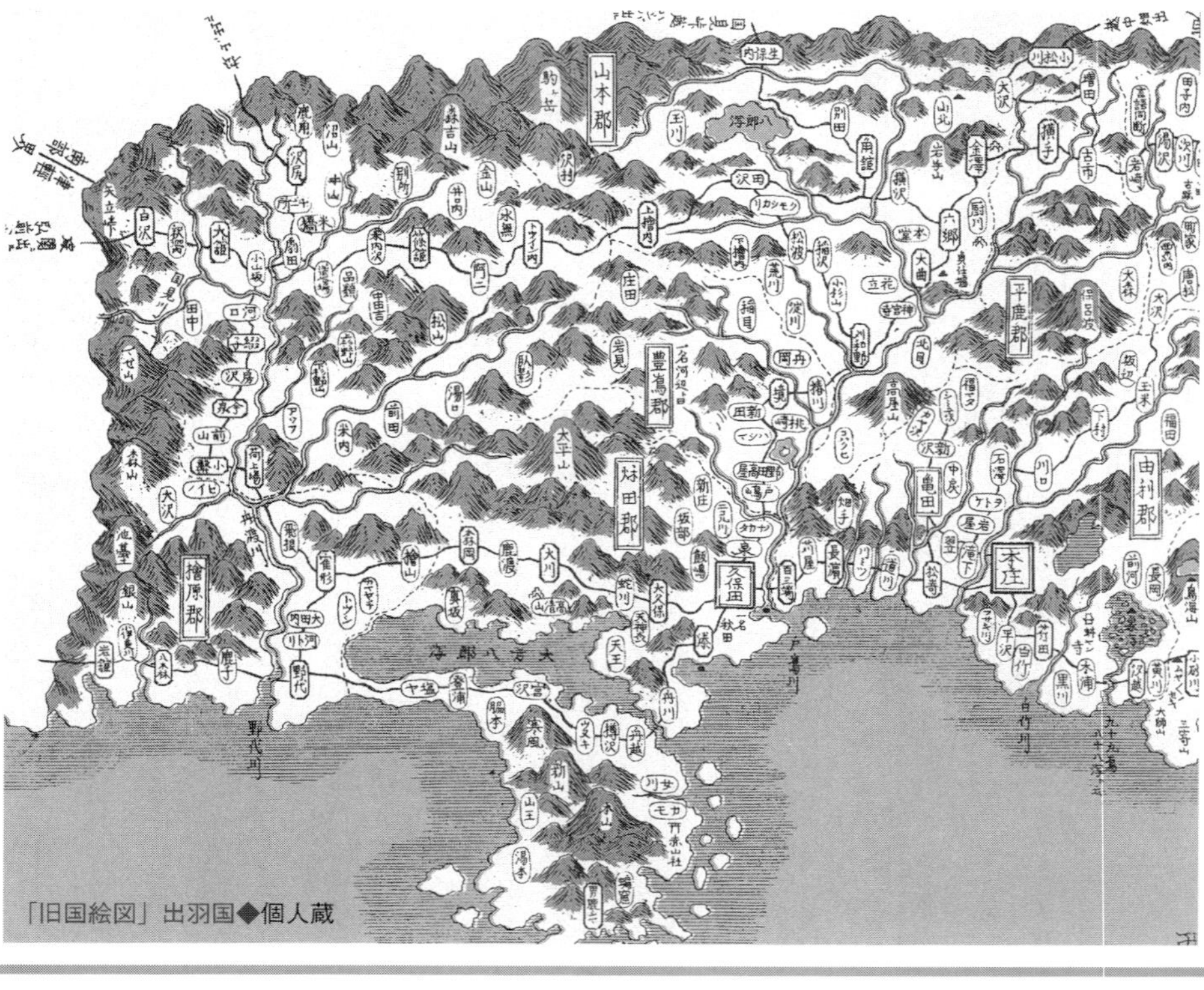

「旧国絵図」出羽国◆個人蔵

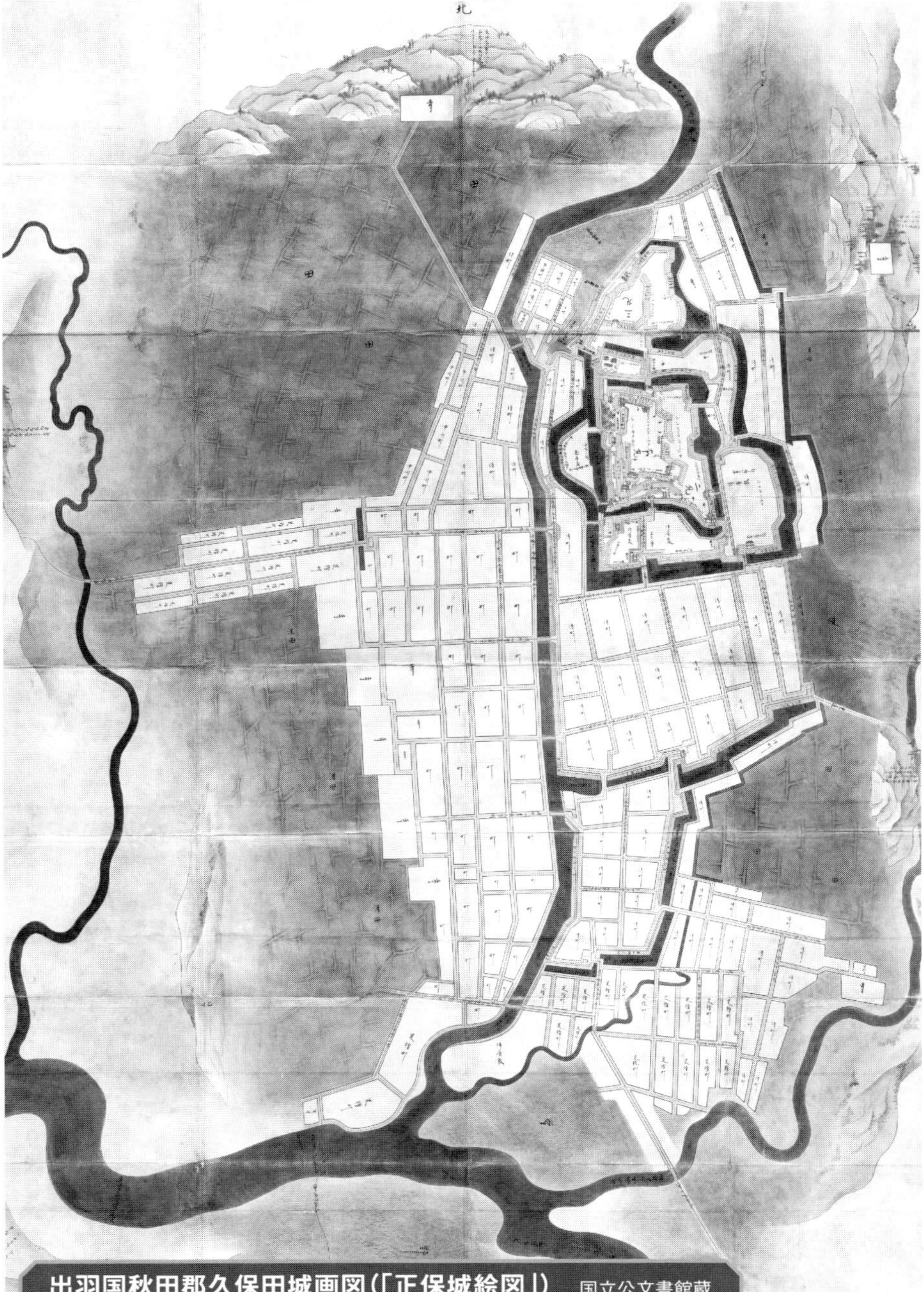

出羽国秋田郡久保田城画図（「正保城絵図」） 国立公文書館蔵

秋田藩の基礎固め——佐竹氏の移封後六〇年かかって決定した石高

石高が未定であった秋田藩が、正式に石高明記の朱印状を受け取るのは、佐竹氏移封後六〇年が過ぎたころである。なんと、第二代藩主・佐竹義隆の時代、すなわち江戸幕府第四代将軍徳川家綱《いえつな》の治世、寛文《かんぶん》四年（一六六四）まで待たされたわけである。そこで示された石高は出羽国北半内で二十万石、下野国内で五千石余で、常陸時代の半分以下であった。

佐竹氏と入れ替わるかたちで、出羽北半の領主たちが常陸に移封となった。改易された小野寺《おのでら》氏は別として、秋田氏は宍戸（茨城県笠間市）、戸沢《とざわ》氏は手綱《てつな》（同高萩市）、六郷《ろくごう》氏は府中（同石岡市）、本堂《ほんどう》氏は志筑《しづく》（同かすみがうら市）を新たな領地とした。いっぽう、秋田氏などの家臣であった出羽北半の在地勢力は、大半が現地に残ったままであった。佐竹氏の秋田移封は、徳川権力（徳川幕府）による公的な政策だったが、地元にとっては「常陸から軍勢が攻めてきた」との認識であった。佐竹氏はこうした勢力の反発、抵抗を抑えながら藩経営を始めたのであり、その意味で戦国の世はまだ終わっていなかったのである。

佐竹氏は、在地の反発を抑える一方、慶長八年から領内の田畑などを測量して石高を算出する検地をはじめた。同年の検地を「先竿」、同十八年を「中竿」、正保《しょうほう》三年（一六四六）から慶安《けいあん》二年（一六四九）までを「後竿」とよんでいる。

この結果、家臣たちへの知行地の充行、そして年貢徴収の根拠が確定したことにより、藩政の基礎が固まったのである。

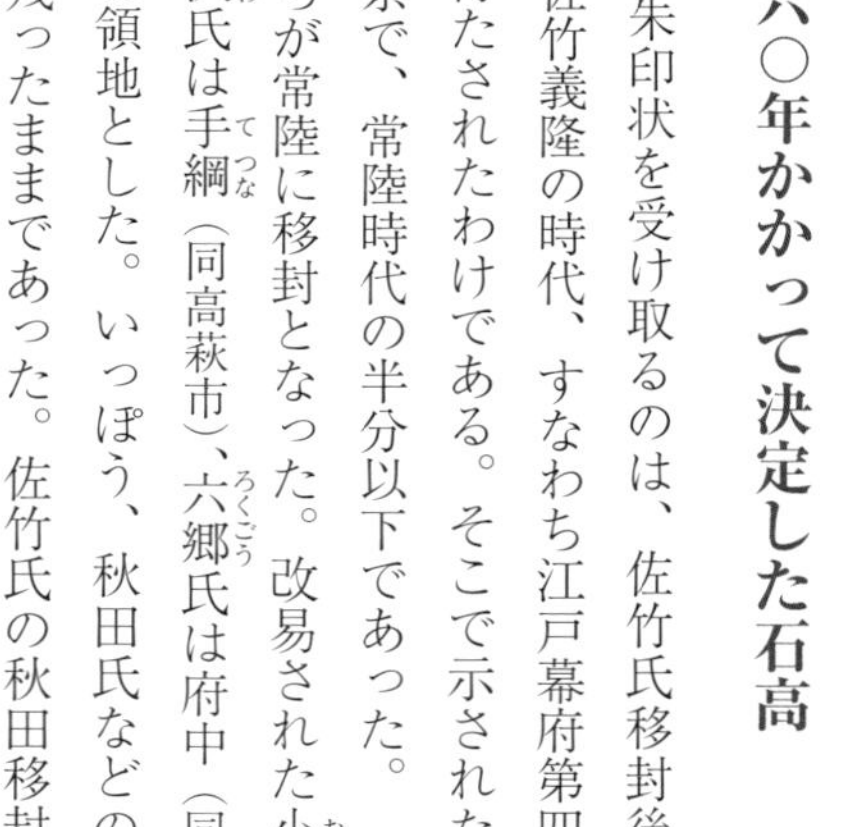

志筑城跡◆鎌倉時代に源頼朝の家臣・下河辺政義が、養和元年（一一八一）に頼朝に叛いた信太義広を討った功で茨城南部の地頭となり志筑に城を築いたのが始まり。江戸時代に八千石の旗本・本堂氏が志筑藩を支配していた。戊辰戦争の際、周辺の諸藩は多くが傍観を決め込んでいたが、志筑藩はいち早く新政府軍に協力している　茨城県かすみがうら市

秋田藩歴代藩主の事績

歴代	名前	生年	就任	没年	実父	藩主時代の出来事
初	義宣《よしのぶ》	1570	1602	1633	佐竹義重《さたけよししげ》	慶長7年（1602）、徳川家康より突如、出羽秋田への国替えを命ぜられる。移封直後の土崎港から久保田に拠点を定め、城下町の建設、整備、領内検地など、初期の秋田藩政に取り組んだ。
2	義隆《よしたか》	1609	1633	1671	岩城貞隆《いわきさだたか》	実父の貞隆が関ヶ原合戦の結果、大名から牢人となったため、江戸で不遇な少年時代をおくる。しかし、父は大坂の陣で戦功をあげ、それが将軍徳川秀忠に認められ、信濃中村藩主として大名復帰する。貞隆が継嗣となり、さらに実子のいない伯父義宣の後継として秋田藩主となる。
3	義処《よしずみ》	1637	1672	1703	佐竹義隆	元禄9年（1696）、藩文書所をもうけて修史事業を開始する。一族・家臣から所蔵史料を提出させるほか、家臣の中村光得を常陸に派遣して史料調査にあたらせた。
4	義格《よしただ》	1694	1703	1715	佐竹義処《よしずみ》	秋田藩成立から約100年後に藩主となる。前藩主の設置した文書所を史館に改め、修史事業を軌道に乗せた。元禄7年（1694）の能代大地震など短い生涯のなかで災害が多かった。
5	義峰《よしみね》	1690	1715	1749	佐竹義長《さたけよしなが》	今宮義透を家老に登用する。今宮を中心とする秋田藩享保の改革、すなわち通貨鋳造や勘定奉行の権限強化、領内調査（今日の国勢調査に相当）などに取り組んだ。
6	義真《よしまさ》	1732	1749	1753	佐竹義堅《さたけよしかた》	義真実父の久保田新田藩第2代藩主である佐竹義堅は、秋田藩第5代藩主佐竹義峰の養嗣子となるも、義峰の存命中に没した。そのため義真が義峰の継嗣となった。しかし、義真自身も病弱であり、継嗣なく没した。
7	義明《よしはる》	1723	1753	1758	佐竹義道《さたけよしみち》	慢性的窮乏の藩財政の再建のため、藩論が二分するなか、宝暦5年（1755）に藩内に兌換性のある銀札を導入する。しかし、極度のインフレを招き、銀札使用は中止となるなど藩内が混乱した（秋田騒動）。
8	義敦《よしあつ》	1748	1758	1785	佐竹義明《さたけよしはる》	安永2年（1773）に蘭学者の平賀源内を招き、鉱山経営を委ねる。また、源内の指導を受けた義敦、および角館城代の佐竹義躬、藩士の小田野直武によって秋田蘭画が誕生する。
9	義和《よしまさ》	1775	1785	1815	佐竹義敦《さたけよしあつ》	藩校明倫館の創設（寛政2年・1790）を契機に、その分校や一般の寺子屋も増え、藩内の教育環境が充実する。また、賀藤景林を木山方吟味役に任じて、乱伐によって荒廃した秋田杉の山林の再生を図った。
10	義厚《よしひろ》	1812	1815	1846	佐竹義和《さたけよしまさ》	領内未開地の開発に着手するも飢饉・百姓一揆の頻発などの影響で挫折、儀礼の廃止などで支出を切り詰めるなど、藩財政の安定に努めた。異国船出現により海防策を進める。
11	義睦《よしちか》	1839	1846	1857	佐竹義厚《さたけよしひろ》	ロシアの南下に備え、藩内海岸の防備を図るとともに、幕府の命により家臣を蝦夷地に派遣する。城下に秋田木綿の織場を設け、産業化に成功する。
12	義尭《よしたか》	1825	1857	1884	相馬益胤《そうまますたね》	実父の益胤は奥州中村藩主。義睦の養嗣子となる。慶応4年（1868）の戊辰戦争では奥羽大藩で唯一、新政府方となる。その結果、秋田藩は周囲の奥羽越列藩同盟の諸藩から攻められる。維新後は侯爵に叙爵される。

城代・所預――一国一城令のなかか久保田・大館・横手城の存続が許可

　秋田藩の場合、家臣への給与は地方知行制《じかたちぎょうせい》をとった。すなわち、土地を給付して、そこから家臣各自で年貢を徴収させる方法である。その背景には、奥羽北部の厳しい対立状況がある。領内での旧勢力による武装一揆のほか、南部《なんぶ》藩・津軽《つがる》藩・最上《もがみ》藩との境目は不明確な箇所も多く、論争はいつでも起こりえた。そのため、藩としては拠点の久保田城だけでなく、領内各所に城郭を設け、一門・重臣を配して、彼らに「責任をもって担当地域の防衛も担ってもらう」かたちをとった。佐竹義重が久保田城の義宣のもとではなく、領内の南の六郷城にいたのもその表れである。やがて、その方針や考え方は一門・重臣だけでなく藩士全体にも及び、結果として地方知行制に至ったとされる。

　領内各地の軍事拠点も、時代の推移のなかで変化した。慶長二十年（一六一五）六月十三日、幕府から全国に一国一城令《いっこくいちじょうれい》が発せられ、秋田藩でも十二所《じゅうにしょ》・檜山《ひやま》（能代《のしろ》）・角館《かくのだて》・湯沢《ゆざわ》・六郷など多くの城郭が破却されている。しかし久保田城、大館城と横手城の三ヶ城だけは幕府から城郭の存続が許された。加えて秋田藩は十二所・檜山（能代）・角館・湯沢・院内《いんない》では城郭に替えて館を構え、引き続き軍事拠点とした。これが秋田藩の城代・所預制《ところあずかりせい》である。

　ここで城代・所預を務めるのは佐竹一門、あるいは重臣たちであった。そしてそれらの地は、城郭や館を中心・基点として市街地の整備も進められた。その結果、秋田藩内にあって、それぞれが「ミニ城下町」として発展していったのである。たとえば、武家屋敷の家並みが美しい角館は、山城（古城山）であった角館城が破却された後、拠点が麓の館に移り、ここを基点に街づくりがなされた。大館は、長倉・部垂・赤館など佐竹氏が常陸時代に形成した家臣団を単位とした町割りもなされた。

秋田県内の佐竹氏遺跡

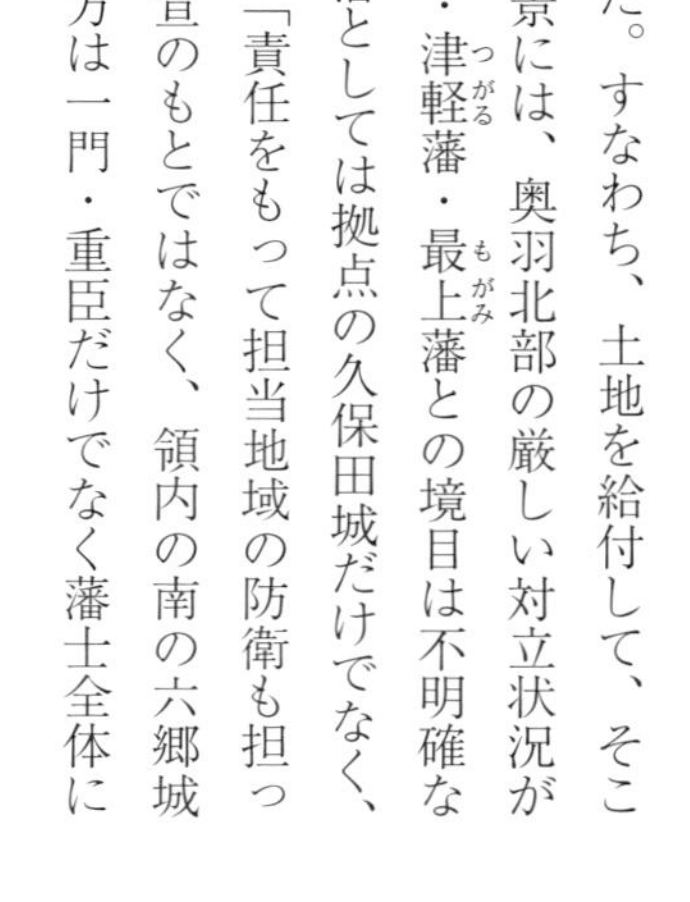

久保田城跡の碑◆秋田市

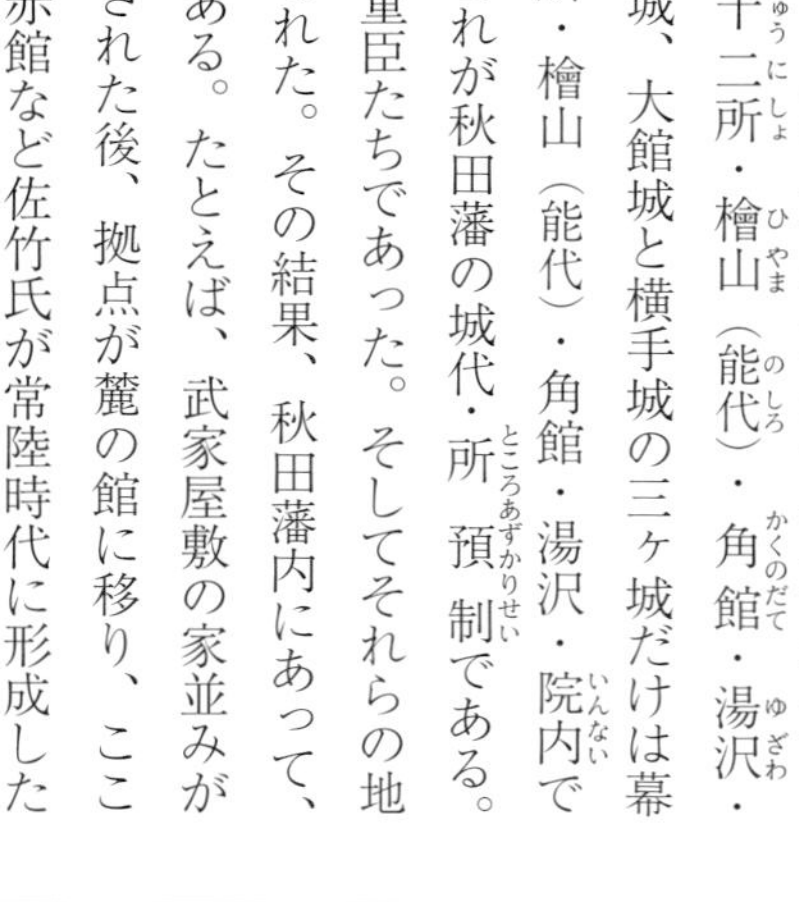
金砂神社◆秋田市

秋田藩の産業――経済を支える秋田杉と銀・銅鉱山の直営

秋田藩領の北部には奥羽山脈を水源とし、十二所・二ツ井《ふたつい》を経て能代から日本海に注ぐ米《よね》代川《しろがわ》が流れている。この流域には秋田藩の経済を支えた秋田杉の自然林と、銀銅を産出する阿仁《あに》鉱山（秋田県北秋田市）などが位置した。杉材や銀銅が能代を基点に、米代川と日本海を介して流通したことは明らかである。

秋田杉は佐竹氏入部以前、秋田実季の時代から注目されていた天然資源である。豊臣秀吉が秋田氏領内に設定した太閤蔵入地《くらいりち》は、杉材の供出地の意味合いがあった。秀吉は伏見城築城にあたって、若狭小浜《わかさおばま》（福井県小浜市）の大谷吉継《おおたによしつぐ》のもとに秋田杉材を送るよう実季に命じている。その海上輸送は若狭小浜の廻船業者が担ったようで、秋田杉が関西方面に搬出される際に日本海ルートがとられたことがわかる。佐竹氏も当然ながら、秋田杉の資源的価値を熟知したようで、関西方面を主なマーケットとすることで秋田藩の安定的収入を確保したと思われる。しかし、過度な自然林伐採は秋田杉の枯渇を招くようになり、それは十七世紀の寛文・延宝《えんぽう》期には表面化した。そこで秋田藩は、藩のみが独占的に伐採を行える御留山《おとめやま》、一切の入山・伐採を禁じた札山《ふだやま》を設けた。

さらに、生産をあげる植林も奨励したが、とくに文化《ぶんか》八年（一八一一）の林政改革は、生産者の杉材収入における納税と利益の割合を三公七民とする画期的な内容であり、生産意欲を高めることとなった。藩政時代の活性化は、近代以降の秋田杉の産業化にもつながった。

阿仁鉱山は銀山、そして銅山として共に優良の山であったため、元禄《げんろく》十四年（一七〇一）には秋田藩直営となった。この十八世紀初期が鉱山の最盛期で、銅の産出では国内で群を抜いていた。しかし、産出の減少もあって経営不振となり、ついに江戸幕府による上知《じょうち》（領

大舘城跡◆城跡は現在、桂城公園となっている　秋田県大館市

部垂八幡神社◆秋田県大館市

地の返納）の話まで出る事態にまで落ち込んだ。

安永《あんえい》二年（一七七三）、秋田藩は鉱山学にも詳しい蘭学者《らんがくしゃ》の平賀源内《ひらかげんない》を招くも、源内の指導では思ったほどの成果は出せなかった。むしろ、源内は阿仁焼（水無焼《みずなしやき》）という陶器の生産を導き、また藩主の佐竹義敦《よしあつ》（曙山《しょざん》）、角館城代の佐竹義躬《よしみ》、藩士の小田野直武《なおたけ》などの画才を開花させ、秋田蘭画《らんが》という新たな美術ジャンルの誕生を促すように、別のかたちで秋田藩に貢献した。安永《あんえい》四年（一七七五）に大坂の六代目・大坂久左衛門《きゅうざえもん》が鉱山経営に携わると事態は好転する。久左衛門は経営自体も請け負うと、「南蛮吹《なんばんふ》き法《ほう》」による精錬をはじめた。これが成果をあげ再び優良鉱山として復活し、経営も再び秋田藩に戻った。専用の精錬所の加護山《かごやま》製錬所が稼動するなど、採掘から製品化まで藩が一貫して取り組めるようにもなった。

秋田藩領の南に位置する院内鉱山（秋田県湯沢市）は、慶長十一年（一六〇六）に大谷吉継の旧臣である村山宗兵衛《むらやまそうべえ》などによって発見されたという。開坑当初から秋田藩直営となった。開坑当初の鉱山労働は、関ヶ原合戦や大坂の陣で敗れた多数の牢人たちが担っていた。それも一因となり治安の悪化や生産の低迷が問題となったが、慶長十七年に梅津政景《うめづまさかげ》が銀山奉行になったことで好転した。また、採掘作業を悩ませた湧水にも、大切坑《おおきりこう》（排水坑）を設けることで対処できるようになった。

こうして、院内銀山は幕府への運上ができるほどの産出量を誇り、銀山関係者の町場ができるほど繁栄した。しかし、阿仁鉱山と同様に十八世紀になると、産出量の落ち込みが顕著となり、享保《きょうほう》十年（一七二五）には山師に採掘・経営を請け負わせ、藩の権限は後退した。

それでも十九世紀になると、新たな銀鉱床の発見や金の析出も可能になり、生産が上向きだした。さらに鉱山労働者の健康管理も担った医者の門屋養安《かどやようあん》、精錬用木炭の安定的供給に尽くした高橋正作《たかはししょうさく》などの支援で再び活況を呈し、院内銀山は近代へと受け継がれていく。

院内銀山五番坑跡◆天保年間には銀の産出量が増え、最盛期を迎えた。近代に至るまで産銀が続いたが、昭和二十九年（一九五四）に閉山した　秋田県湯沢市

秋田藩の修史事業――義処が開始し継承された家譜編さん

佐竹氏の秋田移封から一〇〇年近く経った元禄九年（一六九六）、第三代藩主佐竹義処《よしずみ》は、一門・家臣に対して各家所蔵の系図・文書などの提出（貸出）を命じる。これが秋田藩の修史《しゅうし》事業の始まりであった。ちなみに、義処とほぼ同時代を生きた水戸藩主徳川光圀《みつくに》は、『大日本史《だいにほんし》』編さん事業を、秋田藩に先立つ明暦《めいれき》三年（一六五七）から始めている。ふたつの修史事業の目的は異なるが、二人が生きた時代から「歴史物をつくる」という発想が藩レベルで生まれ、その前の時代、つまり安土桃山時代までが、まさに顧みるべき過去＝「歴史」になりつつあったことを暗示させる。

義処は文書の提出と併せて、家臣を常陸に派遣して現地での史料調査を命じている。派遣された家臣、中村光得と大和田時胤《おおわだときたね》は太田周辺のほか、手這坂合戦のあった筑波・真壁方面にも足を伸ばした。その記録が『金砂日記』としてまとめられている。

元禄十年、義処はさらに文書所（のちに記録所に改め）を設置して、岡本元朝《おかもともととも》を御日記取纏役兼御文書改奉行に、常陸に派遣した中村・大和田の両名を御文書吟味役に任じた。岡本をリーダーとしたこの三名を中心に、藩士から提出させた系図・文書などの本格的な吟味、書写、編さんを始めた

佐竹義処画像◆秋田市・天徳寺蔵

小場城跡◆茨城県常陸大宮市

のである。その成果が『秋田藩家蔵文書』であり、およそ三八〇〇点の史料が集成されるに至った。

こうした秋田藩の修史事業は、義処の一時的な思いつきではなかった。のちの秋田藩にも継続された。まず、義処没後には『義宣家譜』など義処以前の佐竹宗家の事蹟をまとめた家譜が編さんされ、さらに文書所設置以後に就任した代々の秋田藩主についても、家譜・公譜が編さんされた。このほか、諸記録を「吉・凶・賓・嘉・軍・雑」に分類して、藩政の先例確認を容易にした『国典類抄《こくてんるいしょう》』の編さんもあった。

繰り返すように、秋田藩の修史事業は藩主の懐古趣味ではなく、記録を重視する秋田藩の姿勢、方針を明確にするものであった。他方、秋田藩内では独自の史料探索活動もみられた。正徳《しょうとく》五年（一七一五）、大館城代佐竹義村《よしむら》（小場氏・佐竹西家）の命を受けるかたちで、家臣の前小屋忠利《まえごやただとし》・平山春芳《ひらやまはるよし》は常陸に史料調査の旅に出た。二人は羽州街道・奥州街道を通り、同年六月二日に須賀川宿（福島県須賀川市）に、そして同月八日に小場村（茨城県常陸大宮市）に到着したのである。

ただし、小場村はすでに水戸藩領であった。外様藩の藩士である二人は、その地で史料探索などの活動をすることに、遠慮と窮屈さがあったようである。しかし、受け入れた地元では、二人の活動は全く気になっておらず、それだけ小場氏の支配

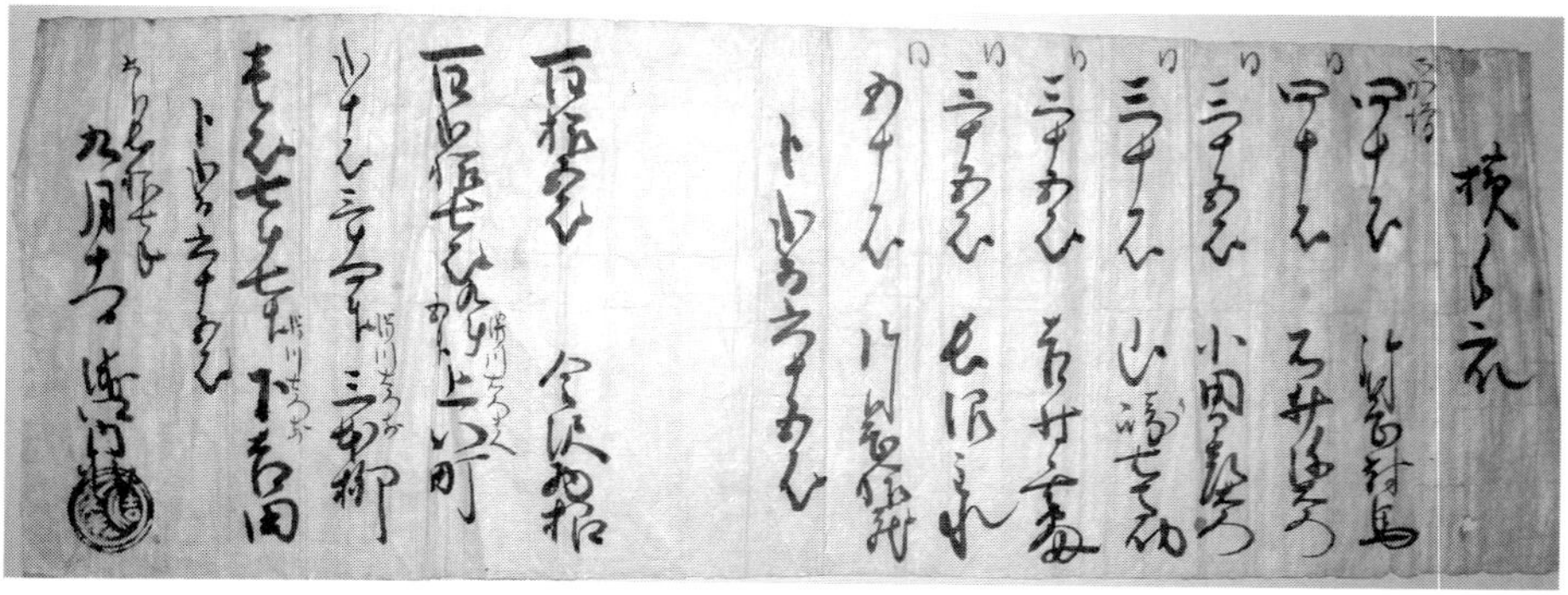
渋江政光知行書上◆慶長17年（1612）から始まった全領検地の結果、石高の増加分を書き上げたものとみられる　茨城県立歴史館蔵

が、遠い過去になっていることを思い知らされた。

二人は小場村を中心に、部垂村・前小屋村・太田村・増井村など、小場氏や佐竹宗家などのゆかりの地を廻り、また小場城跡の見学、小場氏関係の位牌・墓碑・文書などの調査にあたった。

調査成果は期待通りあげられたが、都合により二人は小場村の有力者である三村七平とは会うことができなかった。ただ、三村家が常陸時代の小場一族の御霊を手篤く祀っていること、小場氏菩提寺の伝灯院《でんとういん》には「御影堂《みえいどう》」まで設けていることに感激している。同年六月二十二日、二人は小場村を経ち、水戸・府中を通って同月二十四日に筑波郡小田村に到着した。かつて小場義成が治めた地であり、やはり小場氏旧臣宅にて史料調査にあたった。

伝灯院跡◆茨城県常陸大宮市

そして、翌二十五日には小田村を出立して江戸に向かい、ここでしばらく滞在したあと、七月一日に江戸を発ち、久保田城下経由で同月十三日に大館に帰参した。日数は四十日ほどであり、経費も三十両を要したなど、まさしく一大調査旅行であった。

以上、佐竹西家の場合は、秋田藩の修史事業ではなく、ややプライベートな意味もあったが、常陸時代から連綿と続く小場氏の事蹟を確認するうえでの重要な作業であった。こうした秋田藩士の往来もあり、秋田と常陸の交流は、以後、小規模ながらも継続されていくのである。

幕末の秋田藩――戊辰戦争で一時賊軍となるも勝利し近代へ

秋田藩最後の藩主は、第十二代佐竹義堯《よしたか》である。もとは、相馬中村藩（福島県相馬市）第十一代藩主相馬益胤《ますたね》の三男であり、当初は宗胤《むねたね》と称した。以後、数度にわたって改名を繰り返す。最初の改名は、嘉永《かえい》二年（一八四九）に秋田藩の支藩である岩崎《いわさき》藩主佐竹義純《よしずみ》の養嗣子となったときであり、義核《よしさね》と改める。

次の改名は安政《あんせい》四年（一八五七）である。秋田藩第十一代藩主佐竹義睦《よしちか》が継嗣なく没したため、今度は佐竹宗家の養嗣子となったが、この時に義就と改めて第十二代藩主となった。

そもそも、相馬中村藩は佐竹氏と縁が深かった。「秋田藩は相馬氏に始まり、相馬氏で終わる」と言われるほどである。まず第六代藩主相馬叙胤《のぶたね》は、秋田藩第三代藩主佐竹義処の実子（二男）であり、血統的には佐竹一族であった。そして、宗胤に至るまで、途中で他家からの養嗣子はなかったのである。ただし、義睦と義就の血縁は、かなり離れており、秋田藩では義就の藩主就任は、誰もが夢想だにしなかったのである。義就の藩主就任時は、まさに幕末の動乱期であった。開国か攘夷《じょうい》か、社会は混乱し、政局のゆくえも見えなかった。

文久《ぶんきゅう》二年（一八六二）八月、義就は義堯と改めた。これが最後の改名である。同三年正月の上洛、元治《げんじ》元年（一八六四）の海防用軍艦の建造など、幕末の情勢下にあって、当時の大名としての勤めを果たしていたが、どちらかといえば、幕命よりも朝廷の意向に従った行動であった。こうしたなか、政局は薩長を中心とする倒幕派が主流となり、慶応《けいおう》四年（一八六八）正月三日、鳥羽《とば》・伏見の戦いが勃発し、ここから戊辰《ぼしん》戦争がはじまる。戦況は薩長を主力とする新政府軍有利に進んだ。

同年四月十一日、江戸城は新政府軍によって無血開城されたが、新政府、とくに薩長にとっ

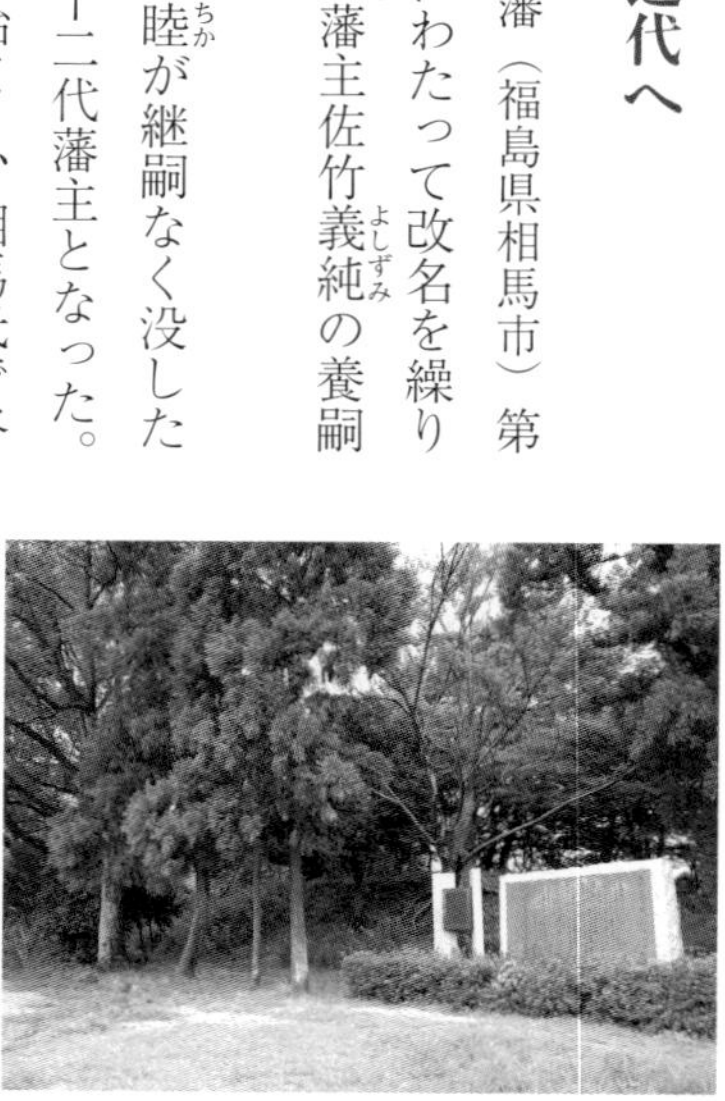

鳥羽・伏見の戦い勃発の地碑◆京都市伏見区

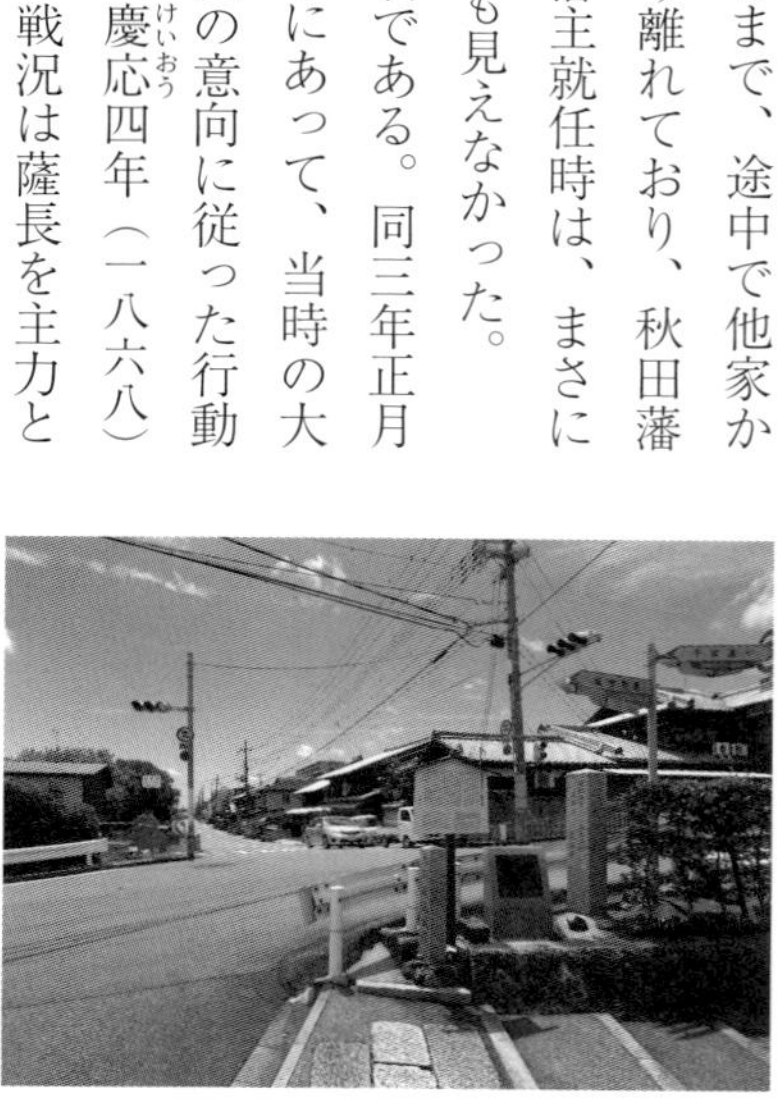

小枝橋跡◆鳥羽・伏見の戦いで戦闘の口火が切られた地　京都市伏見区

て、会津・庄内《しょうない》両藩への憎悪は消えなかった。新選組《しんせんぐみ》を使った会津藩による尊攘派への弾圧、庄内藩による江戸薩摩藩邸焼き討ちが原因とされる。新政府は江戸入城に先立つ三月下旬に、奥羽《おうう》鎮撫《ちんぶ》府《ふ》総督《そうとく》九条《くじょう》道孝《みちたか》などを仙台藩に遣わした。そこで、仙台藩には奥羽諸藩を糾合しての会津討伐を、秋田藩には庄内藩討伐を命じた。秋田藩としては、これまで友好的な付き合いのあった庄内藩を攻める理由が見当たらなかった。

慶応四年閏四月上旬、秋田藩兵たちは士気も上がらないまま、庄内藩領に侵攻したものの、装備・士気ともに勝る庄内藩兵の敵ではなかった。

いっぽう、仙台藩は私怨を優先させたような薩長・新政府のやり方に疑念をもって即答せず、会津討伐を延期していた。そして、閏四月十一日に仙台藩領内の白石《しろいし》城（宮城県白石市）に奥羽諸藩の重役を集めて会議をもち（白石会議）、そこで会津救済の嘆願書を総督府に提出することを議決した。しかし、同月十七日の新政府からの回答はそれを拒否するものであった。そこで、奥羽諸藩は改めて京都の太政官《だじょうかん》に提出することを議論した。秋田藩でもこの会議に家老兼横手城代の戸村義效《よしかた》（十太夫）を出席させ、閏四月十九日の会議にて、秋田藩は庄内藩攻撃を取りやめることを決めるなど、他の奥羽諸藩に同調した。

ところが翌日（二十日）、奥羽鎮撫総督軍の世良《せら》修蔵《しゅうぞう》（長州藩士）を仙台藩士が斬殺する事件が起きた（世良の傲慢さへの報復という）。また、世良の出した密書には会津・庄内討伐が私怨であることも明記されていた。

世良の密書から新政府方の本質を知った奥羽諸藩は、仙台城下にて薩長の私怨による会津・庄内討伐はやめること、奥羽の安定は奥羽諸藩自らが取り組むこと、これらの旨を京都の太政官に直接嘆願することを議決した（仙台会議）。そして、議決内容の周知を徹底するため、五月三日に奥羽列藩《れっぱん》同盟が結ばれた（まもなく、長岡《ながおか》藩など北陸の諸藩も加盟して奥羽越列藩同

会津藩駐屯地跡（伏見御堂）◆鳥羽・伏見の戦いの前日夕刻、会津藩の先遣隊二〇〇名が伏見京橋に上陸し、伏見御堂に宿泊した　京都市伏見区

盟となる。以下、同盟と略す）。同盟の成立により、奥羽鎮撫総督府は機能停止となった。もっとも、仙台藩士が世良を暗殺した以上、同盟は奥羽鎮撫総督府を交渉相手とすることができなくなったのである。こうした経緯から、同盟は太政官からの嘆願書への返答が着くまで、総督の九条道孝を仙台藩にて軟禁することになった。また、秋田藩の庄内藩攻撃も失敗のまま閏四月下旬に中止・撤退することになった。

さて、秋田藩では、五月一日、庄内藩攻撃に失敗した奥羽鎮撫副総督の沢為量《さわためかず》が藩領院内に退却してきた。家老の戸村が仙台藩に出張中の時期である。五月八日、沢は秋田城下に入り、翌日には藩校明徳館《めいとくかん》にて藩主の佐竹義堯と対面している。ここで義堯は、庄内藩攻撃のため下賜された錦旗の返納を申し出ている。その返納が実行されたかは不明であるが、秋田藩としては同盟での議決を遵守しようとしたのである。さらに、沢を藩内に足止めさせて、奥羽鎮撫総督府の復活を阻止しようとした（同盟の議決では沢は米沢藩預かりとなるはずであった）。なお、戸村が帰藩したのは、その翌日の五月十日であった。

ところが、事態は一変する。七月一日、仙台藩に軟禁されていた九条総督が盛岡《もりおか》藩を経由して秋田城下に入ってしまったのである。仙台藩がなぜ九条の軟禁を解いたかは明確ではない。いずれにせよ、九条と沢は久しぶりに合流した。ここに秋田藩にて、しばらく機能停止していた奥羽鎮撫総督府が復活したのである。この復活に、秋田藩の勤王派も勢いづいた。秋田藩は国学者・平田篤胤《ひらたあつたね》の出身地であり、幕末期は彼の養嗣子である平田鉄胤《かねたね》が篤胤の遺志を継いで勤王精神を鼓舞していた。当然のことながら、平田国学《こくがく》の影響を受けた勤王の藩士は、同盟の議決には反対だったのである。こうして、秋田藩は同盟派と総督府派（勤王派）に分裂した。

七月四日、総督府派の秋田藩士・須田盛貞《すだもりさだ》（砲術所総裁）は、九条の引き渡しを求めて秋

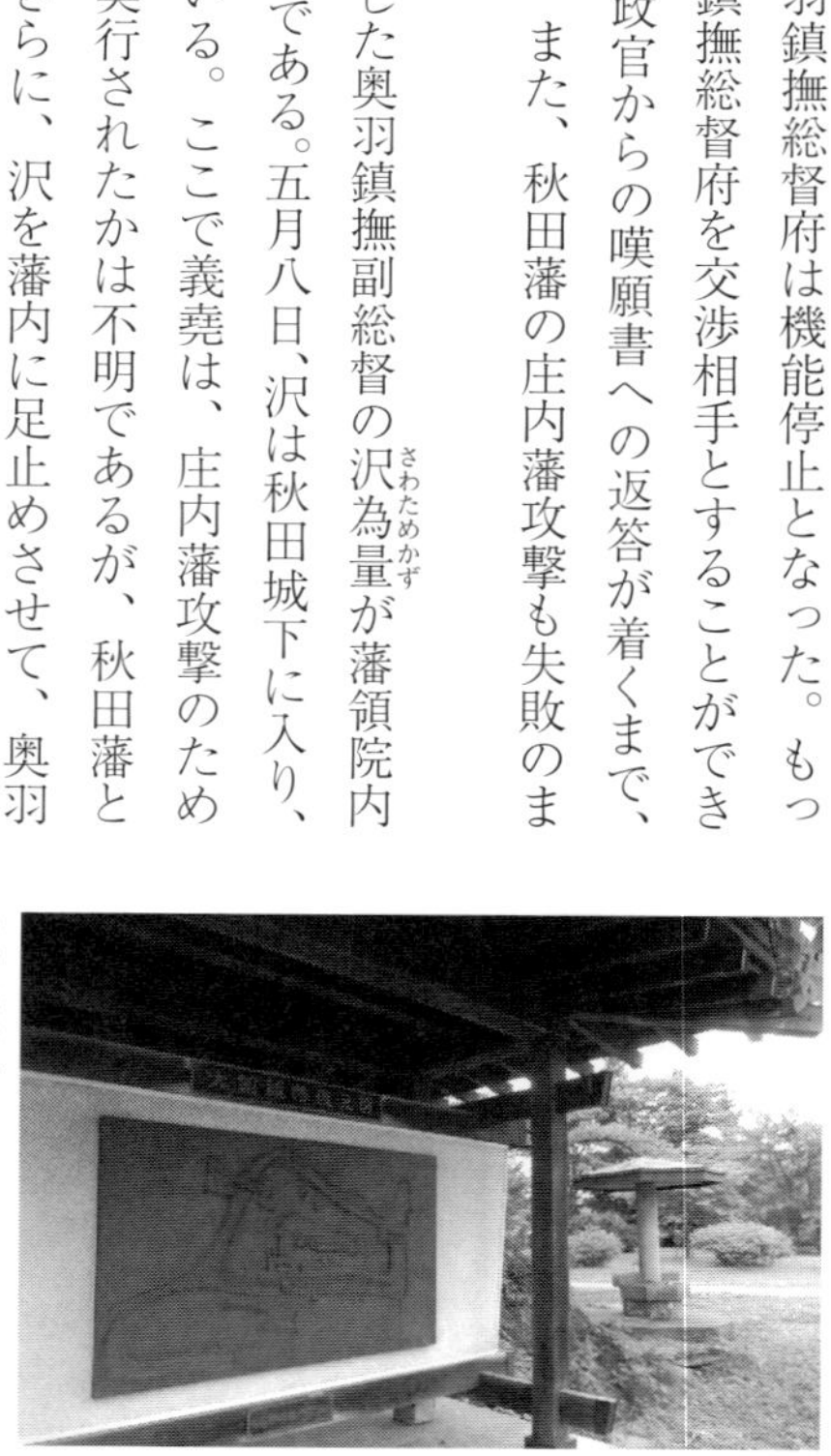

大館城跡◆秋田戊辰戦争で激しい攻防の舞台になった　秋田県大館市

田城下に来ていた仙台藩士を殺害した。これで一気に秋田藩は総督府派が主導権を握るようになった。藩主の義堯も彼らの突き上げに抗しきれなかった。秋田藩は奥羽越列藩同盟から離脱したのである。戊辰戦争の過程で、奥羽小藩が新政府方に降伏する事態は起きていた。しかし大藩である秋田藩の離脱は、仙台藩など同盟諸藩にとって大きな衝撃であった。当然ながら、秋田藩は仙台藩・庄内藩・盛岡藩など同盟諸藩から攻められることになった。これは秋田戊辰戦争とよばれる。秋田藩は武装の近代化の遅れもあり、領内各地の戦いで劣勢を強いられたのである。

八月六日、秋田藩は同盟の議決に調印した戸村に対して、家老職の罷免《ひめん》と蟄居《ちっきょ》を命じた。しかし、この処分は一時的であり、ほどなくして戸村は復職している。名目上、戸村を処分したことで、士気の下がった秋田藩兵を鼓舞したとみられる。

ただし、戊辰戦争自体は、薩長を中心とする新政府軍が各地で同盟諸藩軍を撃破し、九月二十四日には最後まで奮戦した庄内藩が降伏した。これで状況はさらに一変した。秋田藩は結果として勝者となった。すでに九月八日の時点で年号は慶応から明治《めいじ》に改元されていた。

秋田藩にとっては、なんともほろ苦い新時代のスタートになったのであるが、そうなった原因を戸村に押し付けた。戊辰戦争において、秋田藩は一時ながらも「賊軍」(同盟に加入したこと)になったが、その責任のすべてを戸村に負わせたのである。明治二年(一八六九)四月九日、秋田藩は戸村に対して、藩主の意向を無視して独断で同盟の議決に調印したとして、その知行地の三分の一を没収、その身を蟄居処分とした。当の戸村は、一言の弁明もなく、すべての責任を負わされたまま、明治十三年(一八八〇)にその生涯を閉じている。

佐竹義堯銅像◆明治政府の下で版籍奉還がなされると久保田藩知藩事に任命されるも、廃藩置県で免職となった。明治十七年(一八八四)には侯爵となった　秋田市・千秋公園

京都・美濃・和泉・土佐の佐竹氏

京都の革嶋氏——徳川光圀に見いだされた文書群は国指定文化財に

佐竹氏の活動の拠点は常陸、秋田だけではなかった。そのすべてが判明しているわけではないが、少なくとも山城国（京都府）と美濃国（岐阜県）に分派している。

革嶋《かわしま》家は、佐竹昌義の子・義季《よしすえ》を「元祖」とする山城国の一族である。義季が源頼朝の勘気に触れて、山城国革嶋荘（京都市西京区）に移されたという。ここで関白近衛《かんぱくこのえ》家の知遇を得て荘官となり、代を重ねるなかで室町幕府、織田信長などに仕えてきた。ただし、二十代忠宣《ただのぶ》が、天正十年（一五八二）の本能寺の変では織田政権のなかにあって明智光秀《あけちみつひで》に与した。それが災いして、秀吉・家康の時代になっても冷遇され、仕えるべき主君をもつことができなかった。そのため、然るべき大名家に仕官するのが革嶋家の課題となっていった。

寛文七年（一六六七）、二十二代幸忠《ゆきただ》は名を幸元《ゆきもと》と改め、さらに系図・関係文書を整えるとともに、由緒書を作成した。そこには、革嶋家が常陸の佐竹氏出身であることが明記されたのである。まず、福山《ふくやま》藩主の水野慶勝《みずのよしかつ》に提示した。そして、福山藩から扶持を受けることもあったが、仕官には結びつかなかった。そこで、今度は熊本《くまもと》藩主の細川綱利《ほそかわつなとし》に提示して仕官への手立てとした。そこには、十九代秀存が綱利の先代である細川藤孝《ふじたか》のために奔走した事績が記された。それでも仕官までには至らなかった。

ただし、天和《てんな》元年（一六八一）十一月、『大日本史』編さんの史料調査で上洛してきた水

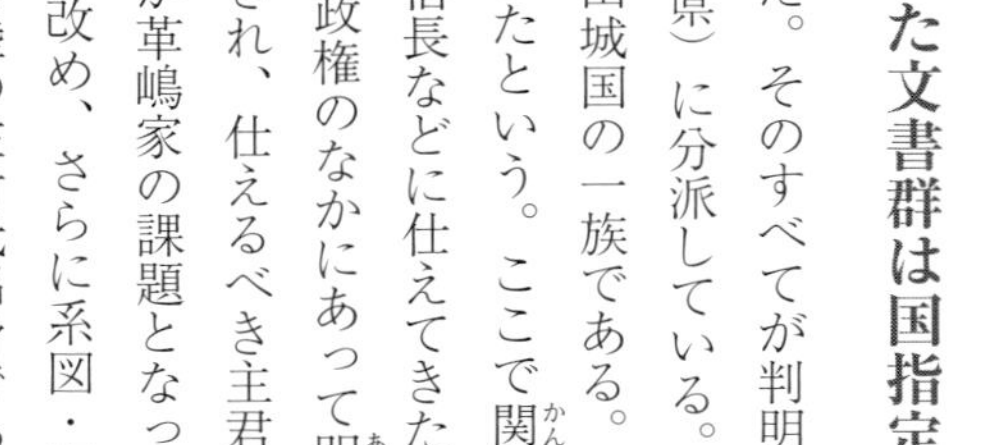

革嶋春日神社◆古来より当地に鎮座していた春日大神を、革嶋氏が入部した段階で革嶋城の城内に祀ったものという　京都市西京区

戸藩士佐々宗淳《さっさむねきよ》が、革嶋家の文書を閲覧したことがひとつの転機となった。佐々の報告を受けた水戸藩主徳川光圀は、佐竹氏の系譜に連なる革嶋家やその所蔵文書に巡り会えたことを大いに喜んだ。そして、書写した革嶋家歴代十七点の文書を巻子に仕立てた。さらに、光圀は礼状とともに「塩雁一羽」「錦五把」を贈っている。革嶋家では、この評価を励みのひとつとして、先祖伝来の文書を大切に保管しながら農村に生きる武士となった。

幕末の動乱期になると、二十八代有尚は尊攘活動に熱心になり、活動に臨んでは変名として「佐竹市輔」と称した。倒幕派の武士や公家などとも深く関わり、池田屋事件にも絡んだことから、新選組の追求をうけることもあった。

そうした危機を乗り越え、明治維新を迎える。その文書は「革嶋家文書」として国指定重要文化財に指定され、畿内に生きる佐竹氏の実態を伝えている。

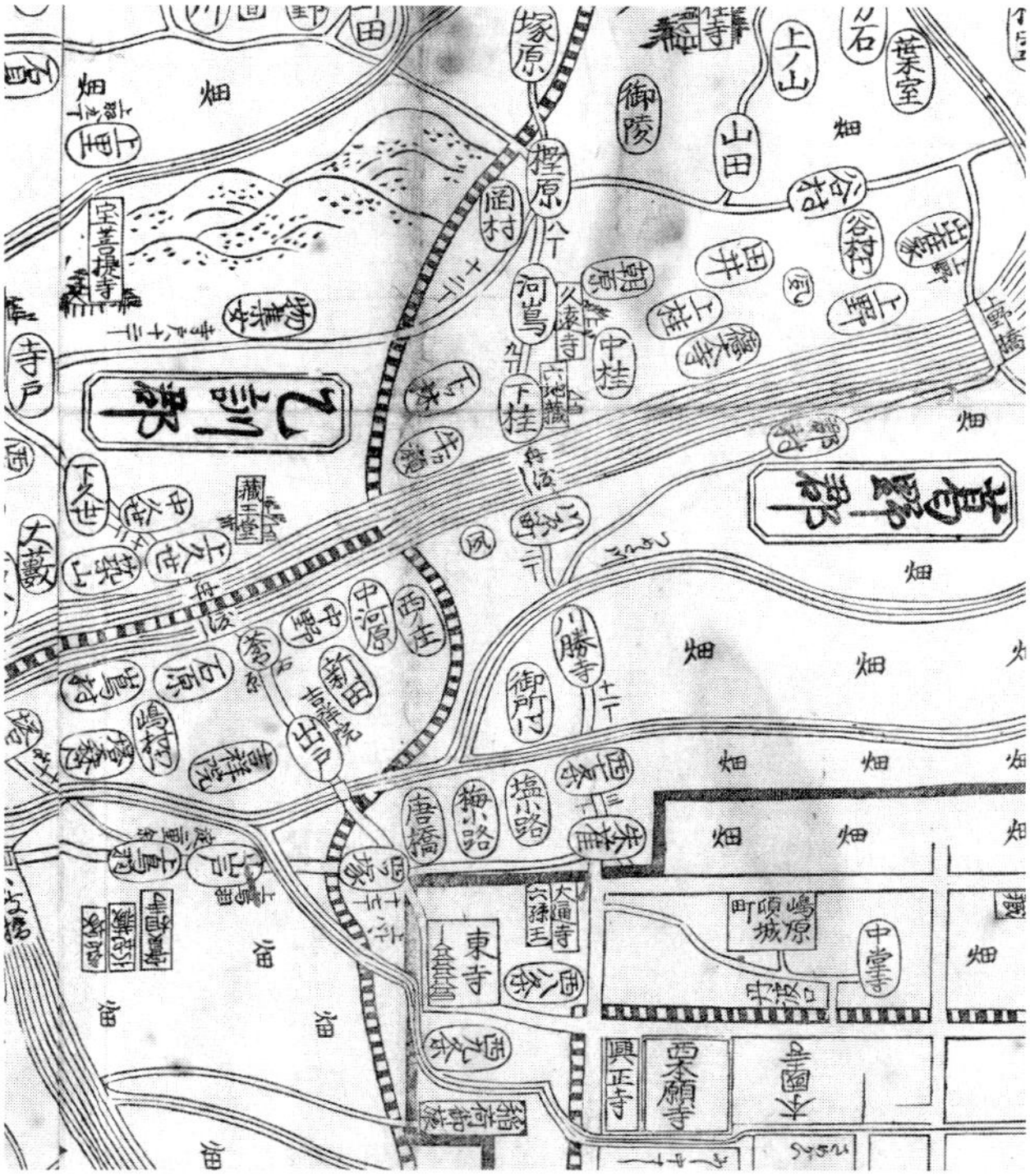

「洛中洛外図」（部分）◆中央上に「河嶌」（革嶋）の地名が見える　個人蔵

革嶋城跡◆革嶋氏は清和源氏の佐竹氏の分流で、鎌倉時代に近衛家から革嶋荘の下司職に補任されて下向した。室町時代には将軍直轄の家臣団である西岡被官衆のひとつとなった。革嶋城はこの革嶋氏の居城である。現在、周辺は宅地化し遺構は残っていない　京都市西京区

美濃・和泉・土佐の佐竹氏——宗家から分出した一族の活躍

美濃佐竹氏は佐竹秀義の子、北酒出《きたさかいで》季義《すえよし》を祖とする。承久の乱（一二二一年）にて、秀義は子の義重・季義などを幕府軍として派遣し、その戦功で美濃国武儀《むぎ》郡山口《やまぐち》郷・同国上有智《こうずち》荘（いずれも岐阜県美濃市）に所領を得た。そして季義が現地に向かうが、この系統が美濃佐竹氏となる。季義には三人の男子、義資《よしすけ》・定義《さだよし》・公清《きんきよ》がいた。このうち公清が上有智荘に入り、以後は上有智氏を称する。定義の系統が、南北朝時代以降に美濃佐竹氏の本家となる。いっぽう、季義の嫡男は義資であり、この系統が鎌倉時代までは本家であった。美濃佐竹氏は南北朝時代ころより、美濃に諸権利は残すものの、京都に主要拠点を移すようになった。

義資の孫である義教《よしのり》は播磨権守《ごんのかみ》も務めるが、台頭してきた義基《よしもと》とは対立していた。その禍根を引きずりながら、両者は美濃佐竹氏として尊氏に従っていく。義教の跡は義長《よしなが》が嗣いだ。暦応二年（一三三九）九月二十五日、義長は常陸国那珂東郡桧沢の浄因寺《じょういんじ》（茨城県常陸大宮市）に梵鐘を寄進した。美濃佐竹氏のはずの義長が、遠い常陸の寺院に寄進行為をするとは意外であるが、季義の系統はこの付近に少なからず所領をもっていたのであろう。

さて、暦応二年と書いたように、この梵鐘には銘文がある。とくに、梵鐘の功徳《くどく》を表す文辞は、教養高い禅僧に書いてもらうのが慣わしであった。この梵鐘には「唯此洪鐘　説吉祥句　韵徹九霄　聲入諸趣　昏昧者醒　濁悪者清　反聞々盡　大音甪□」と刻まれる。この文辞を選んだのが竺仙梵僊《じくせんぼんせん》である。彼は中国・元《げん》からの渡来僧であり、一三二九年に来日して、足利尊氏などの帰依を受けると、鎌倉の浄妙寺《じょうみょうじ》・浄智寺《じょうちじ》・建長寺《けんちょうじ》、京都の南禅寺《なんぜんじ》の住持になっている。尊氏の帰依した渡来僧に撰文《せんぶん》を依頼することで、義長は足利氏との関係強化を図ったのであろう。以後も義長は尊氏への忠節を示し、貞和五年（一三四九）八月十四日、

貝田城跡◆地元で「城の山」と呼ばれ、縄張り的には館を主体とした館城と考えられる。来歴などは不明だが、当地を治めていた和泉佐竹氏の館と推定されている　大阪府泉佐野市

観応の擾乱の直接的要因となった尊氏の執事・高師直による足利直義包囲事件では、包囲軍の一員として義長も加わっている。

ところが、観応二年（一三五一）十二月六日の足利直義御判御教書《ごはんみぎょうしょ》からわかるように、この時点で尊氏方から直義方に転じているのである。その理由は明らかではないが、美濃佐竹氏のなかで台頭してきた定義～義基系統との対立のなかで生じた事態とも考えられる。いずれにせよ、義長の系統は以後長く続かず、歴史の表面からは消えていくのである。

いっぽう、義基の系統も京都に移り、室町幕府将軍の直属の軍事組織、つまり室町幕府奉《ほう》公衆《こうしゅう》となる。常陸の宗家の佐竹義篤が侍所頭人を勤めた際に、義篤が京都で動員できる軍事力の大半を、義基など美濃佐竹氏が占めたと考えられる。常陸の佐竹氏にとっても義基は頼もしい存在であった。義基の子が義尚《よしひさ》（宣尚《のぶひさ》）である。彼も奉公衆として、とりわけ第三代将軍足利義満《よしみつ》には弓道の師匠として仕えた。明徳《めいとく》四年（一三九三）四月八日には、義満より和泉国鶴原《つるはら》荘（大阪府泉佐野市）の地頭《じとう》職・領家《りょうけ》職に補任された。美濃佐竹氏が和泉にも進出したことになる。ただし、鶴原荘は藤原五摂家のうちの九条家の領する荘園・日根《ひね》荘に隣接しており、その九条家からは、ここは独立した荘園でなく日根荘を構成する鶴原村である、との主張があった。九条家と室町幕府では捉え方が異なっていたのである。このように、鶴原荘は他の勢力も絡んだ複雑な環境下にあり、佐竹氏の支配は決して容易ではなかった。そのなかで、基親《もとちか》に至るまで美濃佐竹氏はこの領地・権利を守ってきたのである。

十六世紀の戦国時代までに、美濃佐竹氏が仕えてきた室町幕府自体の権威は大きく失墜していた。美濃佐竹氏自体も美濃・和泉などの所領経営が行き詰まりを見せていた。基親は経済支援も期待してか、常陸の佐竹氏への接近を図っていった。当初は、第十二代将軍・足利義晴《よしはる》がその意を佐竹義篤に伝える際に、使者となったのが基親であった。義篤としても奉公

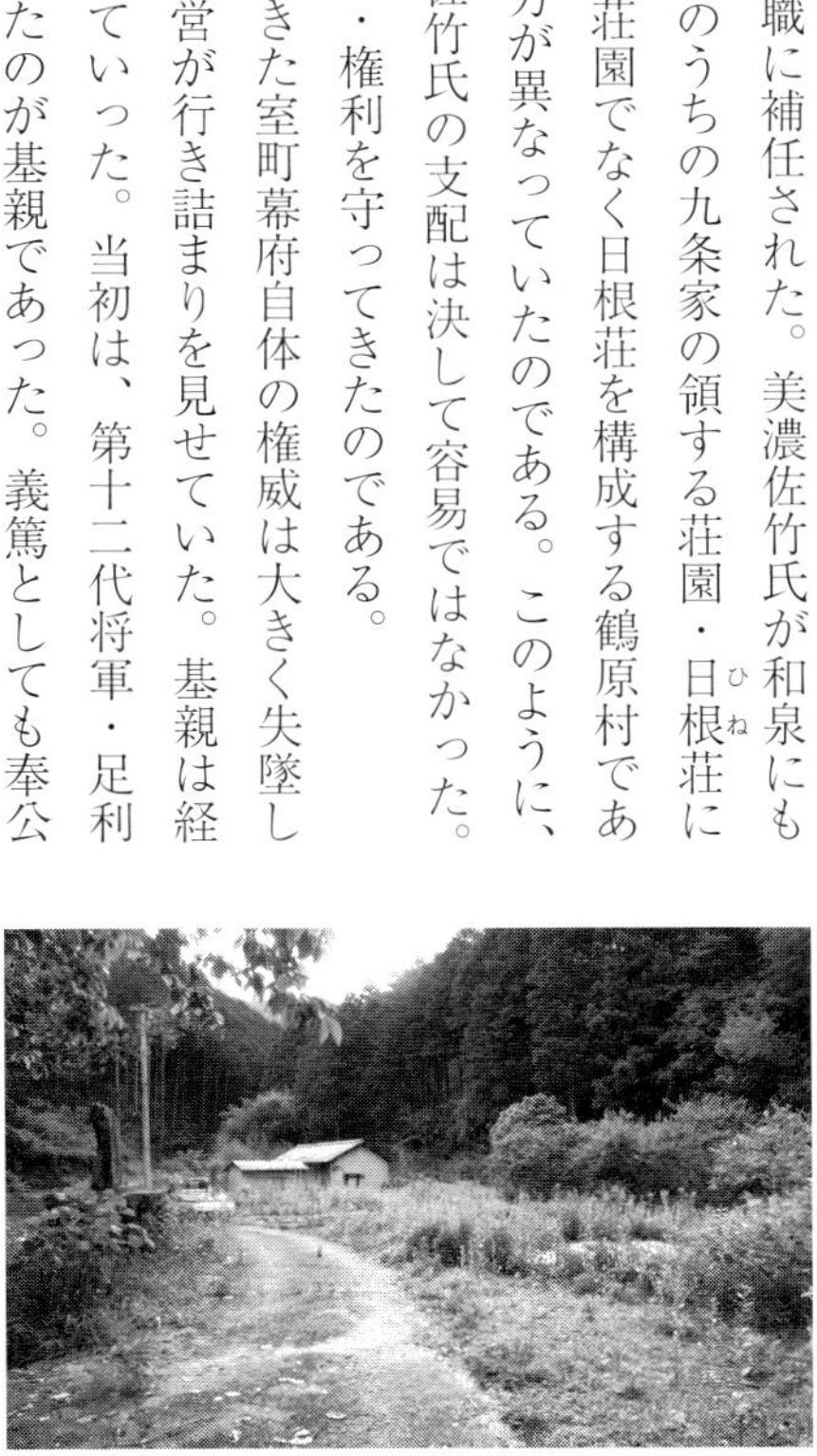

常賢寺跡◆境内に石垣・土塁・池跡、佐竹義直の逆修五輪塔と従者の墓がある　高知県中土佐町　画像提供：中土佐町教育委員会

衆として佐竹一族の基親が京都に、そして室町幕府将軍のそば近くに仕えることは心強かった。義篤の右馬権頭《うまごんのかみ》への叙任は、基親の尽力が大きいことも指摘されている。

基親は数度にわたって、将軍の使者として関東下向を遂げている。そしてついに天文十二年（一五四三）以降、下向した基親は義篤のもとに留まり、家臣となった。名も馬場篤親《ばばあつちか》と改めている。季義以来、長らく常陸を空けていた佐竹一族の常陸への回帰であった。

このほか、土佐国久礼《くれ》城（高知県中土佐町）に拠った佐竹義直《よしなお》（土佐佐竹氏）、山城国愛宕《おたぎ》郡高野《たかの》（京都市左京区）にあって明智光秀の家臣となった佐竹宗実《むねざね》がいる。常陸の佐竹氏との関係が考えられるものの、詳しいことはまだわかっていない。

美濃佐竹氏略系図

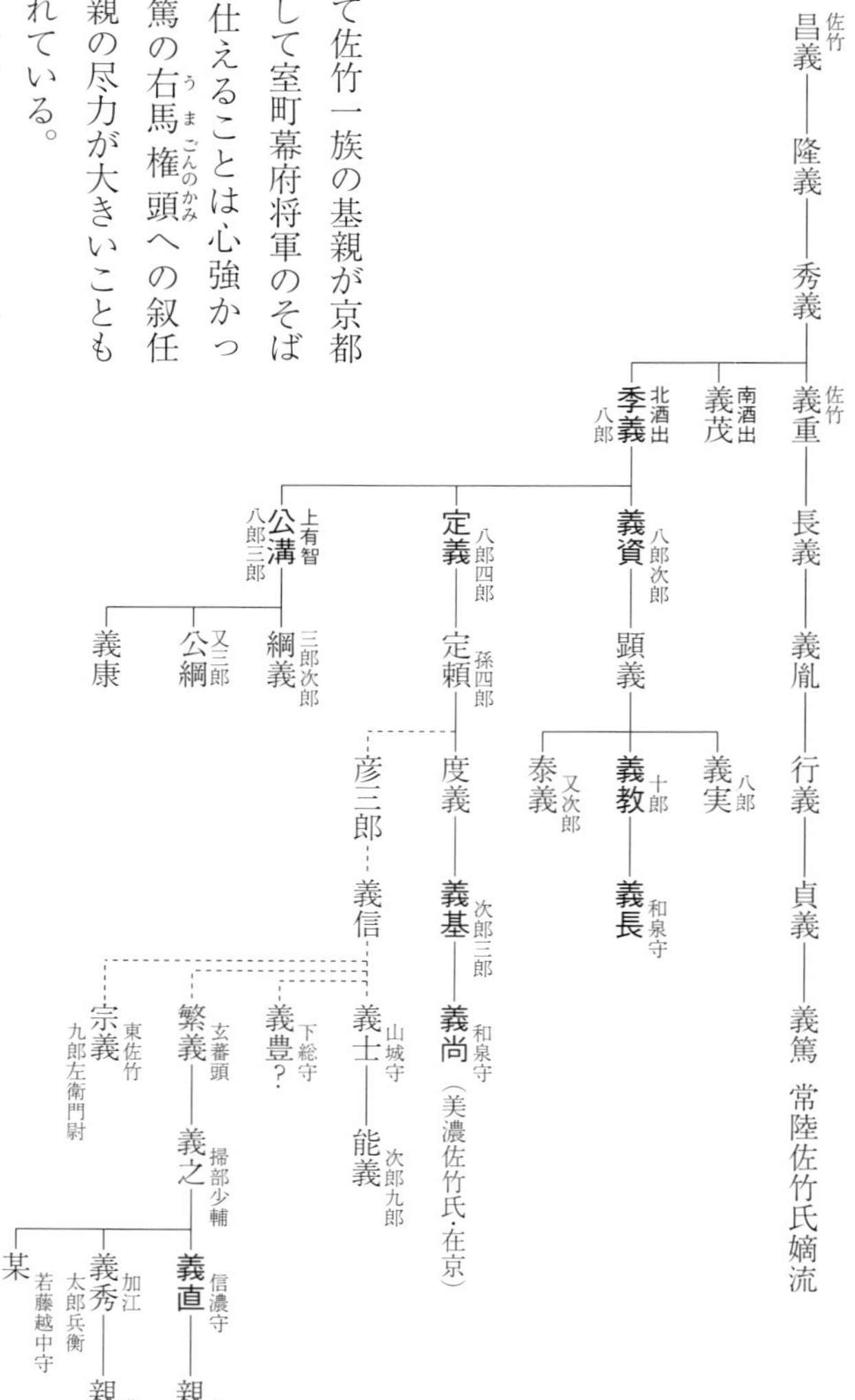

平井上総編著『長宗我部元親』所収「中世四国における西遷武士団のその後——土佐国久礼城主佐竹氏を中心にして」市村高男（戎光祥出版）より転載

◆付1 頓化原合戦記《とっけはらかっせんき》——佐竹一族の争いを描き好評を博す

佐竹氏が常陸を去って優に一世紀は過ぎたであろうころ、那珂川中流域に位置する現在の常陸大宮市・城里町の辺りで一冊の「歴史書」が編まれた。標題は「頓化原合戦記」あるいは「大山《おおやま》・石塚《いしづか》合戦記」などさまざまだが、内容はほぼ一致していた。本書は地方色が強く、登場人物は全国的にはまったくの無名であった。ほとんどは架空の物語で、成立は江戸時代である。ただし、物語のもととなる史実はあったとみられる。写本が複数あることから、一定の読者はいたはずである。しかし、木版による刊行（出版）までには至らなかった。

合戦の発端

石塚義国《よしくに》の娘、瑠璃姫《るりひめ》は大山義勝《よしかつ》の子・義則《よしのり》より求婚されるもこれを断り、天正元年（一五七三）、小場三河守義忠《よしただ》の子である誠之介義宗《よしむね》に嫁いだ。天正三年二月、義宗に嫡男の小場朝日丸《あさひまる》が誕生する。大山義勝は家臣の小田部《こたべ》孫九郎《まごくろう》に誕生祝いを持たせて、小場城に向かわせる。小場城では誕生を祝う宴が催された（義勝は義則の縁談を小場氏に断られているのだから、内心は怒っている）。ほどなくして小場朝日丸は、急病のために亡くなってしまった。

大山義勝は小田部孫九郎に、今度は弔問の使者として小場城に向かわせる。すると、小場義忠は祝儀のときと同じ小田部孫九郎が使者だったことに立腹して、二人は斬り合いになるところ、小場氏の家臣たちによって制され双方ともに押さえられた。なぜ、小場義忠は怒ったのか。どうも小田部孫九郎の名が「子を食べ、孫喰らう」とも読めるため、不吉だから義忠は立腹したという。

孫九郎は大山城に帰り義勝に報告すると、義勝は「そんな言いがかり、辱めを受けたのに黙って帰ってくるとは」と激怒し、孫九郎に切腹を命じた。孫九郎も自暴自棄になってほんとうに切腹しようとしたところ、大山氏の家臣たちに押さえられて事なきを得た。しかし、今回の事件をきっかけに、大山氏と小場氏は互いに敵対するようになった。

大山氏による石塚城攻め

大山氏は小場氏とは同じ佐竹一族だから合戦は避けようとしたが、小場氏は大山氏を攻める気配でいるとの伝令があった。そこで改めて軍議を開き、まず手始めに石塚義国の拠る石塚城を攻めることとした（小場氏と石塚氏は婚姻関係を結んでいる）。

いっぽうの小場義忠・義宗父子は、石塚義国を頼るため夜半に密かに那珂川を渡り、上泉の大杉河岸に上陸した。そして石塚城に入り、石塚義国は「我が一族と小場・大山の各氏は同じ佐竹氏一族だから争うのはよくない」と小場義忠を諭した。しかし、義忠は「今は一族などど言っている場合ではない、戦うまで」と反論した。実際、大山義勝の軍勢が石塚城に向かっているとの知らせが入り、小場・石塚両氏と大山氏は戦うことになった。大山氏は義勝の子・義則が大将となって石塚城に攻め込み、乱杭《らんぐい》・逆茂木《さかもぎ》を乗り越え外堀の中にまで侵入した。さらに、かの小田部孫九郎が小場・石塚両軍勢の前に出て、さんざんこれを討ち払った。すると、石塚城より石塚氏の家臣で川又《かわまた》権《ごん》太郎《たろう》と名乗る武者が出てきて、孫九郎と組み討ち、孫九郎の首を取った。義則はその首を持って自陣に戻ると、大山氏の軍勢は大いに盛り上がった。

小場義忠は大いに悲憤したが、石塚城よりこんどは石突《いしづき》兵部《ひょうぶ》と名乗る武士が出て、長刀を振り回して大山氏の軍勢に挑みかかった。大山氏の軍勢からは身の丈七尺の大男、川野辺《かわのべ》又四郎《またしろう》が進み出て、石突・川野辺は組み討ちに至った。そこに石塚城より三人張りの弓から矢が放たれ、それが又四郎に当たって絶命した。さらに大山氏の軍勢から四名の猛者が進み出たが、いずれも小場・石塚両軍の放つ矢に当たって討ち死にした。大山義勝・義則父子は大いに憤り自軍を鼓舞するものの立て直しはできず、大山氏の軍勢は鞍をうち捨てて退却していった。

小場氏・石塚氏による大山城攻め

大山氏の軍勢を追い払って意気揚々と石塚城に入った小場・石塚両軍は、軍議を開いて今後の大山城攻めを議論した。そして、大山氏が軍勢を立て直さないうちに大山城を攻めることとした。翌日、小場・石塚両軍は、石塚義国を大将として大山城を攻めるべく、まず手始めに北方にある頓化原の平治館を襲うこととした。そして小場・石塚両軍勢の主力は北方の頓化原に布陣した。

いっぽう、大山氏の軍勢は孫根の平治館に六〇騎が籠もるとともに、近くの大光寺《だいこうじ》の権現森《ごんげんもり》に三村肥前守光《みむらひぜんのかみみつ》盛《もり》など二十八騎が伏兵として配された。これは大山城攻撃に向かう小場・石塚両軍を横から突く態勢であった。小場・石塚両軍は平治館を目指して大光寺の権現森に差し掛かると、先頭を行く石桐藤兵衛忠光《いしきりとうべえただみつ》が権現森に伏兵が潜んでいることを見抜き、大光寺に火を放った。すると、炎上する大光寺からいきなり矢が放たれて、両軍の寄せ手十五、六騎が倒された。石桐藤兵衛が退こうとしたところ、伏兵のなかから三村肥前守光盛が進み出て、藤兵衛に向けて三人張りの弓にて十三束の矢を放った。藤兵衛は胸板を打ち抜かれ、落馬した。すかさず光盛は藤兵衛の首を取った。

こうして小場・石塚両軍は浮き足立ち、退却しようとしたところ、小場氏の家臣山田伝之丞《やまだでんのじょう》が「五〇〇騎足らずの大山氏の軍勢に、八〇〇騎の小場・石塚両軍が敗れるとは末代までの恥辱である」と大いに怒り、反撃の檄を飛ばした。すると、三〇〇騎の小場氏の軍勢が大山氏の軍勢に挑みかかった。しかし、大山氏の軍勢に押され大光寺の戦場を脱出し、頓化原より平治館を攻めている味方の軍勢に合流しようとした。

いっぽうの平治館を攻めている小場・石塚両軍も苦戦していた。館からは大山方の高須道斎入道《たかすどうさいにゅうどう》が進み出て、大将の小場義宗に迫る勢いであった。小場・石塚両軍勢の主将である山田伝之丞は大山方の軍勢に討たれ、そのため小場・石塚両軍勢は這々の体で石塚城に逃げ帰ったのである。

頓化原には、討たれた小場・石塚両軍勢の屍が散らばることになった。こうして大山義勝・義則父子は、石塚城攻めの失態を挽回できたのである。天正三年八月下旬のことであった。

佐竹氏宗家による裁定

那珂川中流域の佐竹一族が争ったことを、常陸太田の佐竹宗家は由々しき事態と受け止めた。佐竹宗家の重臣である戸村重太夫は石塚城に赴き、石塚義国・義久父子に対して一〇〇日間の謹慎処分を伝えた。続いて、重太夫は小場城に赴いて小場義忠・義宗父子に対して二〇〇日間の謹慎処分を伝えた。さらに、大山義国・義則父子に対しては長倉《ながくら》遠江守が使者となって赴き、五〇日間の門外禁足の処分を伝えた。これにて、那珂川流域の佐竹一族の争いは決着したのである。

地域限定のベストセラー

事件の時代は天正期という。那珂川中流域、その右岸に拠点をもつ大山氏と石塚氏、その左岸に拠点をもつ小場氏という佐竹一族の三氏が登場する。右岸の石塚氏と左岸の小場氏が手を組み、右岸の大山氏と争うという構図である。つまり、那珂川の右岸と左岸の勢力による境界（つまり那珂川）を介した対立にはなっていない。事件の発端は婚姻をめぐるトラブルであり、そこに祝儀・不祝儀の際のトラブルも重なり、やがて那珂川右岸の石塚城、および頓化原を舞台に合戦が起こるのである。一回戦（石塚城攻防戦）では小場・石塚両氏方が大山氏方を破り、二回戦（頓化原での野戦）は大山氏方が小場・石塚両氏方を破る結果となっている。そして、結論は佐竹氏宗家による三氏への謹慎・門外禁足という処分である。喧嘩両成敗による痛み分けで、その後の一族内紛の芽を摘んだ。

この事件を示す同時代の史料は未確認である。冒頭に「歴史書」と示したように、括弧つきの史料である。よって、内容は真正面から捉えれば荒唐無稽と断言できるし、歴史から切り離すこともできる。しかし、この三氏は十四世紀段階に佐竹氏宗家から分立した比較的古い一族である。しかも、宗家が久慈川流域を拠点としていることに対し、この三氏は那珂川流域を拠点としている。河川利用に関しては宗家とは別であり、三氏による独自の権限があったことが推定される。あくまで推測の域を出ないが、この三氏間で那珂川の水運、水利等をめぐる紛争があったことが、この「歴史書」の根底にあるのかもしれない。

そして、写本が複数制作された点も興味深い。理由も、推測だが小田部・川野辺・三村などこの流域に多い苗字の武将が多数登場することである。近世に生きるこの苗字を持つ人々にとって、それらの武将に自身の先祖を仮託する、あるいは先祖への想いをはせる「歴史書」といえよう。さらに、合戦は三氏とも一勝一負、そして宗家からの痛み分けの処分を受けていることから、これをもとにした村方騒動も想定しにくい。紛争の種にはしないという作者(未詳)の絶妙な落としどころとなっている。

さて、これも冒頭に示したように、複数の写本は制作されたが、版本として巷間に流布することはなかった。版元が出版を計画するほど売れるとは思わなかったのであろう。つまり、版元としては内容が荒唐無稽というより、舞台が那珂川中流域という狭い範囲であり、そのうえ社会的には無名の武将や合戦を描いた「歴史書」では、広く受け入れられないと判断したはずである。版元に出版を決意させるには至らない、あくまで地域限定のベストセラーだったのである。

歴史的三氏のその後

最後に、「頓化原合戦記」に描かれた佐竹一族の三氏を、豊臣政権期・佐竹氏常陸統一以降の歴史のなかに見ていきたい。

小場氏は那珂郡小場の地を離れ、長年にわたって小田氏が治めていた筑波郡の小田城に入った。石塚氏は茨城郡石塚から、かつて梶原政景が拠った新治郡《にいはり》(かつての北郡)の柿岡城に入っている。いっぽうの大山氏は、常陸平氏の小高氏《おだか》が拠った行方郡の小高城に入っている。

三氏とも佐竹氏宗家によって、二〇〇年近く拠点としていた那珂川中流域から離され、かつての佐竹氏の仇敵の拠点であり、新支配地となった場所に移されたのである。佐竹氏宗家にとっては口うるさい、古参の一族を体よく遠隔地に追いやったとも受け取れる。

それでも、徳川家康による宗家の秋田への移封において、三氏が冷遇されることはなかった。石塚氏は秋田城下にいて藩の家老を務め、小場氏は秋田藩内大館（秋田県大館市）の城代、また、大山氏は秋田藩内の院内（同湯沢市）の預所《あずかりどころ》を務めているように、秋田藩の重役として家名を存続させていったのである。

◆付2 佐竹氏関連論文・書籍一覧

【論文・著書】

藍原 怜「コラム 金砂山と山麓の仏教文化」高橋修編『佐竹一族の中世』高志書院 二〇一七年
浅見龍介「宝冠釈迦如来および両脇侍坐像」（作品解説）『禅：心をかたちに』東京国立博物館 二〇一六年
赤沢英二「正宗寺蔵の雪村筆滝見観音図：雪村と佐竹氏の問題に関連して」『國華』1082号 一九八五年
小豆畑毅「佐竹氏の南奥経略と佐竹義広」『戦国史研究』第33号 一九九七年
安達和人「戦国期における小場氏の政治的動向―佐竹西家成立前史」『常総中世史研究』第10号 二〇二二年
安部俊治「『伊達天正日記』に記された天正十五年の外交関係の記事について：伊達・佐竹氏を中心にして」『茨城県史研究』第86号 一九九七年
天野真志「秋田藩佐竹家中長瀬氏系図の成立と旧領常陸：幕末・明治期の由緒探求と同苗間交流」近代茨城地域史研究会編『近世近代移行期の歴史意識・思想・由緒』二〇一七年
荒川善夫「中世下野の多気山城に関する一考察」『歴史と文化』第2号 一九九三年
荒川善夫「古文書で見る常陸小河合戦」江田郁夫・簗瀬大輔編『北関東の戦国時代』二〇一三年
五十嵐雄太「瓜連城の変遷とその構造」『常総中世史研究』第4号 二〇一六年
石井 進「鎌倉時代の常陸国における北条氏領の研究」『茨城県史研究』第14号 一九六九年
石橋一展・額賀大輔『かさま歴史ブックレット5 中世の難台山と岩間』笠間市教育委員会 二〇二三年
泉田邦彦「「康応記録」の成立と伝来について：戦国期佐竹家中の系図類作成に関する一考察」『常総中世史研究』第5号 二〇一七年
泉田邦彦「佐竹氏と江戸氏・小野崎氏」高橋修編『佐竹一族の中世』高志書院 二〇一七年
市川悠人「戦国期領主佐竹氏と「東方之衆」」『立教史学』第2号 二〇一〇年
市村高男「いわゆる『秋田藩家蔵文書』についての覚書」『小山市史研究』第3号 一九八一年
市村高男「戦国期佐竹氏の支配領域とその内実」『戦国期東国の都市と権力』思文閣出版 一九九四年
市村高男「佐竹氏の支配組織の実態と特質」『戦国期東国の都市と権力』
市村高男「佐竹・多賀谷氏の南下と土岐・岡見・菅谷氏の動向」『戦国期東国の都市と権力』
市村高男「小田孝朝の乱と鎌倉府体制」『牛久市史研究』第8号 一九九九年

市村高男　『東国の戦国合戦』吉川弘文館　二〇〇九年
市村高男　「中世四国における西遷武士団のその後：土佐国久礼城主佐竹氏を中心にして」平井上総編著『シリーズ・織豊大名の研究1　長宗我部元親』戎光祥出版　二〇一四年
糸賀茂男　「戦国時代の小田氏」『筑波町史：上巻』筑波町史編さん委員会　一九八九年
今井雅晴　「水戸神応寺と時宗・遊行三十二代他阿普光」『茨城県史研究』第40号　一九七九年
今井雅晴　「清浄光寺蔵「佐竹義久判物」再考」『藤沢市史研究』第14号　一九八〇年
今井雅晴　「佐竹氏と時宗教団」『茨城県史研究』第46号　一九八一年
今井雅晴　『時宗成立史の研究』吉川弘文館　一九八一年
今井雅晴　「アメリカに渡った常北町・清音寺の仏像と山門」（上）『茨城県史研究』第63号　一九八九年
今井雅晴　「アメリカに渡った常北町・清音寺の仏像と山門」（下）『茨城県史研究』第64号　一九九〇年
今井雅晴　「鎌倉の佐竹氏」『三浦古文化』第48号　一九九〇年
今泉　徹　「佐竹東義久の花押について」『戦国史研究』第30号　一九九五年
今泉　徹　「佐竹北家の所領支配」『戦国史研究』第37号　一九九九年
今泉　徹　「戦国大名佐竹氏の地域支配体制：東氏南郷領を中心に」『国史学』第１５７号　一九九五年
今泉　徹　「戦国大名佐竹氏の家格制」『国史学』第１７７号　二〇〇二年
今泉　徹　「佐竹義重室伊達氏の黒印状」『戦国史研究』第48号　二〇〇四年
今泉　徹　「慶長五年八月佐竹氏の覚書」『戦国史研究』第54号　二〇〇七年
今泉　徹　「関宿合戦の諸段階―佐竹・宇都宮氏の動向を中心に―」『野田市史研究』第20号　二〇〇九年
今泉　徹　「戦国期佐竹南家の存在形態」佐藤博信編『中世東国の政治構造：中世東国論：上』岩田書院　二〇〇七年
今谷　明　「増補室町幕府侍所頭人並山城国守護付所司代・守護代・郡代補任沿革考証稿」同『守護領国支配機構の研究』法政大学出版局　一九八六年
江田郁夫　「戦国の城郭都市・宇都宮多気」『大学的栃木ガイド―こだわりの歩き方』昭和堂　二〇一三年
江原忠昭　『中世東国大名常陸国佐竹氏』一九七〇年
及川　亘、加藤昌宏、金子　拓共編　『佐竹義宣書状集：梅津憲忠宛』東京大学史料編纂所研究成果報　二〇一三年
大内政之介　『山入一揆と佐竹氏』筑波書林　一九九一年
大窪範光　「佐竹氏の常陸支配：常陸北半を中心に」『茨城史林』第21号　一九九七年

大窪範光「佐竹氏一族の「奥郡」支配」『あきた史記　歴史論考集6』秋田文化出版　二〇〇七年
小川知二「雪村の造型感覚：初期の作品から「風濤図」に至るまで」『東京学芸大学造形芸術学・演劇学講座研究紀要』第1号　一九九六年
小川知二「雪村の作品の編年に関する問題点」『国華』第１２４２号　一九九九年
小川知二「雪村の画論『説門弟資伝』について」『東京学芸大学紀要　第2部門　人文科学』第55号　二〇〇四年
小川知二『常陸時代の雪村』中央公論美術出版　二〇〇四年
小川知二「常陸画檀史断章：佐竹義人の登場と伝説、そして忘却へ」吉成英文編『常陸の社会と文化』ぺりかん社　二〇〇七年
小川知二「雪村は雪舟に傾ける周文風なり：岡倉天心の言説を巡って」『五浦論叢』第14号　二〇〇七年
小川知二「雪村周継「布袋図」と「山水図」」『聚美』第2号　二〇一二年
小川知二「谷文晁、酒井抱一、菅原洞斎の雪村崇拝：雪村の画論『説門弟資云』の謎をめぐって」東京藝術大学大学美術館、MIHO MUSEUM『雪村：奇想の誕生』二〇一七年
垣内和孝「南奥の国衆と佐竹氏」遠藤ゆり子編『伊達氏と戦国騒乱』吉川弘文館　二〇一六年
垣内和孝「南奥戦国史の可能性」同『伊達政宗と南奥の戦国時代』二〇一七年
垣内和孝「南奥の統合と佐竹氏・伊達氏」『伊達政宗と南奥の戦国時代』吉川弘文館　二〇一七年
垣内和孝「御代田合戦と佐竹氏・蘆名氏」『伊達政宗と南奥の戦国時代』
垣内和孝「伊達政宗の家督相続と蘆名氏」『伊達政宗と南奥の戦国時代』
垣内和孝「天正一四年の二本松「惣和」と伊達政宗」『伊達政宗と南奥の戦国時代』
垣内和孝「郡山合戦にみる伊達政宗の境目認識」『伊達政宗と南奥の戦国時代』
垣内和孝「清顕没後の田村家中」『伊達政宗と南奥の戦国時代』
垣内和孝「天正期の伊達・相馬境目」『伊達政宗と南奥の戦国時代』
垣内和孝「伊達・蘆名領国境と桧原城」『伊達政宗と南奥の戦国時代』年
垣内和孝「向羽黒山城と蘆名氏」『伊達政宗と南奥の戦国時代』
垣内和孝「戦国期安積郡の城館の類型的把握」『伊達政宗と南奥の戦国時代』
垣内和孝「田村地域の本城と支城」『伊達政宗と南奥の戦国時代』
垣内和孝「南奥の織豊系城郭」『伊達政宗と南奥の戦国時代』
梯　弘人「豊臣期関東における浅野長政」『学習院史学』第49号　二〇一一年
金沢正大「治承・文治大乱に於ける佐竹源氏１：治承・寿永内乱から奥州兵乱へ」『政治経済史学』第１７６号　一九八一年

金沢正大「治承・文治大乱に於ける佐竹源氏2：治承寿永内乱から奥州兵乱へ（鎌倉初期奥州文治五年兵乱の考察）」『政治経済史学』第177号　一九八一年

金子千秋「コラム　水戸八幡宮と佐竹義宣の兜」高橋修編『佐竹一族の中世』高志書院　二〇一七年

亀田俊和『観応の擾乱：室町幕府を二つに裂いた足利尊氏・直義兄弟の戦い』中央公論新社　二〇一七年

菊地勇次郎「常陸の時宗」『茨城県史研究』第7号　一九六六年

木下　聡「常陸佐竹氏における官途」『戦国史研究』第48号　二〇〇四年

木村茂光「金砂合戦と初期頼朝政権の政治史」『帝京史学』第29号　二〇一四年

久信田喜一『大場家の歴史と大場家歴代の人びと』（公財）大山守大場家保存協会　二〇一九年

栗原　修「北条高広と佐竹氏・後北条氏」『戦国史研究』第33号　一九九七年

栗原　亮「常陸国太閤検地の一考察：佐竹領・結城領を中心に」『茨城史学』第32号　一九九七年

黒田基樹『羽柴を名乗った人々』角川書店　二〇一六年

黒田基樹『戦国北条氏と合戦』戎光祥出版　二〇一六年

黒田基樹編『北条氏年表：宗瑞、氏綱、氏康、氏政、氏直』高志書院　二〇一三年

小松茂美『日本の絵巻14　後三年合戦絵詞』中央公論社　一九八八年

米谷豊之祐「佐竹の祖：源義業」『古代文化』第54巻6号　二〇〇二年

齋藤慎一『戦国時代の終焉：「北条の夢」と秀吉の天下統一』中央公論新社　二〇〇五年

佐久間好雄「佐竹氏移封後の常陸」『あきた史記：歴史論考集4』秋田文化出版　一九九七年

笹岡　明「佐竹乙寿丸と山尾小野崎氏：入嗣の経緯を中心に」『茨城史林』第37号　二〇一三年

笹岡　明「鎌倉後期の佐竹一族：元応元年佐竹彦四郎宛沙弥某奉書をめぐって」『常総中世史研究』第6号　二〇一八年

笹岡　明「鎌倉後期の「ゐ中」とかまくら」：長福寺本尊地蔵菩薩坐像胎内文書から」『常総中世史研究』第7号　二〇一九年

佐々木紀一「『平家物語』の中の佐竹氏記事について」『山形県立米沢女子短期大学紀要』第44号　二〇〇八年

佐々木倫朗「佐竹東義久の発給文書とその花押」『日本史学集録』第18号　一九九五年

佐々木倫朗「佐竹氏の陸奥南郷経営：戦国期から統一政権期にかけて」『歴史人類』第25号　一九九七年

佐々木倫朗「佐竹北義斯に関する一考察」『茨城県史研究』第78号　一九九七年

佐々木倫朗「佐竹義舜の太田城復帰と「佐竹の乱」：戦国期権力佐竹氏研究の前提として」『関東地域史研究』創刊号　一九九八年

佐々木倫朗「佐竹氏の小田進出と越相同盟」『戦国史研究』第42号　二〇〇一年

佐々木倫朗「戦国期権力佐竹氏における三家の政治的位置」『茨城県史研究』第88号　二〇〇四年

佐々木倫朗・寺﨑貴大「戦国期の八郷地域」『八郷町史』八郷町史編さん委員会　二〇〇五年

佐々木倫朗「大和田重清と連歌」『常総の歴史』第32号　二〇〇五年

佐々木倫朗「東国「惣無事」令の初令について」佐藤博信・荒川善夫・松本一夫編『中世下野の権力と社会』岩田書院　二〇〇九年

佐々木倫朗「佐竹北義斯に関する一考察」『茨城県史研究』第78号　一九九七年

佐々木倫朗「秋田県公文書館所蔵〈古本佐竹系図〉に関する一考察」峰岸純夫・入間田宣夫・白根靖大共編『中世武家系図の史料論：下巻』高志書院　二〇〇七年

佐々木倫朗「永正期における佐竹氏の下野出兵」『戦国期権力佐竹氏の研究』思文閣出版　二〇一一年

佐々木倫朗「佐竹氏の小田進出と越相同盟」『戦国期権力佐竹氏の研究』

佐々木倫朗「佐竹氏の南奥支配と東家義久の活動」『戦国期権力佐竹氏の研究』

佐々木倫朗「北家義斯の活動」『戦国期権力佐竹氏の研究』

佐々木倫朗「三家の政治的位置」『戦国期権力佐竹氏の研究』

佐々木倫朗「佐竹氏領国内編成の地域的偏差」『戦国期権力佐竹氏の研究』

佐々木倫朗「佐竹氏の陸奥南郷経営」『戦国期権力佐竹氏の研究』

佐々木倫朗「佐竹氏の南奥進出と船尾氏の存在形態」『戦国期権力佐竹氏の研究』

佐々木倫朗「佐竹氏の朝鮮渡海」『宇高良哲先生古稀記念論文集　歴史と仏教』文化書院　二〇一二年

佐々木倫朗「十六世紀前半の北関東の戦乱と佐竹氏」江田郁夫・簗瀬太輔編『北関東の戦国時代』高志書院　二〇一三年

佐々木倫朗「戦国期権力佐竹氏の家臣団に関する一考察」『大正大学大学院研究論集』第38号　二〇一四年

佐々木倫朗「佐竹氏の権力構造と家臣たち」高橋修編『佐竹一族の中世』高志書院　二〇一七年

佐々木倫朗「謙信の南征、小田原北条氏との抗争」高橋修編『佐竹一族の中世』

佐々木倫朗編著『シリーズ・中世関東武士の研究30　常陸佐竹氏』戎光祥出版　二〇二一年

佐々木倫朗・千葉篤志編著『戦国佐竹氏研究の最前線』山川出版社　二〇二一年

佐藤　隆「岡本元朝日記」と秋田藩の修史事業」『秋田県公文書館研究紀要』第19号　二〇一三年

佐藤博信「15世紀中葉における常陸佐竹氏の動向」『日本歴史』第558号　一九九四年

志田諄一「初期の佐竹氏をめぐって」『茨城キリスト教大学紀要』第10号　一九七六年

志田諄一「佐竹氏の領国経営：当乱相違地をめぐって」『歴史手帖』第101号　一九八二年

志田諄一『佐竹氏とその時代』常陸太田市　一九八八年
志田諄一「武田義清・清光をめぐって」『武田氏研究』第9号　一九九二年
志田諄一「耕山寺と浄光寺の変遷：佐竹義宣の秋田移封による」『あきた史記：歴史論考集6』秋田文化出版　二〇〇七年
清水眞澄『中世彫刻史の研究』有隣堂　一九八八年
杉山一弥「小田孝朝の乱にみる常陸男体山と室町幕府」『國學院雑誌』第112巻10号　二〇一一年
鈴木　満「「酒出文書」と奉公衆佐竹氏」『秋田県立博物館研究報告』第23号　一九九八年
関口慶久「中世の水戸城と城下町」『常総中世史研究』第7号　二〇一九年
関　周一、芳賀友博、志田諄一、笹岡　明、橘　松壽共著「中世」『十王町史　通史編』二〇一一年
瀬野精一郎『足利直冬』吉川弘文館　二〇〇五年
高橋　修「「坂東乱逆」と佐竹氏の成立：義光流源氏の常陸留住・定着を考える」『茨城県史研究』第96号　二〇一二年
高橋　修「中世瓜連を考える」『常総中世史研究』第4号　二〇一六年
高橋　修「新羅三郎義光と佐竹氏の成立」同編『佐竹一族の中世』高志書院　二〇一七年
高橋　修「コラム　佐竹氏　本領の景観：馬坂城、佐竹寺、正宗寺」同編『佐竹一族の中世』
高橋　修「常陸奥郡十年戦争」同編『佐竹一族の中世』
高橋　修「コラム　中世都市・瓜連と瓜連合戦」同編『佐竹一族の中世』
高橋裕文「戦国期佐竹東義久と常陸国山方城の位置」（上）『常総の歴史』第40号　二〇〇九年
高橋裕文「戦国期佐竹東義久と常陸国山方城の位置」（下）『常総の歴史』第41号　二〇一〇年
高橋裕文「コラム　東義久の山方城下構想と五輪塔」高橋修編『佐竹一族の中世』高志書院　二〇一七年
高橋裕文「「部垂の乱」の実態と在地動向」『茨城大学大学院人文社会科学研究科院生論集』第2号　二〇一八年
高橋裕文「鎌倉時代の佐竹氏：その在地基盤と奥七郡の関東御領的性格」『茨城大学人文科学研究』第8号　二〇一六年
高橋裕文『中世佐竹氏の研究』青史出版　二〇二〇年
高村恵美「コラム　秋田藩士の故地来訪：『常陸御用日記』」高橋修編『佐竹一族の中世』高志書院　二〇一七年
滝　友彦・山本博資・島崎和夫共著『多賀山地の佐竹氏金山跡の探索』日立市郷土博物館　二〇〇六年
武田光一「光琳の「紅白梅図屏風」と雪村の「欠伸布袋・紅白梅図」三幅対：作品は作品から創造される」『新潟大学教育学部研究紀要・人文・社会科学編』第4巻2号　二〇一二年
多田　誠「室町幕府奉公衆美濃佐竹氏について」『皇学館論叢』第29巻6号　一九九六年

田山　久「大館佐竹氏の歴代」『大館市史　第2巻』大館市史編さん委員会　一九七八年
月井　剛「戦国期東国領主の起請文に関する基礎的考察：佐竹氏と後北条氏の比較検討を中心に」『古文書研究』第73号　二〇一二年
月井　剛「戦国期佐竹氏の起請文に関する一考察：判物形式と書状形式の比較検討を中心に」『栃木県立文書館研究紀要』第17号　二〇一三年
堤　禎子「佐竹氏と八幡信仰」『茨城県立歴史館報』第28号　二〇〇一年
寺﨑理香「南北朝の動乱と佐竹氏」高橋修編『佐竹一族の中世』高志書院　二〇一七年
土居輝雄『佐竹史探訪』秋田魁新報社　一九九七年
冨山章一『奥七郡から出発：常陸佐竹氏の軌跡』茨城新聞社　二〇一五年
冨山章一『雪村：謎の生涯を追う』茨城新聞社　二〇一七年
戸谷穂高「沼尻合戦：戦国末期における北関東の政治秩序」江田郁夫・簗瀬大輔編『北関東の戦国時代』高志書院　二〇一三年
中根正人「佐竹氏と常陸平氏」高橋修編『佐竹一族の中世』高志書院　二〇一七年
中根正人「戦国期の東関東：真壁氏と佐竹氏の関係を中心に」戦国史研究会編『戦国時代の大名と国衆：支配・従属・自立のメカニズム』戎光祥出版　二〇一八年
中根正人「「南方三十三館」謀殺事件考」『常総中世史研究』第4号　二〇一六年
中根正人編著『シリーズ・中世関東武士の研究38　佐竹義重』戎光祥出版　二〇二四年
中野　等「豊臣政権の関東・奥羽政策」『茨城県史研究』第97号　二〇一三年
中野　等『石田三成伝』吉川弘文館　二〇一七年
並木克央「佐竹氏の移封と常陸」『あきた史記：歴史論考集4』秋田文化出版　一九九七年
西岡芳文・瀬谷貴之・永村　眞・福島金治・渡辺智裕・若林繁「福島県いわき市長福寺本尊地蔵菩薩坐像と納入文書―概報―」『金澤文庫研究』第330号　二〇一三年
西田かほる『近世甲斐国社家組織の研究』山川出版社　二〇一九年
新田英治「中世文献調査報告（1）」『茨城県史研究』第51号　一九八三年
新田英治「中世文献調査報告（2）」『茨城県史研究』第52号　一九八四年
新田英治「中世文献調査報告（3）」『茨城県史研究』第53号　一九八四年
新田英治「中世文献調査報告（4）」『茨城県史研究』第54号　一九八五年
新田英治「中世文献調査報告（5）」『茨城県史研究』第55号　一九八五年
額賀大輔「コラム　山入城跡・武生城跡・久米城跡」高橋修編『佐竹一族の中世』高志書院　二〇一七年

額賀大輔　「コラム　小田城跡・鹿島城跡・府中城跡」高橋修編『佐竹一族の中世』
根岸茂夫　「元禄期秋田藩の修史事業」『栃木史学』第5号　一九九一年
根本盡忠　「秋田初代佐竹義宣所用人色皮胴黒糸縅：具足の兜は義通の作」『郷土文化』第34号　一九九三年
根本盡忠　「一九代佐竹義重所用紺糸素懸縅五枚矧具足：具足の兜は義通系の吉久作」『郷土文化』第35号　一九九四年
羽下徳彦　「室町幕府侍所頭人　付、山城守護補任沿革考証稿」『東洋大学紀要．文学部篇』第16号　一九六二年
萩野谷悟　「茨城県大子町下津原の金山関係資料について」茨城県教育財団『研究ノート』第7号　一九九七年
萩野谷悟　「茨城県水戸市木葉下町の金山関係資料について」茨城県教育財団『研究ノート』第10号　二〇〇一年
長谷川武　「戦国時代の新形兜の最初の開発は佐竹家が原動力」『郷土文化』第19号　一九七八年
樋川智美　「鎌倉期常陸国奥七郡をめぐる婚姻関係成立の意義」『茨城県史研究』第74号　一九九五年
日暮冬樹　「常陸佐竹氏の権力確立過程」『国史学』第163号　一九九七年
日暮冬樹　「常陸佐竹氏の年貢公事収取について：朝鮮出兵時を中心に」佐藤博信編『中世房総と東国社会』岩田書院　二〇一二年
平岡　崇　「秋田移封：つき従った者たち」高橋修編『佐竹一族の中世』高志書院　二〇一七年
平山　優　『穴山武田氏』戎光祥出版　二〇一一年
廣木達也　「コラム　舞鶴城と佐竹氏ゆかりの社―常陸太田―」高橋修編『佐竹一族の中世』高志書院　二〇一七年
福島正義　「豊臣政権と大名領国の形成：常陸、佐竹氏について」『埼玉大学紀要　教育学部　人文・社会科学』第29号　一九八〇年
福島正義　「戦国大名から近世大名へ―佐竹氏について―」『日本歴史』第454号　一九八六年
藤井達也　「コラム　伊達政宗の「密書」―「小野崎文書」の発見―」高橋修編『佐竹一族の中世』高志書院　二〇一七年
藤井達也　「天文期における佐竹義篤の動向：岩城氏・白川氏・那須氏との関係を中心に」『茨城史林』第42号　二〇一八年
藤木久志　『戦国大名の権力構造』吉川弘文館　一九八八年
古田　亮　「自画像」（作品解説）『雪村：奇想の誕生』東京藝術大学大学美術館　MIHO MUSEUM　二〇一七年
牡丹健一　「コラム　部垂城跡と部垂の乱の伝説」高橋修編『佐竹一族の中世』高志書院　二〇一七年
前川辰徳　「佐竹氏と下野の武士」高橋修編『佐竹一族の中世』
松本一夫　「常陸国における守護及び旧族領主の存在形態―南北朝：室町前期の佐竹・大掾氏を中心に」『国史学』第140号　一九九〇年
皆川義孝　「時宗総本山清浄光寺所蔵史料にみる東国武将と時衆」『駒沢女子大学研究紀要』第21号　二〇一四年
三村まり子　「三村家文書を読む」『大宮郷土研究』第20号　二〇一六年
宮内教男　「常州久慈郡太田古城之図：太田一高所蔵資料紹介」『茨城県立太田第一高等学校紀要』第38号　二〇〇二年

宮内教男「金砂合戦と常陸佐竹氏」高橋修編『実像の中世武士団：北関東のもののふたち』高志書院 二〇一〇年

元木泰雄『河内源氏：頼朝を生んだ武士本流』中央公論新社 二〇一一年

元木泰雄『源頼朝：武家政治の創始者』中央公論新社 二〇一九年

森木悠介「戦国期佐竹氏の代替わりについて：義重から義宣への家督交代を中心に」『茨城県立歴史館報』第43号 二〇一六年

森木悠介「戦国期佐竹氏の南奥進出」高橋修編『佐竹一族の中世』高志書院 二〇一七年

森島康雄「豊臣政権と佐竹氏：関ヶ原合戦への道」高橋修編『佐竹一族の中世』

森島康雄「考古学からみた伏見城・城下町」日本史研究会編『豊臣秀吉と京都』文理閣 二〇〇一年

野内正美「それでも指月伏見城はあった」『京都府埋蔵文化財論集 第6集』二〇一〇年

矢部良明「佐竹義舜・義篤時代の石井氏」『茨城史林』第12号 一九八八年

山縣創明「藤沢市遊行寺所蔵の中国磁器」『三浦古文化』第26号 一九七九年

山縣創明「戦国期佐竹氏における中央権力との関わり」『茨城県史研究』第93号 二〇〇九年

山川千博「部垂の乱と佐竹氏の自立」高橋修編『佐竹一族の中世』高志書院 二〇一七年

山川千博「東国の戦乱と「佐竹の乱」」高橋修編『佐竹一族の中世』

山川千博「コラム 高部館跡と高部宿」高橋修編『佐竹一族の中世』

山田邦明「コラム 佐竹氏南奥の城」高橋修編『佐竹一族の中世』

山田邦明『鎌倉府と関東：中世の政治秩序と在地社会』校倉書房 一九九五年

山田邦明編著、阿部能久、中根正人、山下智也共著『関東戦国全史：関東から始まった戦国150年戦争』洋泉社 二〇一八年

山田邦和「伏見城とその城下町の復元」日本史研究会編『豊臣秀吉と京都』文理閣 二〇〇一年

山田将之「戦国期岩城氏にみる婚姻関係と中人秩序：佐竹・伊達間における仲介者」『学習院大学人文科学論集』第19号 二〇一〇年

山本 勉『日本の美術第493号 南北朝時代の彫刻』至文堂 二〇一七年

吉田ゆり子「武士への憧れ：「系図」と「家伝記」」国文学研究資料館（アーカイブズ系）編『中近世アーカイブズの多国間比較』岩田書院 二〇〇九年

鷲谷 豊「佐竹転封が運んだ大館城下の地名」『北方風土』第44号 二〇〇二年

渡辺英夫「秋田藩佐竹氏の表高二〇万石について」『秋田大学教育文化学部研究紀要 人文科学・社会科学』第68号 二〇一三年

渡辺英夫「寛永十一年、秋田藩佐竹氏の二つの領知高」『秋大史学』第60号 二〇一四年

渡辺英夫『秋田藩』現代書館 二〇一九年

【調査報告書　図録　自治体史　史料集】

秋田魁新報社『秋田人名大事典』二〇〇〇年
秋田市史編さん委員会『秋田市史　第15巻　美術・工芸編』二〇〇〇年
秋田市史編さん委員会『秋田市史　第3巻　近世・通史編』二〇〇三年
茨城県立太田第一高等学校史学会『茨城県常陸太田市　正宗寺』一九五九年
茨城県『茨城県史料　中世編Ⅰ』「鹿島神宮文書」「税所文書」一九七〇年
茨城県『茨城県史料　中世編Ⅱ』「正宗寺文書」一九七四年
茨城県『茨城県史料　中世編Ⅲ』「千妙寺文書」「小林文書」「神応寺文書」一九九〇年
茨城県『茨城県史料　中世編Ⅳ』「秋田藩家蔵文書」一九九一年
茨城県『茨城県史料　中世編Ⅴ』「秋田藩家蔵文書」「長福寺縁起所収文書」「八槻文書」一九九四年
茨城県教育財団『文化財調査報告　第250集　村松白根遺跡1』二〇〇五年
茨城県立歴史館『雪村：常陸からの出発』一九九二年
茨城県立歴史館『戦国大名常陸佐竹氏』二〇〇五年
茨城県立歴史館『霞ケ浦と太平洋のめぐみ：塩づくり』二〇一二年
茨城県立歴史館『茨城県立歴史館史料叢書11　鹿島神宮文書1』二〇〇八年
茨城県立歴史館『茨城県立歴史館史料叢書22』「税所文書」二〇一九年
茨城大学中世史研究会『茨城大学中世史研究』VOL 6（高部城）二〇〇九年
茨城大学中世史研究会『茨城大学中世史研究』VOL 7（長倉城・山方城）二〇一〇年
茨城大学中世史研究会『茨城大学中世史研究』VOL 8（部垂城・高部城）二〇一一年
茨城大学中世史研究会・常陸大宮市歴史民俗資料館『館と宿の中世：常陸大宮の城跡とその周辺』二〇〇九年
金森正也『秋田藩小事典』無明舎出版　二〇一八年
京都市文化市民局『京都市内遺跡試掘調査概報』平成12年度版　二〇〇一年
京都市文化市民局『京都市内遺跡試掘調査概報』平成14年度版　二〇〇三年
京都市埋蔵文化財研究所『伏見城跡』二〇〇八年
京都市埋蔵文化財研究所『京都市埋蔵文化財調査概要』昭和55年度　二〇一一年
京都府立総合資料館『革嶋家文書展』二〇〇三年

国立歴史民俗博物館『社寺の国宝・重文建造物等　棟札銘文集成　関東編』一九九七年
水府村教育委員会『日本城郭史学会調査報告第11集 山入城Ⅰ 第1次発掘調査報告書』一九八九年
杉山　博・下山治久共編『戦國遺文 後北条氏編』第1巻　東京堂出版　一九八九年
杉山　博・下山治久共編『戦國遺文 後北条氏編』第2巻　東京堂出版　一九九〇年
杉山　博・下山治久共編『戦國遺文 後北条氏編』第3巻　東京堂出版　一九九一年
杉山　博・下山治久共編『戦國遺文 後北条氏編』第4巻　東京堂出版　一九九二年
正宗寺文化財保存協会『正宗寺』一九八三年
仙台市史編さん委員会『仙台市史　資料編10　伊達政宗文書1』一九九四年
仙台市博物館『斎藤報恩会寄贈資料』二〇一六年
仙台市博物館『伊達政宗文書』二〇一七年
仙台市博物館『伊達政宗：生誕４５０年記念』二〇一七年
東京藝術大学大学美術館・MIHO MUSEUM『雪村：奇想の誕生』二〇一七年
常陸太田市史編さん委員会『佐竹系譜』一九七八年
常陸太田市史編さん委員会『佐竹家臣系譜』一九八二年
常陸大宮市史歴史民俗資料館『南郷道：水戸と奥州をつなぐもうひとつの道』二〇一四年
常陸大宮市史編さん委員会『常陸大宮市史　資料編2　古代・中世』二〇二三年
福島県教育委員会『福島県立博物館調査報告第11集　都々古別三社調査報告書』一九八五年
文化財建造物保存技術協会『重要文化財八幡本殿保存修理工事報告書』一九九九年
三井記念美術館『円覚寺の至宝：鎌倉禅林の美』二〇一九年
横手市史編さん委員会『横手市史　通史編　近世』二〇一〇年
横浜市歴史博物館『鶴見合戦―『太平記』にみる横浜―』二〇〇七年
龍谷ミュージアム・三井記念美術館『地獄絵ワンダーランド』二〇一七年

佐竹氏関連年表

年号	西暦	事項
天喜3年	一〇五五	源義光が源頼義の三男として生まれる。
承暦元年	一〇七七	源義業が義光の嫡男として生まれる。
寛治元年	一〇八七	義光が後三年の役で奥州に赴く。
嘉承元年	一一〇六	義光は甥の源義国と常陸で戦う（常陸合戦）。
元永元年	一一一八	源（佐竹）隆義（第二代当主）、昌義（初代当主）の四男として生まれる。
大治2年	一一二七	義光が没する。
長承年間		この頃、源（佐竹）昌義が、常陸国久慈東郡佐竹郷に住するという（佐竹氏のはじまり）。
長承2年	一一三三	この年に義業が没するという。
仁平元年	一一五一	佐竹秀義（第三代）が隆義の三男として生まれる。
治承元年	一一七七	この頃までに佐竹氏の所領が常陸国奥七郡全域に及ぶという。
治承4年	一一八〇	秀義が源頼朝の討伐をうける（金砂合戦）。奥七郡の所領の大半を没収される。
寿永2年	一一八三	隆義が没する。
文治2年	一一八六	佐竹義重（第四代当主）が秀義の子として生まれる。
文治5年	一一八九	秀義が奥州合戦に頼朝方として出陣し、その功績で御家人に加えられる。
承元元年	一二〇七	佐竹長義（第五代当主）が義重の子として生まれる。
承久3年	一二二一	佐竹義重、同季義など幕府方として出陣し（承久の乱）、宇治川の合戦で戦功をあげる。
貞応2年	一二二三	佐竹秀義が勝楽寺境内に正法院を開く。
嘉禄元年	一二二五	秀義が没する。
安貞元年	一二二七	佐竹義胤（第六代当主）が長義の子として生まれる。
建長4年	一二五二	義重が没する。
弘長3年	一二六三	佐竹行義（第七代当主）が義胤の子として生まれる。
文永9年	一二七二	長義が没する。
弘安元年	一二七八	義胤が没する。

弘安10	一二八七	佐竹貞義（第八代当主）が行義の子として生まれる。
嘉元3年	一三〇五	行義が没する。佐竹義継（後の月山周枢）が貞義の庶長子として生まれる。
応長元年	一三一一	佐竹義篤（第九代当主）が貞義の二男として生まれる。
元亨2年	一三二二	佐竹小川義綱が長福寺（真言律宗）を開く。
正中2年	一三二五	貞義は呑海を迎え、太田に浄光寺（時宗）を開く。
建武2年	一三三五	貞義は鶴見合戦で北条時行軍と戦う（中先代の乱）。足利尊氏の建武政権離反にも従う。
建武3年	一三三六	貞義は南朝方の楠正家の拠る瓜連城を攻める。子の義冬を失う。
建武4年	一三三七	貞義はこの年に足利尊氏から常陸守護に任ぜられたと思われる。
暦応元年	一三三八	小瀬義春（貞義の子）は鹿島一族を指揮して、神宮寺城の北畠親房と戦う。
貞和元年	一三四五	義篤が足利尊氏の随兵として天龍寺参拝に従う。
貞和2年	一三四六	佐竹義香（第一〇代当主）が義篤の子として生まれる。
観応2年	一三五一	義篤は子の義香を直義方として参戦させるなど、直義与党となる。
文和元年	一三五二	貞義が没する。義篤は復庵宗己を招き、清音寺を臨済宗寺院として中興する。
文和3年	一三五四	義篤が室町幕府より侍所頭人に補任される。
貞治元年	一三六二	義篤が没する。義香が後継となり義宣と改める。
貞治4年	一三六五	佐竹義盛（第十一代当主）が義宣の子として生まれる。
嘉慶2年	一三八八	義宣は難台山に小野崎通郷・江戸通高を派遣して（小田孝朝の乱・一三八七〜）、これを落とす。
康応元年	一三八九	義宣が没する。
応永7年	一四〇〇	上杉竜保丸（後の佐竹義憲・義人）、上杉憲定の二男として生まれる。
応永14年	一四〇七	義盛が没する。上杉竜保丸が後継者（第十二代当主）となるが、山入与義などは反対する。
応永15年	一四〇八	龍保丸は鎌倉府より鹿島神宮の社領紛争への対処を命ぜられる。
応永23年	一四一六	上杉禅秀の乱の勃発に対して佐竹義憲（龍保丸改め）は足利持氏方、山入氏は禅秀方となる。
応永24年	一四一七	義憲は禅秀に与した稲木義信を攻めて、これを降す。
応永27年	一四二〇	佐竹義俊（第十三当主。当初は義頼）が義憲（義人）の子として生まれる。
応永30年	一四二三	室町幕府が山入祐義を常陸守護に補任する。

応永32年	一四二五	幕府と鎌倉府との協議により、義憲と祐義を半守護とする。
永享10年	一四三八	足利持氏が反乱を起こす（永享の乱）。義憲は持氏に与する。
嘉吉元年	一四四一	室町幕府は持氏残党支持の義人（義憲改め）を討伐しようとするも、断念する。
嘉吉3年	一四四三	佐竹義治（第十四代当主）が義俊の子として生まれる。
享徳元年	一四五二	義俊が弟の実定によって太田城から追放され、孫根城に拠る。
応仁元年	一四六七	義人が没する。義俊は義実（実定の子）を追放して太田城の奪還に成功する。
文明2年	一四七〇	佐竹義舜（第十五代当主）が、義治の子として生まれる。
文明9年	一四七七	義俊が没する。子の義治が嗣ぐ。
延徳2年	一四九〇	義治が没する。子の義舜が嗣ぐ。山入義藤・氏義父子が義舜を孫根城へ追放して太田城に入る。
延徳3年	一四九一	岩城親隆が義舜と氏義の和睦を斡旋する。
明応3年	一四九四	義舜と山入氏義の和睦が成立する。ただし太田城の返還は実現せず。
明応9年	一五〇〇	氏義は和睦を破棄して、孫根城の義舜を攻める。義舜は金砂城に逃れる。
文亀2年	一五〇二	氏義は金砂城も攻め、これを包囲する。
永正元年	一五〇四	義舜は金砂城を出て氏義を追い詰め、太田城奪還に成功する（佐竹の乱の終結）。
永正4年	一五〇七	佐竹義篤（第十六代当主）が義舜の子として生まれる。
永正8年	一五一一	義舜は同13年にかけて断続的に下野へ出兵し、那須氏、宇都宮氏と対立する。
永正14年	一五一七	義舜が没する。子の義篤（当時は徳寿丸）が嗣ぐ。
享禄2年	一五二九	義篤の弟である宇留野義元が部垂城を奪取する。小場義実・高久義貞も義元に同調する（部垂の乱勃発）。
享禄4年	一五三一	佐竹義昭（第一七代当主）が義篤の子として生まれる。
天文4年	一五三五	義篤に対して、岩城・江戸・石神小野崎各氏の反乱が続発する。
天文9年	一五四〇	義篤が部垂城を攻めて、義元を自害に追い込む（部垂の乱の終結）。
天文10年	一五四一	義篤は東館など陸奥南郷一帯の攻略と領有に成功する。
天文12年	一五四三	第三十二代遊行上人普光が、小野岡義高の子として生まれる。
天文14年	一五四五	義篤が没する。子の義昭が嗣ぐ。義昭は岩城重隆女子との婚姻を成立させる。
天文16年	一五四七	佐竹義重（第十八代当主）が義昭の子として生まれる。

天文18年	一五四九	義篤は宇都宮俊綱と結び、那須方面の攻略を図る。
天文21年	一五五二	義昭は岩城氏方の船尾氏・大塚氏を自己の家臣に取り込む。
弘治3年	一五五七	義昭は白河晴綱の斡旋を受けて那須資胤と和睦する。
永禄3年	一五六〇	義昭は白河晴綱の拠る寺山城の攻略を始める。
永禄4年	一五六一	義昭は長尾景虎（上杉謙信）の要請により北条氏康の居城、小田原城を包囲する。義昭は寺山城を奪取する。
永禄6年	一五六三	義昭は府中の大掾貞国の継嗣として、実弟の昌幹を送り込む。
永禄7年	一五六四	義昭は上杉謙信の要請もあり、小田城に小田氏治を攻め、氏治を土浦に敗走させる。
永禄8年	一五六五	義昭が没する。義重が嗣ぐ。
永禄12年	一五六九	義昭は北条氏康に対抗する「東方之衆」として、再度の小田城攻略を実施する。
元亀元年	一五七〇	佐竹義宣（第十九代当主、初代秋田藩主）が義重の子として生まれる。
天正2年	一五七四	義重は北条氏照討伐のため下総関宿に出兵するも、和議のうえ、撤兵する（第三次関宿合戦）。
天正3年	一五七五	義重は白河広常の拠る南郷赤館城を奪取し、ここを東義久に預け置いた。
天正5年	一五七七	白河義親が赤館城を攻め、これを奪還する。
天正6年	一五七八	義重は結城に侵攻した北条氏政に対して、結城晴朝、那須資胤、芳賀高継などを糾合して常陸小川台に布陣する（小川台合戦）。義重は白川義親との和睦を成立させ、併せて子の喝食丸（義広、後の蘆名盛重）を義親の継嗣とさせる（赤館城の再接収）。
天正12年	一五八四	徳川家康と結ぶ北条氏直、羽柴秀吉と結ぶ義重など北関東反北条連合が、下野沼尻で対陣する。
天正13年	一五八五	義重は奥州人取橋にて伊達政宗と激突する（人取橋合戦）。
天正15年	一五八七	義重は蘆名盛隆の継嗣として実子の白河義広を送り込む。
天正16年	一五八八	義重は蘆名氏とともに安積方面で伊達政宗と戦う（郡山合戦）。
天正17年	一五八九	伊達政宗は磐梯山麓にて蘆名義広と戦い、これを滅ぼす（義広は実家佐竹氏に逃げ帰る）。佐竹氏による南奥経営がほぼ破綻する。
天正18年	一五九〇	豊臣秀吉が後北条氏を滅ぼす。佐竹義宣、伊達政宗はともに秀吉のもとに参陣する。義宣は秀吉より常陸全土の支配を承認され、立ちはだかる水戸の江戸氏を追放、府中の大掾氏を滅ぼす（拠点を太田から水戸に移す）。
天正19年	一五九一	義宣は鹿島郡・行方郡の常陸平氏、額田小野崎氏を滅ぼす。時宗藤沢道場が水戸に移転する。
文禄元年	一五九二	義宣は秀吉の朝鮮出兵命令に従って、肥前名護屋に出陣する。渡海することなく帰国する。

文禄3年	一五九四	常陸国において、石田三成を中心とする太閤検地が実施される。
文禄4年	一五九五	太閤検地により、佐竹氏の領地五四万五八〇〇石が確定する。義宣はこれをもとに家臣、寺社などの知行割を実施する。
慶長3年	一五九八	豊臣秀吉が没して以後、徳川家康と石田三成の対立が明確になる。義宣は三成方となる。
慶長5年	一六〇〇	関ヶ原合戦が起こり、義宣は三成方（西軍）のまま実戦には参加せず。
慶長6年	一六〇一	この年、義宣は家康から何の沙汰も受けず。
慶長7年	一六〇二	義宣は家康より出羽のうち秋田仙北地方への国替えを命ぜられ、秋田に移る。
秋田藩時代		
慶長8年	一六〇三	院内銀山が開坑する。秋田藩が第一回領内総検地（先竿）を実施する。
慶長9年	一六〇四	久保田城の築城が完了する。
慶長18年	一六一三	秋田藩が第二回領内総検地（中竿）を実施する。
元和6年	一六二〇	一国一城令（慶長二十年発令）に基づき、十二所・角館・湯沢・檜山城を破却して、館の構造に改修する。
寛永7年	一六三〇	秋田藩は久保田・土崎湊・大館・十二所・能代・横手に町代官を配置する。
寛永10年	一六三三	初代藩主の義宣が没する（一五七〇～）。甥の佐竹義隆（弟の岩城貞隆実子）が第二代藩主となる。
正保3年	一六四六	この年から慶安元年（一六四八）にかけて、秋田藩は第三回領内総検地（後竿）を実施する。
寛文4年	一六六四	秋田藩は幕府より石高（二〇万五八〇〇石）の入った領地判物を与えられる。
寛文12年	一六七二	第二代藩主義隆（一六〇九～）が没する。実子の佐竹義処が第三代藩主となる。
延宝2年	一六七四	久保田城下で大火が発生する。
貞享2年	一六八五	秋田藩は財政再建を本務とする本方奉行を設置する。
元禄16年	一七〇三	第三代藩主義処が没する（一六三七～）。実子の義格が第四代藩主となる。安藤昌益（～一七六二）が秋田藩内二井田村に生まれる。
宝永元年	一七〇四	秋田藩は幕府より利根川・荒川の堤防工事を命ぜられる。
正徳5年	一七一五	第四代藩主義格が没する（一六九五～）。従兄弟の佐竹義峰（壱岐守家義長の実子）が第五代藩主となる。
享保10年	一七二五	家老今宮義透を中心とする秋田藩享保の改革がはじまる。
元文3年	一七三八	秋田藩は寛永通宝の不足を補うため、鋳銭座を設置する。
延享2年	一七四五	幕府は秋田藩に鋳銭座の業務停止を命ずる。

寛延2年	一七四九	第五代藩主義峰（一六九〇～）が没する。養嗣子で迎えた式部少輔家の義堅（一七四二年没）の長男である佐竹義真が第六代藩主となる。
宝暦3年	一七五三	第六代藩主義真（一七二八～）が没する。壱岐守家佐竹義明が第七代藩主となる。安藤昌益著『自然真営道』が刊行される。
宝暦4年	一七五四	秋田藩は藩内通用に限定した銀札を発行する。
宝暦5年	一七五五	銀札の値崩れによるインフレと、凶作による米価高騰により、秋田藩内が混乱とする。
宝暦7年	一七五七	秋田藩内では銀札の推進派と反対派の対立が激化する（秋田騒動）。推進派が粛正され、銀札通用は中止となる。
宝暦8年	一七五八	第七代藩主義明が没する（一七二三～）。実子の佐竹義敦が第八代藩主となる。
明和元年	一七六四	阿仁銅山は秋田藩の経営不振により、幕領となる案が出される（まもなく撤回）。
安永2年	一七七三	平賀源内が阿仁鉱山の再建指導のため秋田藩に招かれる。
安永3年	一七七四	秋田藩士小田野直武が江戸にて、平賀源内から洋画の技法を学ぶ。
安永4年	一七七五	秋田藩は阿仁鉱山の精錬施設として加護山精錬所を設置する。
安永5年	一七七六	平田篤胤（～一八四三）が秋田藩士大和田祚胤の四男として生まれる。
安永7年	一七七八	久保田城の本丸が全焼する。
天明5年	一七八五	第八藩主義敦（一七四八～）が没する。実子の佐竹義和が第九代藩主となる。
寛政元年	一七八九	秋田藩では訴訟取り扱いの円滑化を図るため評定奉行を設置する。
寛政2年	一七九〇	秋田藩は京都より儒学者の村瀬栲亭を招き、藩校の明徳館を開校する。
享和2年	一八〇二	伊能忠敬が七月から八月かけて秋田藩領を測量する。
文化4年	一八〇七	秋田藩は幕府よりロシア船の来航に備えて函館に出兵を命ぜられる。
文化7年	一八一〇	男鹿半島付近で大地震が発生する（文化男鹿地震）。
文化8年	一八一一	秋田藩の植林事業改革により、藩と生産者の分収率は三公七民となる。
文化9年	一八一二	平田篤胤が『古史伝』の執筆をはじめる。
文化12年	一八一五	第九代藩主義和（一七七五～）が没する。実子の佐竹義厚が第十代藩主となる。
天保2年	一八三一	秋田藩では、領民の蝦夷地松前への出稼ぎ労働（松前稼ぎ）を公認する。
天保4年	一八三三	土崎湊で米商人の買い占めに反対する打ち壊しが起こる（湊騒動）。
天保5年	一八三四	仙北郡一帯で藩による米の強制徴収に反対する一揆が起こる（北浦一揆）。

弘化３年	一八四六	第十代藩主義厚（一八一二〜）が没する。実子の佐竹義睦が第十一代藩主となる。
嘉永元年	一八四八	男鹿半島沖に異国船が出没するようになる。
安政元年	一八五四	秋田藩は土崎湊に西洋流砲台を築き、海岸防備施設の強化を図る。
安政３年	一八五六	秋田藩は幕府より西蝦夷地域の警備を命ぜられる。
安政４年	一八五七	第十一代藩主義睦（一八三九〜）が没する。相馬益胤（第三代藩主義処の直系子孫）の実子である佐竹義堯（一八二五〜一八八四）が第十二代藩主となる。
文久３年	一八六三	義堯が京都警護のため上洛する。
慶応４年	一八六八	戊辰戦争が起こる。秋田藩は奥羽諸藩で唯一、新政府方となり、奥羽越列藩同盟軍に攻撃される（秋田戊辰戦争）。
明治２年	一八六九	版籍奉還により、正式に久保田藩が成立する。義堯は明治新政府により知藩事に任命される。
明治４年	一八七一	久保田藩が秋田藩と変更される。ほどなく廃藩置県により秋田県となる。

【編者略歴】

茨城県立歴史館（いばらきけんりつれきしかん）

茨城県の歴史に関する資料を収集・整理・保存・調査研究し、その結果を広く一般県民に公開するために昭和49年（1974）に開館した。文書館機能と博物館機能を併せ持ち、美術工芸品などのほか、古文書やマイクロフィルムが数多く収蔵する。平成８年に「公開承認施設」として文化庁に認められ、文化財等の保存・公開の業務を行っている。

図説《ずせつ》 佐竹一族《さたけいちぞく》　関東《かんとう》にその名《な》を轟《とどろ》かせた名族《めいぞく》の戦《たたか》い

2025年1月10日　初版初刷発行

編　者　茨城県立歴史館

発行者　伊藤光祥

発行所　戎光祥出版株式会社

〒102-0083 東京都千代田区麹町1－7 相互半蔵門ビル8F

TEL：03-5275-3361（代表）　FAX：03-5275-3365

https://www.ebisukosyo.co.jp

制作協力　株式会社イズシエ・コーポレーション

印刷･製本　株式会社シナノパブリッシングプレス

装　　丁　川本 要

ISBN978-4-86403-563-7